码农职场

IT人求职就业手册

李游 著

清华大学出版社
北京

内 容 简 介

这是一本专为广大IT行业求职者量身定制的指南,提供了从职前准备到成功就业的全方位指导。全书分为"职前调整"和"就业指南"上下两篇,涵盖了职业目标规划、自我技能评估、求职策略、简历准备技巧、薪资福利谈判以及职场心理准备等关键环节。全书通过深入浅出的解析和简明实用的建议,可帮助IT求职者清晰地定义自己的职业目标,有效地评估和展示自己的技能,以及掌握求职过程中的关键技巧,从而在激烈的职场竞争中脱颖而出,成功收到理想的录取通知。

本书封面贴有清华大学出版社防伪标签,无标签者不得销售。
版权所有,侵权必究。举报:010-62782989,beiqinquan@tup.tsinghua.edu.cn。

图书在版编目(CIP)数据

码农职场:IT人求职就业手册 / 李游著. -- 北京:清华大学出版社,2024.7. --ISBN 978-7-302-66580-9
Ⅰ.F49-62
中国国家版本馆CIP数据核字第2024AF0940号

责任编辑:张尚国
封面设计:秦 丽
版式设计:文森时代
责任校对:马军令
责任印制:沈 露

出版发行:清华大学出版社
网 址:https://www.tup.com.cn,https://www.wqxuetang.com
地 址:北京清华大学学研大厦A座　邮 编:100084
社 总 机:010-83470000　邮 购:010-62786544
投稿与读者服务:010-62776969,c-service@tup.tsinghua.edu.cn
质量反馈:010-62772015,zhiliang@tup.tsinghua.edu.cn

印 装 者:三河市东方印刷有限公司
经 销:全国新华书店
开 本:170mm×240mm　印 张:27　字 数:380千字
版 次:2024年7月第1版　印 次:2024年7月第1次印刷
定 价:79.80元

产品编号:104544-01

PREFACE

在这个飞速发展的信息时代，IT行业以其独特的魅力和广阔的发展前景吸引了无数追梦人。然而，面对激烈的职场竞争和不断变化的技术趋势，如何在众多求职者中脱颖而出，成功收到理想的录取通知，成为每一个IT人面临的重大挑战。正是基于这一背景，《码农职场：IT人求职就业手册》应运而生，旨在为广大IT求职者提供一本全面、实用的求职指南。

本书分上下两篇，上篇是"职前调整"，下篇是"就业指南"。全书详细阐述了职业规划、技能评估、求职策略、简历制作、面试准备、薪酬谈判等关键环节。每一章节都围绕着IT行业的特点和求职者可能面临的实际问题展开，提供了丰富的信息、深入的分析和务实的建议。

上篇"职前调整",从职业目标规划开始,引导读者深入探索个人的职业兴趣、价值观和长远目标,通过自我技能评估,帮助读者全面了解自身的技能和潜力,为职业规划和简历制作打下坚实的基础。本篇还详细讲解了简历准备的各个环节,以帮助求职者制作出能够准确展示个人优势和专业技能的简历。

下篇"就业指南",深入探讨了职场网络和人脉关系的构建和利用,强调了在职业发展中建立良好人际关系的重要性。本篇详细比较了各种求职渠道的特点和优势,为求职者选择最适合自己的求职路径提供了指导。在"技能与知识补充"一章中,强调了终身学习的重要性,探讨了如何通过不断学习和提升技能,以适应行业发展和职业生涯的需要。

面试是求职中的关键环节,本书不仅提供了面试准备的全面指导,还详细分析了各种常见的面试类型和面试技巧,以帮助求职者在面试中展现最佳状态。在求职者成功拿到录取通知后,本书还讨论了如何庆祝小成功,设定入职后的目标和发展方向,为求职者的职业生涯提供了长远的规划和指导。

本书不仅是一本求职指南,更是每一个IT求职者职业生涯的良师益友。无论你是即将步入职场的应届毕业生,还是希望在IT行业进一步发展的在职专业人士,本书都将为你提供宝贵的信息和实用的建议,帮助你在职业旅程中不断前行,实现自己的职业梦想。

在这个充满机遇和挑战的时代,让我们一起掌握求职的艺术,迈向成功的彼岸。愿这本书成为你职业道路上的一盏明灯,照亮你前行的方向,助你功成名就。

CONTENTS

上篇　职前调整

第1章
职业目标规划 / 3

  1.1 职业研究 / 4
  1.2 目标设定 / 8

第2章
自我技能评估 / 13

  2.1 技能清单 / 14
  2.2 技能评估 / 21
  2.3 技能匹配 / 30
  2.4 补充技能规划 / 35

第3章
求职策略 / 45

  3.1 常用求职网站介绍及属性分析 / 46

3.2 自我营销的技巧 / 48

3.3 与猎头打交道的技巧 / 51

第4章
简历准备与包装技巧 / 57

4.1 基本信息模块编写技巧 / 58

4.2 个人优势模块编写技巧 / 62

4.3 求职意向模块编写技巧 / 68

4.4 工作经验模块编写技巧 / 70

4.5 项目经验模块编写技巧 / 74

4.6 在校情况模块编写技巧 / 79

4.7 技能特长模块编写技巧 / 82

4.8 附加信息模块编写技巧 / 86

4.9 其他内容模块编写技巧 / 91

第5章
薪资和福利期望 / 95

5.1 理解薪资结构 / 96

5.2 市场行情研究 / 103

5.3 确定薪资期望 / 108

5.4 理解福利 / 112

5.5 薪资和福利的比较 / 119

第6章
自我营销方式 / 125

6.1 个人品牌定位 / 126

6.2 个人网络和社交媒体的使用 / 130

6.3 持续的职业发展和学习 / 134

第7章
心理准备 / **139**

7.1 对挑战的认知 / 140

7.2 阶段性消极情绪的策略应对 / 143

7.3 积极心态的培养 / 149

7.4 持续精神 / 155

7.5 职业咨询和心理支持 / 159

7.6 自我照顾 / 162

第8章
职前"硬件"内容准备 / **167**

8.1 学历的重要程度与区别 / 168

8.2 社保对面试的重要性 / 173

8.3 离职证明 / 176

8.4 银行流水 / 179

第9章
求职时间与资源前期管理准备 / **185**

9.1 了解求职周期 / 186

9.2 制订求职计划 / 189

9.3 时间管理 / 192

9.4 资源的收集和整理 / 195

9.5 维持日常生活 / 198

9.6 休息与放松 / 202

第10章
市场目标公司前期定位与研究 / **207**

10.1 目标公司定位 / 208

10.2 目标公司研究 / 211

10.3 网络和信息采集 / 215

10.4 制定申请策略 / 220

10.5 内容预判与准备 / 223

第11章
应届毕业生的职业方向与定位 / 227

11.1 自我认知 / 228

11.2 学历与职业的研究 / 230

11.3 行业与职位的研究 / 234

11.4 人脉与职业的研究 / 238

11.5 应届毕业生须应对的挑战 / 241

第12章
面试题指南 / 247

12.1 面试题的分类与目的 / 248

12.2 常见面试题及查找策略 / 253

下篇 就业指南

第13章
职业网络和人脉关系 / 261

13.1 理解职业网络和人脉关系的重要性 / 262

13.2 维护和加强人脉关系 / 265

13.3 利用职业网络寻找工作机会 / 268

13.4 职业网络的道德规范 / 273

13.5 网络资源与工具 / 276

第14章
求职渠道选择与对比 / 281

14.1 了解各种求职渠道 / 282

14.2 各种求职渠道的优点和局限性 / 286

14.3 求职渠道类别的详细对比 / 291

14.4 如何根据个人情况选择合适的求职渠道 / 298

14.5 如何高效使用各种求职渠道 / 303

14.6 未来的求职渠道 / 309

第15章
技能与知识补充 / 313

15.1 了解工作所需的关键技能和知识 / 314

15.2 自我评估和技能盲点识别 / 318

15.3 学习资源的选择 / 322

15.4 制订个人学习计划 / 327

15.5 学习策略和技巧 / 331

15.6 证明和展示你的技能 / 335

15.7 保持学习和技能更新 / 340

第16章
面试复盘与反思 / 343

16.1 了解复盘和反思的重要性 / 344

16.2 面试过程的记录 / 347

16.3 详细的复盘 / 350

16.4 制订个人学习计划 / 353

16.5 应对反馈 / 357

16.6 制订行动计划 / 361

16.7 保持积极和持久的态度 / 368

第17章
面试话术与谈判技巧 / 371

17.1 了解面试话术的重要性 / 372
17.2 面试常见问题的回答技巧 / 374
17.3 面试谈判技巧 / 380
17.4 语言与肢体语言的重要性 / 384
17.5 面试案例分析与实践 / 388
17.6 话术和谈判的实践与反馈 / 391

第18章
面试礼仪着装与常见面试类型 / 395

18.1 基本面试着装建议 / 396
18.2 面试礼仪 / 399
18.3 常见面试分类 / 402
18.4 压力面试与行为面试 / 408

第19章
成功拿下录取通知 / 413

19.1 拿下录取通知的准备工作 / 414
19.2 入职后的目标与方向 / 417

上篇
职前调整

　　本篇是IT人职场旅程的第一阶段，我将和你一起探索职业生涯规划的基础，从职业目标的设定、自我技能评估开始，直到求职策略和简历准备的精妙技巧。本篇将带你深入研究薪资、福利的期望设置，个人品牌的营销，以及心理准备的重要性。此外，本篇还将讨论职前硬件内容的准备，求职时间与资源的管理，市场目标公司的定位，以及应届毕业生面临的独特挑战等诸多IT人非常关心的问题。

第 1 章
职业目标规划

本章概述

1.1 职业研究

1.2 目标设定

1.1 职业研究

IT 技术的飞速发展，为我们打开了一扇扇无限广阔的大门，使我们能够探索这个日新月异、充满无限可能性的数字世界。作为一名即将踏入这片广袤领地的程序员，你不仅要掌握技术，更要了解自己即将投身其中的行业的状况。这是一个既有梦想、创意和挑战，又充满竞争和变革的世界。因此，每一个热衷于技术的 IT 人都需要对自己的未来有一个清晰的认识和规划。

在步入正题前，让我们先停下来，深入地了解一下这个行业。它的发展趋势、前景，以及我们如何在其中找到自己的位置，这些都是每一个初入行者必须面对的问题。因为只有了解了行业的大局，才能更好地为自己制订职业发展计划，从而步入成功的技术之路。

当然，我相信大部分的读者购买此书的目的是奔着找工作的技巧去的。不过先不要着急，让我们先来看一下职业研究，因为任何最终能成功的事情，一般情况下都不是单线程的，而职业研究不仅能让我们更清晰地认清社会现状与形势，也可以让我们在做出后面的决定之前有一些更清晰的参考。

1. 行业发展趋势

随着科技的日新月异，软件开发已成为推动各行各业创新的关键因素。当前，以下几个技术领域正逐渐占据主导地位。

第1章 职业目标规划

（1）云计算。云计算是指通过网络（主要是互联网）按需自助地获取计算资源（如服务器、存储、数据库）并进行可扩展的付费使用。云计算领域的市场动态及职业机会如表1-1所示。

表1-1　云计算领域市场动态及职业机会

考查指标	描　　述
市场动态	随着企业对数据中心和IT基础设施的外包趋势的加强，全球云服务市场持续扩大。主导企业如亚马逊、谷歌和微软等已建立了广泛的服务和工具生态系统
职业机会	随着云计算的普及，对于云架构师、云开发工程师和云安全专家的需求也日益增长

（2）边缘计算。边缘计算是在数据产生源或其接近的位置上进行数据处理的技术，以减少数据传输到数据中心或云的需要。边缘计算领域的市场动态及职业机会如表1-2所示。

表1-2　边缘计算领域市场动态及职业机会

考查指标	描　　述
市场动态	随着IoT（物联网）设备数量的急速增长和5G技术的普及，数据处理和分析的需求已从中心化的数据中心转向设备的边缘
职业机会	对于那些熟悉IoT集成、5G技术和实时数据处理的专家，边缘计算为他们提供了巨大的职业机会

（3）区块链。区块链是一种分布式记账技术，每个参与者都可以在网络上看到并验证交易记录。区块链领域的市场动态及职业机会如表1-3所示。

表1-3　区块链领域市场动态及职业机会

考查指标	描　　述
市场动态	最初仅用于加密货币技术，现在已经被广泛应用于各种商业领域，包括供应链、医疗保健和金融服务等
职业机会	该领域为那些希望深入研究和开发新的区块链应用或解决方案的开发者提供了广阔的发展空间

其他关注领域如：

（1）量子计算。目前仍处于研究和开发阶段，但随着技术的进步，量子计算在某些特定任务上可能会大大超越传统计算。

（2）虚拟现实（VR）和增强现实（AR）。从娱乐到教育、医疗到房地产，VR 和 AR 技术为开发者提供了新的应用场景和商业机会。

2. 就业前景

近年来，企业对程序员的需求呈持续增长，突出表现在以下几个领域。

（1）人工智能（AI）和机器学习（ML）。AI 和 ML 是计算机科学的分支，主要研究如何使计算机能够执行那些通常需要人类智慧来完成的任务，如视觉识别、语音识别和决策制定等。这一领域对专家的需求激增，尤其是那些拥有深度学习经验的人才。AI 和 ML 领域市场动态及职业机会如表 1-4 所示。

表 1-4　AI 和 ML 领域市场动态及职业机会

考查指标	描述
市场动态	随着数据可用性的增加和计算能力的提高，AI和ML已经成为各种行业（如医疗、金融、汽车、娱乐行业）的核心技术
职业机会	AI和ML领域的工程师和研究员的需求激增。深度学习、自然语言处理和强化学习等领域的专家尤其受欢迎

（2）移动应用开发。移动应用开发关注为移动设备，如智能手机和平板电脑，创建应用程序。随着智能手机使用量的持续增加，移动应用的市场也随之扩大。移动应用开发领域市场动态及职业机会如表 1-5 所示。

表 1-5　移动应用开发领域市场动态及职业机会

考查指标	描述
市场动态	随着智能手机的普及，移动应用市场持续增长。除了常见的iOS和Android平台，跨平台解决方案如Flutter和React Native也受到越来越多的关注
职业机会	移动开发工程师、UI/UX设计师以及与移动技术有关的产品经理的需求持续增长

(3) 网络安全。网络安全专注于保护计算机系统和网络免受未经授权的访问或损坏。随着网络攻击和数据泄露事件的增加，对网络安全专家的需求也大幅增长。网络安全领域市场动态及职业机会如表1-6所示。

表1-6 网络安全领域市场动态及职业机会

考查指标	描述
市场动态	随着近年来的网络攻击和数据泄露事件的增加，企业和政府机构越来越重视信息安全
职业机会	对于那些擅长入侵检测、安全审计、恶意软件分析和加密的专家，他们的职业机会非常广阔

当然，目前还有其他比较火爆的领域，如嵌入式系统、AIGC、数据科学等。对于初入行业的新手，选择一个正在增长的领域将获得更多的就业机会。而对于资深工程师来说，不断更新自己的技能并关注新兴技术将有助于确保其在行业中的竞争地位。

3. 技能短缺与岗位供需

企业对程序员的总体需求很高，在需求的拉动下，某些特定技能和专业领域的人才仍然短缺。对于雇主来说，找到具备当下热门技能（如Kubernetes、TensorFlow或React Native）的合适人才可能十分困难。因此，熟练掌握这些技能的开发者通常会获得更高的薪资和更好的就业机会。在当前快速演变的技术行业中，技能短缺已经成为一个关键的问题。这种短缺不仅仅是由技术的快速进步所致，还与教育体系与实际行业需求之间的不同步有关。具体来说，随着新技术的出现，例如，人工智能、云计算和区块链等，目前企业对具有这些新技能的专业人士的需求急剧增加。但许多教育机构并未及时调整课程内容，导致许多毕业生在求职时发现自己的技能与雇主的需求不符。

进一步加剧这一问题的是，尽管数字化和技术革新为企业创造了无数的机会，但这些企业往往难以找到合适的人才来充分利用这些机会。在某些领域，如数据科学和人工智能，合格的专家非常稀缺，从而使这些岗位的薪酬水平飙升。另一方面，由于技术的更新和迭代，某些传统技能，如基于旧版软件的编程，可能已不再受到追捧，导致这些技能的持有者面临职业转型的压力。

为了应对这种现象，许多企业已经采取了积极的策略。其中一种常见的策略是与高等教育机构合作，共同设计并提供课程，确保学生能够掌握当前市场上急需的技能。此外，企业也在内部加大了培训力度，帮助员工提高现有技能或学习新技能，以满足不断变化的业务需求。

总的来说，技能短缺与岗位供需的问题凸显了技术教育与实际业务需求之间的紧密联系。为了实现供需平衡，企业、教育机构和个人都需要采取措施，确保技能的及时更新和传递。

1.2 目标设定

在规划任何职业道路时，明确地了解和定义自己的目标是至关重要的。对于即将进入技术领域的程序员，这一步尤为关键。这不仅意味着确定你想达到的技术水平，还包括了解你希望达到的生涯里程碑、预期的工作环境以及你希望如何平衡工作和生活等多个维度。

1. 长期目标与短期目标

短期目标可能包括学习特定的编程语言，完成某个项目，或在一家初创公司找到第一份工作。短期目标为你提供了明确的方向，使你不断努力并坚持实

第1章 职业目标规划

现目标。

长期目标：你是希望成为一名高级开发者、技术经理，还是希望创办自己的技术公司？长期目标提供了一个宏观的视角，帮助你在整个职业生涯中保持方向。

想象一下，你正在打游戏，每个游戏任务和关卡就像我们生活中的短期目标和长期目标。短期目标就像是游戏里的小任务，比如"找到那把宝剑"或"完成这个小关卡"。而长期目标则是那个大boss或者整个游戏的最终胜利。每个小任务的完成，都是为了那个最后的大胜利。

短期目标就是我们眼前能看到、能摸到的目标。比如，你可能想在接下来的几个月里学会一门新的编程语言，或者完成一个小项目。这些短期目标就像是生活中的里程碑，每当我们完成一个，都会感到很有成就感，就好像过了一个游戏关卡那样。这些小胜利不仅给我们带来了自信和动力，还让我们对下一步更加充满期待。

但是，单靠这些小胜利是不够的。想象一下，如果游戏里只有小关卡，没有最终的大怪物或终极任务，那么游戏就会变得十分无聊和毫无挑战性。同样的，我们的生活和职业规划也需要那些更大的、更远的目标。这就是长期目标。比如，你可能希望在未来的五年或十年内成为一个技术团队的领导，或者建立自己的技术公司。这些长期目标虽然看起来很遥远，但它们是我们前进的方向，是我们追求的终点。

在这个快速变化的时代，尤其是技术领域，新的知识和技能每天都在涌现。这就好像游戏的新版本和更新不断地出现。有时，我们可能会感到迷茫，不知道下一步该做什么。这时，短期和长期的目标就显得特别重要了。它们就像是游戏中的地图和指南针，告诉我们应该朝哪个方向前进，下一步应该做什么。

所以，无论你现在处于哪个阶段，都要清晰地知道自己的短期目标和长期目标是什么。这样，你才能在这场"游戏"中赢得最后的胜利。

2. 了解行业的目标和期望

每个行业和领域都有其特定的期望和发展路径。想象一下，你正走进一座全新的城市，这个城市繁华、充满机会，但也充满了竞争。这座城市就像现在的技术行业。每一条街道、每一个转角都有无数的选择等待着你。你可以选择去咖啡店学习新的技能，也可以走进公司去体验职场的挑战。但在这之前，你得先知道这个城市的规则是什么，这个城市希望你做什么，以及你能从这个城市中得到什么。

行业的目标，简单来说，就是这个城市希望走向何方，希望发展成什么样子。比如，随着科技的进步，很多公司希望能够开发出更加人性化、智能化的产品，使人们的生活更加便捷。这就是行业的一个大方向。再比如，现在很多公司关注数据的安全性和隐私保护，这也反映出行业对于数据保护的重视。

而行业的期望，则是这个城市希望你能为它带来什么，希望你能成为这个城市的哪一部分。如果你是一名程序员，那么行业会期望你能够掌握最新的编程语言，能够高效地解决问题。如果你是一名设计师，那么行业会期望你能够设计出既美观又实用的产品，让用户有更好的体验。

了解这些目标和期望，就好像拿到了这个城市的地图。你知道哪些地方值得去，哪些地方要避开，你知道如何更好地适应这个城市，如何更好地发挥自己的价值。而最重要的是，当你明白了这些目标和期望，你就可以为自己设定一个更为明确的方向，知道自己的下一步应该怎么走。

3. 设定可衡量的里程碑

在职业发展的征程中，明确的目标犹如遥远的山巅，而设定可衡量的里程碑则是引导我们逐步攀登的关键。这些里程碑如同路径上的指示牌，不仅向我们展示了与目标的距离，还指明了必经之路。设定里程碑的重要性在于，它们能够将一个宏大的目标分解成一系列小的、可实现的任务，从而使目标变得更加清晰可行。设想一下，驾车前往未知目的地时，我们会通过导航到达一个个熟悉的地标，这些地标就是我们行程中的里程碑。同理，在职业发展中，设定可衡量的里程碑能够为我们提供方向和动力。每当达到一个里程碑时，我们就知道自己离目标更近一步，这种进步感能够激发我们的动力，使我们继续前行。

此外，里程碑还能帮助我们及时调整方向。在追求目标的过程中，我们可能会遇到预料之外的困难和挑战。拥有清晰的里程碑，可以让我们及时检查自己的进度和方向，确保我们始终沿着正确的路径前进。

因此，确保里程碑"可衡量"至关重要，这意味着每个里程碑都应有明确的完成标准和时间限制。例如，若目标是一年内提升职位，那么一个里程碑可能是在三个月内掌握新的技能集，在六个月内完成一个重要项目，到九个月时获得领导层的正面评价。请看下面的案例：

张伟是我身边的一位朋友，他的职业生涯就是一个很好的证明。张伟原本是一名普通的程序员，但他通过设定一系列可衡量的里程碑，并逐一实现它们，最终成功晋升为技术团队的领导者。

当年，张伟刚从大学毕业时，进入了一个初创公司做软件开发工程师。那时的他，充满了激情和梦想，但很快，他发现单凭激情是远远不够的。面对繁重的代码工作和复杂的业务逻辑，他感到有些力不从心。

这时，张伟决定为自己设定一系列可衡量的里程碑。首先，他给自己定下了一个小目标：在接下来的三个月内，熟练掌握公司项目中用到的三种主要编程语言。为了实现这个目标，他每天都会额外花两个小时深入学习，不断实践。三个月后，他不仅掌握了这三种编程语言，还因为出色的工作表现得到上级赏识，得到了加薪和晋升的机会。

鼓舞之下，张伟继续为自己设定新的里程碑。他决定在接下来的一年内努力提高自己在软件架构和团队管理方面的能力。为了达到这个目标，他报名参加了专业的培训课程，还主动承担了一些与团队协作和项目管理相关的任务。一年后，他不仅成功地为公司设计了一个新的软件架构，还带领团队完成了一个重大的项目。

通过连续几次的成功经验，张伟深深体会到了设定可衡量的里程碑的作用与重要性。这些明确的小目标不仅为他指明了方向，还给了他强大的动力和信心，使他在职业生涯中不断突破自己，实现了从初级工程师到技术团队领导者的飞跃。

这个案例告诉我们，无论我们处于职业生涯的哪个阶段，都可以通过设定具体、明确、可衡量的里程碑，为自己找到明确的方向，激发内在的动力，实现更大的职业成就。

总之，设定可衡量的里程碑就是在人生的旅程中为自己制定了一系列的小目标和检查点，它们不仅可以为我们指明方向，还可以给我们带来动力和成就感。只有明确知道自己要走的路，才不会在前进的过程中迷失方向。所以，不妨为自己的梦想和目标设定一些明确、可衡量的里程碑，让这些里程碑成为你实现大目标的坚实阶梯。

在完成了"目标设定"这一重要步骤之后，我们自然而然地迈入了职业规划的下一个关键环节——"自我技能评估"。这一环节将引导我们深入探索自身的技能和能力，为实现设定的职业目标打下坚实的基础。通过这一过程，我们不仅能清晰地认识自己的优势和待提升的领域，还能有效地将个人技能与职业目标相匹配，确保我们所追求的目标与个人能力和技能紧密相连。

第 2 章
自我技能评估

本章概述

2.1 技能清单

2.2 技能评估

2.3 技能匹配

2.4 补充技能规划

2.1 技能清单

技能清单是程序员面对职场的一副"眼镜",它帮助我们了解自己的专业优势、识别自己的不足,并据此进行有针对性的提高。对于初入职场的程序员,构建一份完善、客观、具有前瞻性的技能清单是走向成功的第一步。

1. 基础技能

在程序员的职业生涯中,基础技能就好比建筑的地基。你可以把它想象成一座摩天大楼的基石,如果基石不稳固,再高的大楼也可能随时倒塌。所以,下面让我们深入探讨一下这些基石是什么,以及为什么它们如此关键。

(1)编程语言。它就像我们的母语或者学习的第二外语,是我们与计算机沟通的工具。不同的编程语言有其特定的语法和特性,但无论你选择学习Java,还是Python,或者是JavaScript,它们都是为了实现同一目的——告诉计算机我们想要它做什么。每当你编写代码,其实就是在与计算机进行一场对话,告诉它如何运行、如何解决问题。

(2)数据结构与算法。这俩简直就是程序员的"魔法书"。数据结构帮我们组织和储存数据,而算法则是完成特定任务的步骤。想象一下,你有一家巨大的图书馆,但是没有书架和目录,你如何找到你想要的书?数据结构就好比是那些书架,而算法就是找书的方法。没有它们,你可能需要花费数天才能找到一本书,而有了它们,只需要几秒钟。

（3）计算机网络。这就好比是高速公路系统，将全球各地的计算机连接在一起，让信息能够快速流动。你在浏览器中输入一个网址后，你知道网络上发生了哪些事情吗？其实，这是一个复杂的过程，涉及多个服务器、路由器和交换机，以及一系列网络协议，如 HTTP 和 TCP/IP，它们确保数据正确、迅速地到达目的地。

（4）操作系统。简单地说，操作系统就像是计算机的大脑，控制和管理着计算机的所有资源，比如 CPU、内存和硬盘。它确保每一个应用程序都能高效、公平地运行。当你打开一个应用或保存一个文件，操作系统都在默默地工作，确保一切正常运行，所以我们还是需要给自己建立一份属于自己的技能清单。

例如，给自己列一个这样的清单，如表 2-1 所示。

表 2-1 技能清单

技 能 名 称	技能需掌握的内容
编程语言	无论是 Java、Python、C++还是 JavaScript，每种编程语言都有其特色。你需要确切知道你掌握了哪些语言，以及熟练程度如何
数据结构与算法	数据结构与算法是计算机科学的基石。从数组、链表到图、树，你应该知道你对每一种数据结构的理解有多深
计算机网络	了解如 HTTP、TCP/IP 的基本协议和概念
操作系统	了解常见的操作系统原理，如进程、线程、内存管理等

2. 专业技能

在技术领域，专业技能犹如战士手中的利刃，能够助你在职场中奋勇前行，脱颖而出。但这里的"专业技能"又究竟意味着什么？它并不仅仅是指你在某个编程语言工具方面的熟练程度，而是指一个更广泛、更深入的概念。

想象一下，你和一个朋友去餐馆吃饭，你点了一盘意面，朋友点了一份寿司。食物上桌后，你用叉子吃意面，而你的朋友用筷子吃寿司。在这个过程中，叉子和筷子就是你们的工具，而吃东西的技巧和方式就是你们的专业技能。会使用叉子或筷子是远远不够的，你还需要知道如何才能更好地品尝和享受食物。

同理，在技术领域，专业技能并不仅仅是你掌握的一种编程语言或一个工具。它包括了你如何解决问题、如何与团队合作、如何高效地完成任务、如何进行项目管理等。这就是为什么有时候你会发现，尽管你对某项技术非常熟练，但在实际工作中还是会遇到困难，因为你可能缺乏更加深入、更加全面的专业技能。

例如，你可能是一个编写 JavaScript 的高手，但如果你不懂得如何与后端团队合作、如何确保你的代码安全、高效，那么你的专业技能还是会有所欠缺。或者，你可能是一个数据库管理专家，但如果你不懂得如何与前端工程师沟通、如何确保数据的一致性和完整性，那么说明你的专业技能仍有提升的空间。

当然，尤其在技术领域，能够清晰地将自己的技能进行分类与定位是至关重要的。而在技能清单中，最常被提及的两大类技能便是"专业技能"与"其他技能"。那么，如何从一长串的技能清单里找出它们，并确保自己在简历或面试中更有针对性地展示它们呢？这就需要一些策略和明确的标准。

（1）专业技能。顾名思义，专业技能是指直接与你所从事的工作或目标工作相关的技能。这些技能往往是某个职位或领域所特有的，缺少它们可能导致你无法胜任某份工作。例如：

编程与开发技能：如 Java、Python、JavaScript 等，或者某些具体的框架如 React、Spring Boot 等。

工具与平台：例如，Docker 容器技术、Kubernetes 集群管理、AWS 云服务等。

设计与架构：如软件设计模式、系统架构设计、数据库设计等。

特定的技术领域知识：例如，人工智能、数据科学、网络安全等。

（2）其他技能。其他技能通常被称为"软技能"或"通用技能"，是指那些在多个职位或领域中可能用到，但并不直接与你的专业工作内容相关的技能。这些技能往往涉及人际交往、团队合作、时间管理等方面，例如：

沟通技能：如如何有效地与团队成员、上级或客户进行沟通。

团队合作：如如何与团队成员建立良好的合作关系，如何处理冲突等。

领导与管理：如如何领导和激励团队，如何进行项目管理等。

时间管理与自我管理：如如何制订工作计划，如何高效地完成任务等。

当你在制定技能清单时，可以先从这两大类技能出发，根据你的实际经验和目标职位的要求，列出自己所掌握的技能。此外，你还可以参考职位描述、求职网站上的技能标签或询问业界的同行，进一步确定和完善自己的技能清单。

通过清晰地分类与定位，你不仅可以确保自己的简历更加有针对性，还可以在面试中更加自信地展示自己，增加成功的机会。

下面举例说明如何区分自己的普通技能与专业技能，并阐述这一过程中的技巧和重要性。

张三是一名软件开发者，专业是计算机科学，他在多家公司工作过，并且曾经创业尝试开发自己的产品。在职业发展的过程中，张三意识到，为了更好地展示自己、更精准地锁定工作机会，他需要清楚地区分自己的"专业技能"与"其他技能"。

初始阶段，张三的简历技能部分列出的都是一些编程语言，如Java、Python、JavaScript，还有一些软技能，如团队合作、沟通能力等。但他发现，这样的列举方式对招聘方来说，可能会显得有些"平淡"，缺乏深度。

为了更好地区分和突出自己的专业技能，张三决定采取以下策略。

回顾职业经历：张三回顾了自己在过去的项目中哪些技能是经常用到的，并且与项目成功紧密相关。他发现在某个项目中，曾使用 Spring Boot 和 Docker 进行微服务部署，这是他区别于其他普通开发者的一个专业技能点。

市场调查：通过浏览招聘网站和职位描述，张三发现对于高级开发者职位，很多公司都在寻找具有系统架构和高并发处理经验的人才。于是，他认识到自己在这方面的经验也是一大优势。

技能分类：张三把自己的技能分为专业技能和其他技能，如表2-2所示。

表2-2 技能分类表

技 能 名 称	技 能 描 述
专业技能	Java、Python、JavaScript、Spring Boot、Docker、微服务部署、系统架构设计、高并发处理等
其他技能	团队合作、沟通能力、项目管理、客户沟通等

通过以上策略，张三不仅使自己的简历更有吸引力，还在面试中更有针对性地展示了自己的优势。最终，他获得了几个不错的工作机会，并成功进入了一家顶级互联网公司。

这个案例告诉我们，通过对自己技能的深入剖析和对市场的调查，能够帮助我们更好地突出自己的优势，提高求职的成功率。同时，这也是一个终身学习和持续自我提升的过程。

所以，当我们谈论专业技能时，实际上是在谈论一个更广泛、更深入的领域。这需要我们不断地学习、不断地实践、不断地与他人合作和交流。只有这样，我们才能真正地掌握和提高自己的专业技能，从而在职场中更好地展现自己，达到自己的职业目标。

常见的专业技能如表 2-3 所示。

表 2-3 常见的专业技能

前端或后端框架	比如React、Vue、Django或Spring Boot,每一种技术框架都对应了一套独特的开发技巧和最佳实践
数据库技能	从关系型数据库(如MySQL)到非关系型数据库(如MongoDB),了解你所掌握的数据库技能
DevOps & CI/CD	自动化部署、容器化技术如Docker、Kubernetes等
云计算	如AWS、Azure或GCP的使用经验和相关证书

3. 软技能

我们在谈论程序员或技术人员的技能时,首先很容易想到的是编程语言、工具和技术框架——这些通常被称为"硬技能"。在实际工作中,还有一类技能同样重要,甚至在某些情境下可能是更关键的技能——"软技能"。

简单地说,软技能就是那些与人的性格、态度、沟通、情感智慧和团队协作有关的技能。尽管它们可能听起来不像编写代码那样"硬核",但对于一个成功的技术职业者来说,它们的重要性不亚于任何编程语言或技术。

想象这样一个场景:某个程序员,他的编程能力超群,但每次与团队成员交流时总是引发冲突,或者无法准确地理解和传达项目需求,这可能会导致整个项目的失败。反之,即使某程序员的编程技能只是中等,但他擅长与人沟通、解决问题、领导团队并激励他们,那么他很可能会更受到团队的欢迎和尊重。

软技能在当今的职场中的重要性不容小觑,尤其是在当今的技术领域。随着技术日新月异的发展,工作环境和团队结构也日趋复杂,简单地依赖技术知识和专业能力已经不能确保一个人在职场上取得成功。这也正是为什么许多雇主在招聘时,除了看重应聘者的专业技能,更加强调其软技能的表现。

但掌握软技能并不是一蹴而就的,它需要时间和实践来培养。与编程技能一样,软技能也需要通过实际的工作经验和持续的学习来不断提高。与编码和

技术问题不同，软技能的学习往往更加抽象，但这并不意味着它们不重要，它们甚至还是升职的关键利器。

李明是我身边的一位技术开发人员，拥有超过十年的工作经验。他在编码和解决技术问题方面非常出色，但在职业初期，他在团队协作和项目管理中遇到了不少困难。

早些年，李明和他的团队被分配了一个重要的项目。虽然他的编码技能无人能敌，但与团队沟通时经常出现误会。他经常把自己关在办公室里，几乎不与团队成员交流，认为自己独自工作更高效。结果，由于缺乏与团队的沟通，项目中的某些关键部分被遗漏了，导致项目延期。

此外，由于他缺乏情感智慧，经常在团队会议中与其他团队成员发生冲突。他倾向于坚持自己的观点，很少考虑其他人的想法。这不仅影响了团队的士气，也使项目在关键时刻失去方向。

幸运的是，李明很快意识到自己的软技能存在的问题。他开始参加各种培训课程，学习团队合作、沟通技巧和情感智慧。他努力地与团队成员建立关系，努力听取他们的意见，并学会了如何在压力下保持冷静。

随着时间的推移，李明不仅在技术上取得了卓越的成绩，而且在团队合作和项目管理方面取得了很大的进步。他逐渐成为团队的领导者，带领团队完成了许多成功的项目。

这个案例告诉我们，纯粹的技术技能并不足以保证一个人在职场上的成功。软技能，如沟通、团队合作和情感智慧同样重要。李明从纯会技术的开发人员变成了全面的技术领导者，正是加强软技能培训和实践的结果。

软技能在技术职业中的作用不容忽视。一个拥有出色软技能的程序员不仅是一个编码达人，更是一个能够与团队合作、与客户建立良好关系、解决复杂问题并带领团队取得成功的领导者。所以，当你决定学习新的编程语言或技术时，不妨也考虑一下如何提高软技能，让自己更加全面。你会发现专业技能保障你的生存，而软技能则提升你的人物维度。

以下是一些比较经典的软技能，如表2-4所示。

表2-4 经典的软技能

团队协作	在团队项目中的角色，与他人的合作模式
沟通能力	如何与非技术人员解释技术问题，与同事讨论项目细节
时间管理	如何更合理地分配管理时间的能力
解决问题的能力	面对问题时的思考模式和解决策略
情感智慧	理解、管理和调节自己的情绪，并影响其他人的情绪

当然，构建这样的技能清单并不是一蹴而就的。你需要不断地自我反思、学习、实践，然后再次回到这份清单上，更新和完善它。而当你准备面试或寻找新的工作机会时，这份清单将是你最有力的背书，证明你具备的技能和价值。

技能清单不仅是列出你所掌握的技能，更是一个反映自我认知、价值定位和未来发展方向的明镜。正如李明的经历所带来的启示，单纯的技术技能无论多么出色，都难以确保一个人在职场中的全面成功。但是，当我们深入挖掘并结合基础技能、专业技能和软技能，我们不仅可以提高自己的竞争力，还可以为职业生涯铺设坚实的基石。这正如史蒂夫·乔布斯曾说的："你的工作将占据你生活中的大部分时间，真正的满足感来自于做出伟大的作品，而做出伟大的作品的唯一方式是热爱你所做的。"无论是基础技能、专业技能还是软技能，都是我们热爱所做的并做出伟大作品的重要组成部分。

2.2 技能评估

在程序员的职业生涯中，能够准确地评估自己的技能是非常关键的。技能评估不仅可以帮助你了解自己在哪些领域表现出色，而且可以找出需要进一步加强的领域。以下是进行技能评估的建议步骤。

1. 自我反思

这是评估的第一步。首先，你需要对自己进行全面的自我反思，思考自己在工作和学习中所展现出的技能和长处。这可以通过回顾过去的项目、收集同事或上级的反馈以及思考自己在工作中最擅长的领域来完成。

在技能评估的过程中，自我反思常常是我们的起点，同时也是整个评估过程中非常关键的一步。简单地说，自我反思就是花时间跟自己"聊聊天"，深入地思考自己在工作和生活中展现出来的技能和长处。这并不是一个浅尝辄止的过程，而是要深入地、诚实地面对自己，明确自己的强项和弱点，下面跟大家分享一个自我反思"四步走"方法。

（1）回顾历史经验。开始自我反思时，你可以从回顾自己的工作经历开始。这并不仅仅是回忆你完成了哪些项目，而是要深入地思考在这些项目中你展现出了哪些技能：是编码技巧，还是项目管理能力？或是与团队成员的沟通协作？这样的回顾能帮助你找到一些明确的线索，发现自己在实际工作中的实力和潜力。

（2）分析自己的兴趣所在。兴趣是最好的老师。在哪些技术或领域中，你感到特别有兴趣？你愿意在哪些领域中投入额外的时间和精力？这些通常是你具有天赋或潜在擅长的领域，值得你进一步开发和深化。

（3）听取他人的看法。有时候，我们可能对自己的认识有些"盲区"，即使经过深入的自我反思，也很难完全识别出来。因此，向信任的人询问他们对你的看法也是一个好方法。他们可能会提到一些你之前没意识到的长处，或是建议你在某些领域进一步加强。

（4）诚实地面对自己。这可能是最难的部分。在自我反思时，你可能会遇到一些不太想面对的事实，比如某个技能不足，或某个项目没有做得很好，但这也是自我成长的机会。只有正视这些问题，才能找到解决它们的方法。

说到这，有的人可能还是会问：怎么把这"四步走"应用到自己身上呢？我再给大家举个我身边的例子，大家就能感受到了。

李峰是我身边的一位朋友，他在IT行业有着近10年的工作经验，目前已经接近于瓶颈期，每天焦虑，常常觉得不快乐，认为目前的工作就是对生活的摧残，但是他也不知道自己的方向，也不知道下一步应该怎么走。那时，我向他推荐了自我反思"四步走"方法，他实践了这个方法，并且取得了非常显著的效果，接下来我们来看看他是怎么做的。

第一步，回顾历史经验。李峰首先花了一个周末的时间，回顾了自己的简历和过去的工作项目。他重新整理了每一个项目的经验，并在其中发现了一个共同点：他特别喜欢解决复杂的技术问题，而不是进行日常的维护工作。

第二步，分析自己的兴趣所在。李峰对自己的兴趣进行了深入的探索。他发现，自己对大数据和机器学习有浓厚的兴趣，尤其是在参与过一个与机器学习相关的小项目后，他对该领域的热情越发高涨。当然，他也会对一些其他内容有兴趣，不过经总体评估之后，他发现大数据和机器学习跟自己目前的行业有关，不属于跨行。

第三步，听取他人的看法。他向几位工作中的伙伴和前老板咨询了他们对他的看法。得到的反馈也证实了他的发现，他们认为李峰在解决复杂问题方面有一套自己的方法，并鼓励他进一步深入这个领域，这个评价当然显著提升了他的自信。大家一定要注意，做任何事情，自信是成功的前提。

第四步，诚实地面对自己。李峰也意识到，虽然他对机器学习有兴趣，但实际上，他对这方面的知识还知之甚少。所以，他报名参加了一个在线课程，系统地学习了这方面的知识。金钱有个最主要的作用就是支撑兴趣，任何事情都是如此。

通过采用自我反思"四步走"方法，李峰清晰地知道了自己的方向，也找到了自己真正热爱的领域。他不再把时间浪费在对自己来说没有意义的工作上，而是有的放矢地提高自己，成了一位真正的机器学习专家。两年后，他加入了一个知名的 AI 公司，取得了事业上的新成就。这就是自我反思带给他的优势，也是每一个愿意深入挖掘自己的人都可以得到的回报。

所以，自我反思是一个既深入又广泛的过程，需要我们深入每一个细节，同时也要广泛地考虑自己的整体状况。通过这样的反思，我们不仅可以更好地了解自己，也可以为未来的职业发展做好充分的准备。

2. 技能清单对比

在职业发展中，技能清单对比就好比是你拿着自己的"武器库"去与市场上的"需求清单"对比，看看哪里还需要补充，哪里是自己的短板，又或者哪里是自己的绝对优势。又好比一支足球队，在准备与另一支足球队比赛前，会仔细研究对方的战术、球员布置，然后再调整自己的战术来应对。对比技能清单，即要更加清楚自己在这个"比赛"中的位置，强化自己的优势，并尽量减少自己的弱点。

首先，你要明白市场上的需求是什么。这就像是知道了对方的战术布置。你可以通过招聘网站、公司官网，或者与行业内的人士交流，了解目前市场上对于你这个职位的期望是什么。这里的"期望"不仅仅是技能要求，还包括了职业态度、团队合作能力等各种软、硬技能的要求。

接下来，要真实地评估自己的技能了。你可以拿一张纸，列出自己的所有技能，无论是硬技能还是软技能，然后与市场需求进行对比。这个过程中，你可能会发现自己在某些技能方面是完全符合要求的，这些就是你的优势；同时，你也会发现有些技能是自己目前还不具备的，这些就是你的短板。

有了这样的对比，你就能更有针对性地进行下一步的计划了。比如，你发现自己的团队合作能力很强，那么在面试时，你就可以重点强调这一点；反之，如果你发现自己在某个技能方面有所欠缺，那么在找工作之前，你可以先进行培训或者自学，来提高自己的这个技能。

3. 请求外部反馈

外部反馈可以帮助我们了解自己在团队中的位置。你可能认为自己在某项技能上已经很出色，但当收到同事的反馈时，你可能会惊讶地发现，原来还有很多可以提高的地方。这样的反馈有时可能会让人有些不适，却是一个宝贵的提醒，告诉你哪个方面还需要更加努力。

其次，外部反馈还可以帮助我们建立自信。李峰的例子，就是他获得了外部反馈后，获得巨大的信心，才成功的。所以，当你完成一个项目或完成一个任务后，得到同事或上司的积极反馈，你会觉得自己的付出得到了认可。这种认可感是非常宝贵的，它不仅可以增强你的自信，还可以激发你继续努力。

但是，请求外部反馈并不意味着接受所有的批评和建议，关键在于如何筛选这些反馈，找出那些真正有助于自己成长的意见。这需要我们具备一定的判断力和自知之明，而最重要的是，当你请求外部反馈时，必须做好心理准备，愿意接受不同的观点，即使这些观点与你原先的想法相悖。

然而，自己一定要注意分辨收到的反馈是真实反馈还是奉承话，千万不要别人夸两句就真的以为自己非常优秀，有的时候在社会上听"真话"是很难的，大部分都是奉承话。下面给大家举个反面教材。

李明是一名刚入职的年轻程序员，他对于编程非常有热情，对自己的代码也充满自信。在公司里，他遇到了我们部门的张经理，张经理常常赞赏李明的代码编写得"很好、非常出色"，并经常在其他同事面前夸奖李明。李明听到这样的赞扬，感觉如沐春风，逐渐认为自己已经非常出色，不需要再去努力提高或者听取其他人的建议了，说白了就是飘了。

但是，随着时间的推移，当项目进入中期阶段，出现了一些因为代码结构和逻辑问题导致的程序错误，李明所在的团队开始感受到压力，他们不得不花费额外的时间去修复这些问题，也有几个人选择了离职。而此时，张经理对李明的赞赏仍然不断，仿佛这些问题都与李明无关。李明此时依然觉得自己很优秀，没有任何问题。但是张经理的实际用意是想稳住军心，也想和李明搞好关系，怕李明离职，但是李明恰恰领会错了。

最后，项目上线后出现了严重问题，导致公司承受了巨大的经济损失。项目组进行总结时，李明的代码被识别为主要的风险点。其他团队成员表示，他们早已看出李明代码中的问题，但因为张经理对李明的高度评价，加上李明的过度自信，他们选择了保持沉默。

经此一事，李明深切地体会到了盲目接受他人的赞扬，而不去真正审视自己，不去积极寻求真实的外部反馈的后果。张经理的"赞赏"其实更多的是为与李明建立良好的人际关系和稳住军心，而非真正的对其工作的评价。

这个案例告诉我们，虽然赞扬和认可对于提高自己的信心是有帮助的，但过度的、不真实的赞赏可能会导致我们对自己的误判。真正有价值的外部反馈往往是中肯的、建设性的。区分真实反馈和虚假反馈是每个人在成长路上必须掌握的能力，只有这样，我们才能真正地从中受益，不断地提高和完善自己。

所以说，请求外部反馈虽然是一种与他人互动、了解自己的有效方式，但是一定要确定是真反馈。俗话说得好："三人行，必有我师。"每个人都有值得我们学习的地方，只要我们肯虚心请教，肯真诚地去听。

4. 设定评估标准

在技能的自我评估过程中，设定明确的评估标准无疑是至关重要的一环。其实，评估标准对于每一个人来说就像是一座指路的灯塔，它让我们知道哪里是我们的目的地，哪个方向是正确的方向。不过，说起来容易做起来难。那么，如何设定一个合适的评估标准呢？

（1）评估标准必须是具体的和可量化的。想象一下，如果你只告诉自己："我要变得更好"，那这个"更好"是什么意思呢？是技术上的提升，还是项目管理能力的增强？或者是团队合作的加强？所以，你需要具体到"我要在半年内掌握某项技能"，或者"我要在三个月内完成两个项目并得到客户的好评"。

（2）评估标准应当是现实的和可达到的。设定一个过高或者过低的标准都是不明智的。过高的标准可能让你感到压力过大，过低的标准则可能使你失去追求进步的动力。找到一个既能激励自己又不会让自己感到无所适从的标准，是一件既考验智慧又考验经验的事情。

（3）评估标准还需要与时俱进。行业的变化、技术的进步，都可能导致原先的评估标准不再适用。因此，随着时间的推移，我们需要定期地检查和调整自己的评估标准，确保它们仍然与我们的目标和市场的需求相匹配。

（4）评估标准还需要是全面的。一个优秀的程序员不仅需要编程能力强，还需要具备良好的沟通能力、团队合作精神和项目管理能力。因此，我们在设定评估标准时，不仅要关注技术层面，还要关注职业素养和其他软技能的发展。

记住，制定评估标准是为了更好地指导和帮助你达到目标，而不是束缚你。不断地调整和优化标准，确保它们始终与你的目标和实际情况相匹配，这样你就更有可能成功。这就像是给自己画了一张地图。这张地图既要指引你朝着正确的方向前进，也要确保你在前进的过程中不会迷失方向。只有这样，当你回头看时，才会发现自己已经走过了一段既丰富又有意义的旅程。

5. 定期更新评估

在职业生涯中，随着时间的流逝、市场的变化和技术的更新，我们的知识和技能可能会被新的需求和趋势所取代。因此，定期更新评估，确保我们的技能仍然与行业需求相匹配是至关重要的。这并不仅仅是为了保持自己的竞争力，更是为了确保自己的专业成长和发展。

想象一下，你是一个软件开发者，五年前你是 Python 2 的专家，但现在 Python 3 已经成为标准，并且涉及许多新的功能和变化。如果你没有定期更新和评估自己的技能，那么你很快就会发现自己被行业抛弃，失去了大量的工作机会。但如果你经常检查和评估自己的知识，了解行业的最新动态，那么你就可以及时调整学习方向，更新自己的技能。

而且，定期更新评估不仅仅是关于技术的。随着我们在职业中的成长，我们可能会发现自己更倾向于某些特定的工作领域，或者发现自己更擅长或更喜欢某些特定的任务。通过定期的自我评估，我们可以更好地理解自己的长处和兴趣所在，从而做出更明智的职业选择。

例如，你可能一开始是一个前端开发者，但随着时间的推移，你发现自己对后端开发或数据分析更感兴趣。通过定期评估，你可以及时捕捉到这些变化，然后采取行动，比如参加相关的培训或项目，从而向你感兴趣的方向发展。

定期更新评估其实也是一个自我修正和调整的过程，它涉及深层次的职业认知和自我洞察。首先，我们要明白，职业不仅仅是为了赚钱，它更是关于如何实现自我价值、如何找到满足感、如何与世界产生更深入的连接。我们每个人都有自己独特的职业 DNA，这意味着我们每个人对于成功和满足的定义都是不同的。通过定期更新评估，我们可以更加明确自己的价值观、兴趣和长期目标，

第 2 章 自我技能评估

这样就可以确保自己的职业选择和努力方向与自己真正想要的生活相一致。

我们进一步审视技术和市场的变迁。技术和市场是不断变化的，这意味着今天的热门技能明天可能就过时了。如果我们不定期地更新和评估自己的技能，那么很容易就会陷入舒适区，从而失去与时俱进的机会。当你觉得自己的工作开始变得轻而易举、没有挑战时，这可能是一个信号，提示你需要再次进行自我评估，看看自己是否还在正确的轨道上。

除了技能，我们的心态和态度也需要定期检查。职业生涯中难免会遇到失败、挫折和不如意的事情，这些经历可能会影响我们的自信和动力。定期的自我评估可以帮助我们重新找到自己的方向，确保我们始终保持积极和开放的心态，准备好迎接新的挑战和机会。

此外，与他人的关系也是一个不可忽视的评估领域。无论是上司、同事还是客户，他们都可以为你提供宝贵的反馈和建议，帮助你看到自己的盲点和潜在的机会。建立和维护这些关系需要时间和努力，但它们给你的定期反馈的回报是无法估量的。

总之，定期更新评估是一个涉及多个层面的过程，它可以帮助我们更好地了解自己、更好地适应环境变化、更好地与他人合作。只有不断地审视和调整，我们才能确保自己始终走在成功的路上。

技能评估不仅仅是一个简单的列举和对比，它是我们在职业道路上的指南针，帮助我们明确方向、调整步伐，并确保我们始终走在正确的道路上。从深入的自我反思到技能清单的细致对比，再到寻求外部的真实反馈和设定清晰的评估标准，每一个环节都为我们揭示了一个更真实、全面的自己。而定期的更新和修正则确保我们不会在变幻莫测的市场和技术环境中迷失方向。正如古人所言："知彼知己者，百战不殆。"只有真正了解自己的技能和短板，才能在职业生涯中游刃有余，应对各种挑战。技能评估正是这个了解自我的过程。查尔斯·施瓦布（Charles Schwab）曾经说过："我考虑最重要的事情不是工作中的工资，而是工作之外的价值。"技能评估正是帮助我们找到这个"工作之外的价值"的关键所在，它是我们未来成功的保障，也是我们持续成长的动力。

2.3 技能匹配

在程序员的就业道路上，仅仅对自身的技能有深入的了解还不够。更重要的是，如何将这些技能与市场需求、公司的职位要求进行有效匹配。这一过程被称为"技能匹配"。正确的技能匹配可以让你在求职中脱颖而出，成为招聘者心中的理想候选人。

在开始技能匹配之前，你必须对当前的招聘市场有一个全面而深入的了解。这包括热门的技术领域、各大公司的技术方向和它们对于技能的具体要求。你可以通过招聘网站、行业报告或与业内人士交流来获取这些信息，说白了，就是先做好你的"功课"。想象一下，你第一次去一个陌生的城市旅行，如果事先没有做任何准备，你可能会走很多冤枉路，甚至错过一些重要的景点。而招聘市场也是这样，如果你不提前了解，可能会错过一些非常适合你的机会。那么，如何深入了解这个市场呢？以下是技能匹配的具体步骤和技巧。

（1）要知道这个市场的"地图"。了解这个市场的"地图"，其实就是要掌握整个招聘市场的布局，知道哪些公司是权威，哪些是新兴势力，哪些是日落西山的老牌公司。你可以把这个过程想象成玩一个开放世界的游戏，你手里有一张模糊的地图，你的任务就是探索这个世界，找出隐藏的宝藏。

我们都知道，每一座城市都有几个重点的技术园区或者商业区，这些地方集中了大部分的互联网公司或者技术公司。如北京的中关村、上海的张江、深圳的南山科技园，这些地方就好比是游戏中的主城，大量的任务和机会都集中在这里。你可以在各种招聘网站上，比如 BOSS 直聘、拉勾网等，查看这些地区的公司信息，了解哪些公司正在招人，哪些技术方向是它们最需要的。

但是，不要以为只有大城市才有机会。其实现在很多二线、三线城市也有很多不错的技术公司，而且由于竞争相对较小，薪资待遇可能更好，职位晋升可能更加容易。你可以把这些城市想象成游戏中的"隐藏关卡"，虽然不太显眼，却可能藏有大量宝藏。通过研究这些城市的招聘市场，你可能会找到一个更适合自己的位置。市场上不仅仅有大公司，还有很多初创公司、中小企业。这些公司可能没有那些大公司的名气和资源，但它们往往更加看重员工的技术能力和创新精神，所以对于那些有梦想、想要在技术上有所作为的人来说，它们可能是更好的选择。

举个例子，假设你是一个擅长移动开发的程序员，你发现某个二线城市有一家初创公司，它的主打产品是一个移动应用，正好需要你这方面的经验。你可以主动联系他们，了解他们的需求，看看是否有机会合作。即使你没有直接加入他们，至少也能扩大自己的人脉，为将来创造了更多的机会。

了解市场的"地图"，其实就是要有一颗探索的心，不要局限于自己熟悉的领域和地方，要勇于尝试新的方向、新的地区，只有这样，你才能在这个广阔的招聘市场中找到属于自己的一片天。

那我们如何进行实际操作呢？比如，我们可以浏览各大招聘网站，如拉勾网、BOSS 直聘等，看看哪些技术岗位最热门，哪些技术语言或框架经常被提及。另外，你还要留意那些大公司的招聘动态，它们的要求往往是市场的风向标。

（2）要知道这个市场的"新闻"。了解招聘市场的"新闻"，其实就是要你成为那个"小区里的八卦大妈"，时刻知道哪家公司搬进来了，哪家公司倒闭了，哪家公司正准备招大量的程序员。只有这样，你才不会错失任何一个对你有利的机会。

我们都知道，IT行业的动态和其他行业一样，也是时刻在变的。今天"红"的技术，明天就可能"黯淡无光"；曾经的互联网巨头，下一秒也可能面临窘境。那么，怎么才能把握住这个行业的脉搏，时刻跟上它的步伐呢？

你可以把自己想象成一个"技术侦探"，每天都要浏览一些大的技术社区和论坛，比如GitHub趋势、Stack Overflow、知乎等，看看大家都在讨论什么新技术，有哪些新的编程语言或工具被大量提及。你可以设定一些关键词提醒，比如最近很火的"量子计算"或"人工智能"，这样一有相关新闻或讨论，你就能在第一时间知道。

举个例子，几年前，大数据和人工智能还是一个非常小众的领域，但随着技术的发展，现在已经成为一个非常热门的方向。那些早早看到这一趋势，并且开始学习相关技能的程序员，现在已经成为这个领域的佼佼者，薪水和待遇都远远超过了其他方向的程序员。这就是对市场"新闻"敏感的好处。

而且，不仅是技术方面的新闻，有时候，政府政策的改变、某个行业的兴起，或者某个大公司的战略调整，都可能带来技术岗位的大量需求。比如，政府开始大力支持新能源汽车产业，那么相关的车载软件、自动驾驶技术等方面的人才需求就会大增。了解市场的"新闻"，就是要时刻保持警惕，做到耳目一新，随时调整自己的方向。这就像我们小时候玩的"捉迷藏"游戏，你要时刻注意那些藏起来的"机会"，才能在这场游戏中取得胜利。别看现在市场上好像机会很多，但真正适合你、能让你大展拳脚的却不多。所以，别等到机会从你眼前溜走才后悔莫及，要时刻准备，随时出击！

有时候招聘的需求会受到大的行业动态影响。比如某个新技术崭露头角，或者某个行业因为政策原因突然兴起，那么相关的技术岗位的需求也会随之增加。你可以关注一些 IT 新闻网站或者加入一些行业微信群，让自己始终跟上市场的脚步。

（3）与"当地人"交流的重要性。与"当地人"交流，就好像你去一个新的城市旅游，要真正体验当地的生活，最好的方式就是找一个本地的向导，而不是单纯地依赖旅行团或者自己探索。在求职市场上，这些"当地人"就是那些已经在某个公司或行业工作的人，他们对于公司或行业的文化、工作环境、薪酬福利等都有着深入的了解。

与"当地人"交流，可以让你迅速地了解一个公司的真实情况。比如，你可能在网上看到某公司声称他们有"五险一金、带薪年假、免费三餐、无限零食"等福利，听起来非常诱人。但真正在那家公司工作过的人可能会告诉你，"无限零食"其实就是几包方便面，而"带薪年假"很难真正获准。通过与这些"当地人"交流，你可以更真实地了解一个公司，避免落入陷阱。

与"当地人"交流，他们可以给你提供一些宝贵的求职建议。比如，你可能对某个岗位感兴趣，但不确定自己是否适合。这时候，你可以咨询那些已经在这个岗位工作的人，了解这个岗位的具体职责、所需的技能、工作强度等，然后根据自己的实际情况来判断。

与"当地人"交流，还可以帮助你扩大人脉。很多时候，找工作不仅仅是凭借你的能力，更多的时候，是看你认识哪些人。拥有强大的人脉，你在求职时可以更容易地得到推荐，提高面试的机会。

举个例子，张三是一个刚刚毕业的程序员，他非常希望能够进入 A 公司工作。但他发现，A 公司的招聘要求非常高，而且竞争激烈。这时，他想起了他的大学同学李四，李四就在 A 公司工作。张三主动联系李四，询问他关于 A 公司的情况。李四非常热心地为张三解答了各种疑问，还给了他很多宝贵的建议。在李四的帮助下，张三成功地进入了 A 公司。

这就是与"当地人"交流的魔力。它可以帮你越过各种障碍，更快地融入一个新的环境。所以，当你在求职路上遇到困惑时，不妨找找那些"当地人"，因为他们能给你提供一手的市场信息，告诉你哪些技能是真正受欢迎的，哪些只是表面上看起来热门。跟他们聊天，听听他们的建议和经验，真的可以让你少走很多弯路。

（4）深入了解招聘市场并不是一次性的工作，而是一个持续的过程。这就好比你正在学习驾车，刚开始你可能只关注自己的车，但随着时间的推移，你会发现，驾车不仅仅是操作自己的车，更重要的是观察路况、预测他人的行驶意图以及持续地学习和适应新的驾驶环境。同样，招聘市场也是如此，它是一个不断变化的生态环境，只有持续地了解和学习，你才能随时应对各种挑战，让自己在这片"战场"上处于有利地位。

我们必须认识到，技术和行业是在快速发展的。今天的热门技能，明天可能就不再受欢迎。例如，几年前，大数据分析可能是一个非常热门的领域，许多公司都在招聘相关的技术人员。但随着技术的进步和市场的变化，这个领域可能就不再那么火爆，取而代之的可能是人工智能或区块链技术。如果你只是一次性地了解市场，而不进行持续的学习和更新，那么你很可能会错失许多好的机会。

招聘市场的需求和期望也在不断变化。公司在招聘时可能会对候选人的技能、经验和性格特质有所变化。今天它们可能在寻找一个擅长团队合作的候选人，明天它们可能更看重候选人的创新能力。此外，随着经济形势的变化，公司的招聘策略和计划也可能会有所调整。例如，在经济衰退时，许多公司可能会减少招聘，而在经济复苏时，它们可能会大规模地增加招聘。

当你在寻找工作时，你不仅要了解公司的需求，还要了解你的竞争对手是谁，他们有什么技能和优势。这样，你才能更好地准备自己，提高自己的竞争力。而要做到这一点，你就需要持续地了解市场上的动态，了解其他求职者的情况。

因此，可以说，深入了解招聘市场就像是进行一场长跑。你不能仅仅跑几步就停下来，你需要持续地前进，不断地调整自己的步伐和策略，这样，你才能跑得更远、更快。所以，对于那些真正想要在职场上取得成功的人来说，持续地了解和学习招聘市场是非常必要的。正如俗语所说："活到老，学到老。"在招聘市场上，这句话同样适用。

总的来说，市场的需求是时刻在变化的，只有始终保持对市场的敏感度，你才能抓住那些宝贵的机会。这就像一位职场前辈说的："机会是留给那些准备好的人。"所以，开始做好你的"功课"吧！

2.4　补充技能规划

补充技能规划是一个关键环节，涉及你为自己设定的职业发展路径上缺失的那部分技能。为了确保你能够快速、有效地适应未来的职业挑战，进行技能规划是至关重要的。下面是详细的步骤，用于帮助你进行补充技能规划。

1. **审核现有技能**

在开始技能规划之前，你首先要对自己现有的技能进行一个完整的自我评估。这包括你的核心编程能力、软件开发流程知识、项目管理能力等。记住，要诚实地评估自己，这样你才能真正知道自己需要在哪些方面进行补充。

当你站在一个全新的房间里，你可能会想："哇，这里有些什么？"你会开始寻找，你所看到的每一个物品、每一个细节，都会给你一个关于这个房间的故事。同理，对于我们的技能也是这样。那我们为何不停下脚步，打开我们的"技能储物柜"，看看里面都藏了些什么宝贝？

回忆过去，每一个完成的项目、每一行代码、每一个成功的演示，甚至每一个失败的尝试，都隐藏着你的技能线索。你可能已经忘了那个晚上加班到深夜，为了修复一个程序错误的时刻，但它告诉你，你有解决问题的能力，有持之以恒的精神。

交流真是一个神奇的工具。你的同事、领导或朋友可能看到了你未曾注意的闪光点。他们的一句"你做得真好"或是"你考虑得很全面"，都是对你技能的最好确认。而那些"或许你可以……"的建议，正是你成长的方向。

那些非技术性的"软技能"也同样值得关注。想一想，当你面对困难时，是不是经常能找到出路？在团队里，你是不是那个能够调解冲突、促进合作的人？这些都是宝贵的技能，有时候甚至比技术能力更重要。

挑战永远是一个让人既紧张又兴奋的词。当你走出舒适区，尝试那些未知的事物，可能会发现自己有着想象不到的潜能。即使失败了，你也能更清晰地知道自己的边界在哪里。

简而言之，停下来，深呼吸，然后打开那个"技能储物柜"。你可能会惊讶地发现，原来自己这么厉害！但别忘了，总有更高的山等你去攀登，更深的海等你去探索。不断地了解自己，不断地成长，才是每一个程序员的终极追求。

2. 设定目标职位

想清楚你在未来五年或十年内想要达到的职业地位，比如可以是技术领导、团队负责人、高级开发工程师等。了解这些职位的要求将帮助你更明确地知道需要补充哪些技能。

人生有时就像一场大型角色扮演游戏，而设定目标职位就好比选择你的角色和发展路径。只有明确了自己的目标，你才知道接下来该去哪，该打哪个怪，该做哪个任务。否则，你就可能跟那些没有目标、到处乱跑的玩家一样，虽然玩得开心，但总是觉得缺点什么，其实缺的就是那个明确的方向。

想象一下，你现在有了一个清晰的目标职位——那是你的梦想职位，每天醒来，你都能为之充满激情和动力。可能你觉得那个位置遥不可及，但只要你有一个清晰的目标，你就知道自己要怎么做。每当你遇到困难，那个目标就会成为你的指南针，告诉你应该怎么走。

设定目标职位时，有些问题可以帮助你更清晰地思考。例如，你更喜欢前端还是后端？你喜欢研究新技术，还是更愿意深入某一个领域？你是想做那种默默无闻但很核心的工作，还是希望经常与客户沟通、与团队合作？这些问题的答案都可以帮助你更好地定位自己，更好地选择自己的职业路径。

要记得，这个目标职位不是一成不变的。随着市场的变化，随着你的成长，随着你的经验的积累，你的目标职位可能会发生变化。但没关系，重要的是，你随时都有一个清晰的方向，不至于迷失。

与此同时，设定目标职位还可以帮助你在求职时有所选择。有了明确的目标，你就知道哪些工作更适合你，哪些工作可以帮助你更接近你的目标。你不再盲目地应聘，而是有的放矢，更有针对性。

最后，还有一点很重要，那就是：不要太在意别人的看法。可能你身边的人都觉得某个职位很好，但那不一定适合你。只有你自己最了解自己，所以，在选择目标职位时，要根据自己的喜好和长处，而不是盲目地跟风。

总之，设定一个明确的目标职位，不仅可以为你的职业生涯指明方向，还可以帮助你更好地了解自己，更好地发展自己。不要害怕追求自己的梦想，只要有目标，只要努力，一定可以实现。

3. 分析技能缺口

与上一步密切相关的是识别技能缺口，即根据你为自己设定的目标职位，对比现有技能，找出那些你尚未掌握但对于目标职位来说非常重要的技能。这些技能可能包括新的编程语言、新的开发工具或新的项目管理技术等。

这就像当我们打开一款新游戏时，往往会发现我们的角色技能有些不足，这使我们面对高级怪物时显得手足无措。这其实和真实的职场很像。想象一下，如果你知道自己哪里不行，是不是可以直接针对这些地方去强化，而不是像只无头苍蝇乱撞？

简单地说，分析技能缺口就是找出自己现有技能和目标职位所需技能之间的差距。这就像你在玩游戏时，发现自己的角色缺乏某种能力，然后你会特意去寻找那种能力的升级或新装备。那怎么找这个缺口呢？其实挺简单。先列出你现在会的技能，不论大小，全写下来。然后，对照你的梦想职位，看看那上面都需要哪些技能。这需要你做点功课，可能要看看职位描述，或者直接问问那些已经在那个位置的人士。

找到了吗？那接下来，就是对比的时候了。你会发现，自己有的技能和目标职位要求的差不多，但也会发现有些技能你完全不懂，或者了解得不深。那些完全不懂或者了解得不深的技能就是你的技能缺口，这就像你在游戏里还没有具备解锁的技能。

这个时候，你可能会有点焦虑，觉得自己好像离梦想的职位还很远。但没关系，知道了缺口在哪，就是进步的开始。你可以根据这些缺口制订学习计划，比如参加培训、看在线教程、买相关书籍等。这就好比你知道了哪里有升级的装备或者技能书，然后特意去那里冒险。别小看这个技能缺口的分析，它可以帮你节省很多时间和精力，让你更有针对性地学习和成长。盲目地学习往往效果不佳。但如果你知道自己缺什么，就可以有针对性地去补，效果会好得多。

每个人的起点都不同，有的人可能技能缺口很大，有的人可能很小。你不要因此气馁或自卑，因为每个人都有无限的可能性，只要愿意努力，总会看到成果。所以，勇敢地面对自己的技能缺口，然后努力去弥补，你会发现，这其实是一个非常有趣的过程。

4. 设定优先级

现在你已经知道自己需要补充哪些技能，接下来是确定哪些技能最为紧迫。一些技能可能对于你短期内的职业发展非常关键，而其他的可能是长远的投资。

举个简单的例子，设定优先级就好比我们在超市里有预算地买食材，你知道不能买下整个超市，但你得确保带回家的东西能做出一顿美味的晚餐。同样，在我们的职业道路上，我们不能一次性地学会所有的技能，但我们须确定哪些技能需要首先掌握，才能确保我们走得更远、更稳。

那么问题来了：怎么知道哪些技能是"生鲜食材"，必须现买现做？哪些是"罐头食品"，可以放放再说？咱们得动脑筋了。有时，某项技能在很多职位描述中频繁出现，那它可能就是那种热门的、急需的技能，比如在程序员世界里的某种热门编程语言或框架。有时，某种技能可能是你目前所在行业的趋势，就像现在许多行业都开始与人工智能结合。但它可能只是一个你个人非常感兴趣的小众技能，你觉得学了它，会让你更开心、更有成就感。

有个小建议，你可以先从那些能立即增强你竞争力的技能开始，这就好比你先买生鲜食材，确保晚餐能做得出来。比如，如果你发现自己缺乏的是某种热门编程语言的知识，那学这种语言可能会立即为你带来许多新的工作机会。但如果你对某个小众技能特别有兴趣，也不妨稍后再学，因为兴趣是最好的老师，有兴趣的东西，你学得更快，效果也更好。

另外，当你设定优先级时，别忘了考虑你的时间和精力。我们都知道，时间是有限的，精力也是。你须确定自己在接下来的几个月或一年里，有多少时间可以投入学习这些技能。这样，你就可以更明确、更现实地设定你的学习目标，而不是朝三暮四、东一榔头西一棒槌。

总之，设定优先级就是为了确保我们的学习和成长更有目标、更有效率。毕竟，我们都想要在职场上走得更远、更稳，不是吗？

5. 制订学习计划

一旦确定了优先级，你就可以为这些技能制订一个学习计划。这可能包括参加专门的培训课程、购买和学习相关书籍、参与线上课程等。

别懵，让我们从头说起。你知道为啥很多人去旅游之前都爱查攻略吗？因为他们不想浪费时间，想把每一分钟都用在刀刃上，让旅程更刺激、更充实。同理，学习也一样，你得有个"攻略"，那就是我们现在说的学习计划。

制订学习计划就好比你要攻克一座大山，你得知道哪些路是可行的，哪些地方有泉水，哪里可能有危险。简单来说，你得知道自己从哪里开始、目标是什么，以及怎样一步步走到那里。没错，学习也是一场冒险，充满了未知和挑战，但只要你有了明确的计划，就能保证不会迷路。

那怎么制订这么一个学习计划呢？这其实没啥秘诀，但确实得费点脑筋。一开始，你须明确你的学习目标。就像我们聊天时说的，哪些技能是你现在最需要的，哪些可以稍后再说。明确了这一点，你就可以针对这些技能找相应的学习资源，如在线课程、书籍或是实践项目。

说到学习资源，我必须提醒你，别盲目跟风。现在互联网上的学习资源太多了，好的、坑人的都有。你得学会甄别，找到那些真正适合你、有质量的资源。你可以听听别人的推荐，但最后得靠你自己决定。

然后，你得估算一下，学完这些资源大概需要多久。别小看这一步，很多人学习的时候都容易高估自己，觉得"啊，这东西我三天就能搞定"。结果呢，三天过去了，连皮毛都没摸到。所以，你一定要给自己设定一个合理的时间期限，既不要太紧张，也不要太松懈。

最后，制订学习计划的时候，千万别忘了留点"弹性空间"。学习的路上，总会有这样、那样的意外，可能是工作上的事情，可能是家里的事情，也可能是你突然发现一个新的、更好的学习资源。这时候，有了"弹性空间"，你就可以根据实际情况进行调整，而不是被计划紧紧束缚，感到焦虑。

简单总结一下，制订学习计划就是为了让你的学习之旅更有条理、更高效。记住，学习不是赛跑，不是看谁跑得快，而是看谁跑得稳、跑得远。

6. 实践与反馈

仅仅制订计划还不够，你还需要付诸实践。尝试应用新学到的技能，在实际项目中使用它们。此外，及时寻求同事或导师的反馈，他们的建议会帮助你更好地掌握这些新技能。

学习就像学骑自行车，你可以看所有的教程，了解每一个零件的作用，知道骑车的技巧，但真正学会骑车的时刻是哪时？是你把屁股放到车座上，把脚踩在踏板上，开始在真实的路上骑行。同样地，不管你学了多少编程知识，真正的检验是在实际应用中。所以，别害怕把手弄脏，投身到实践中去。

现在，你可能想：好啊，我做了一堆项目，那我不就完事了吗？别急，这才刚开始。完成项目后，真正的宝藏是反馈。这就像你做了一道菜，你得让别人尝尝，让别人告诉你味道如何，是不是需要调整。在程序员的世界里，这个"尝菜"的过程就是让别人回顾你的代码，或者让用户试用你的软件。

而反馈，特别是那种让你觉得"哎呀，我怎么没发现"的反馈，简直就是成长的速效药。你会发现，你原以为写得很完美的代码，可能存在一些你从未意识到的问题。这时候，别泄气。这正是你进步的机会。每一个反馈都是你前进的阶梯，它让你知道了自己的盲点，帮你更快地成长。

那么，怎么寻找这种反馈呢？告诉你一个小技巧：多与人交流。加入一些编程社区，参加马拉松，或者就在你的工作团队里，多和同事讨论。每个人的经验和视角都不同，你能从他们那里获得很多宝贵的意见。当然，有时候，反馈可能不是那么中肯，但别担心，学会筛选，找出那些真正有价值的建议，然后吸收，用它来打磨自己。

再给你提一个有用的建议：别忘了，自己也可以是反馈的来源。如果定期回顾自己过去的代码，思考自己的设计决策，你就会发现，随着时间的推移，你会对自己的旧代码产生新的看法，这也是一种很好的学习方法。

实践和反馈就像是火锅和辣椒，都可以单独吃，但放在一起，味道就绝了。所以，别等了，赶快投入实践，然后听听大家怎么说，持续优化，你会发现自己每天都在进步，每天都更接近那个理想中的顶级程序员！

7. 定期重新评估

你知道吗，成为一个顶级的程序员就像是坐在一个永不停歇的旋转木马上。你以为你已经抓住了前方的金环，但转眼间，新的技术、新的框架、新的需求就出现了。这就是技术的世界，它永远在变，永远在进步。那怎么办？答案其实很简单：定期重新评估。

技术行业变化迅速，为了确保你始终处于职业发展的前沿，建议每隔一段时间，如每半年或每年，重新评估你的技能和补充技能规划。想象你正在开车前行，但你的导航系统老是出故障，不更新路况，你可能会因为一个早已修好

第 2 章 自我技能评估

的路面坑坑洼洼而绕路，或者错过了一条新修的高速公路。这就是为什么我们需要定期重新评估自己的技能和知识，确保我们的"导航系统"始终是最新的。

重新评估听起来很枯燥，但其实它就是审视自己，它关乎自己的成长，关乎自己的未来。它就像一个定期体检，确认你的身体是否健康。同样地，重新评估可以确保你的技能和知识是健康的、最新的。

怎么评估呢？很简单，首先，回头看看自己过去的代码，重新审视一下自己的项目，想想自己是否还能更进一步。再看看外面的世界，新出现的技术、新的开发趋势，与你现有的技能相比，有没有需要补充的地方？有没有新的挑战值得尝试？但这并不意味着你需要追逐每一项新技术，而是要有选择地学习，有目标地进步。重新评估就是为了帮助你更清晰地看到自己的位置，更明确地知道自己的方向。

同时，与团队、同事、朋友分享你的评估，听听他们的看法。他们可能会向你提供一些你从未考虑过的角度，帮助你更全面地认识自己。

重新评估不是一次性的事，它需要成为你的习惯。你就像你每年都会为车辆做保养，每天都会为手机充电，你也需要为自己的职业生涯做点什么，以确保它一直在正确的轨道上。所以，别等了，拿出纸笔，开始你的评估，看看你现在在哪里，看看你想去哪里，然后，全速前进！

在这个技术日新月异的时代，每一个程序员，不，是每一个职业人士，都应该将自我技能评估当作人生的必修课。我们生活在一个信息爆炸、技能迭代迅速的时代，每一天，都有新的工具、新的语言、新的框架在出现。想象一下，如果我们不及时跟进，不断地挑战和更新自己，很可能就会被这股激流所淹没。从我们之前讨论的每一步中，我们都能体会到自我技能评估不仅是一个过程，更是一种态度——一种对待职业生涯的严肃态度。它意味着自我认知、自我挑战和持续学习的勇气。它是一个永无止境的循环，从分析技能缺口到制订学习计划，再到实践、反馈，每一个环节都需要我们深入思考、勇于实践，而最重要的是，持续地定期重新评估，确保自己始终与职业目标和市场需求保持一致。阿尔伯特·爱因斯坦曾说："生命中最美好的事物之一，就是持续地学习。"这正好强调了我们所探讨的关键。为了在这个竞争激烈的世界中保持领先地位，我们必须致力于持续学习和自我挑战。这不仅仅是为了职业生涯，更是为了我们的人生。因为，只有不断地学习和成长，我们才能确保自己不仅仅是时代的跟随者，更是勇于改变、创新和领导的领跑者。所以，让我们紧紧把握住自我技能评估这个宝贵的工具，用它来塑造一个更加辉煌的未来。

第 3 章

求职策略

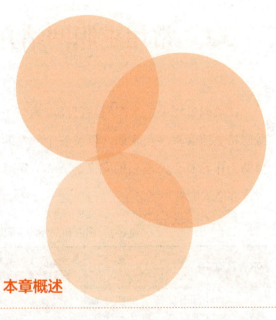

本章概述

3.1 常用求职网站介绍及属性分析

3.2 自我营销的技巧

3.3 与猎头打交道的技巧

3.1　常用求职网站介绍及属性分析

在求职过程中，求职网站已经成为一个不可或缺的平台。因此，了解哪些网站更适合程序员求职，以及各个网站的特色和优缺点，对于成功找到理想的工作具有至关重要的意义。表 3-1 分别介绍了国内和国外的求职网站平台，方便求职者参考。

表 3-1　国内和国外的求职网站平台对比

平台名称	平台描述			
	特色	适用人群	优点	缺点
LinkedIn	它不仅是一个职业社交网站，也是一个非常有用的求职平台。你可以在这里找到各种行业和层次的工作	所有专业背景，包括程序员	公司和招聘者的信息非常透明，便于申请者进行背景调查	由于用户基数大，竞争相对激烈
Indeed	它是一个综合性的求职网站，涵盖了多个行业	所有专业背景	职位数量多，更新速度快	因为是综合性网站，可能需要花费更多的时间筛选适合的职位
51job	它是中国最早的在线招聘网站之一，提供非常全面的职业信息和人才数据库	适合各个行业和拥有各种经验的求职者，当然也包括程序员	海量的招聘信息，覆盖面广，同时也提供培训和职业发展建议	信息更新可能不够及时，需要注意筛选
智联招聘	以其精准的职位匹配系统和大量的高质量职位而闻名	适用于各个行业和专业背景的求职者，包括IT和技术领域的求职者	提供了很多面向白领和专业人士的高质量职位，而且很多大公司会在该平台发布招聘信息	平台规模大，竞争压力相对比较大

续表

平台名称	平台描述			
	特 色	适用人群	优 点	缺 点
BOSS直聘	求职者可以直接与招聘方（即老板）进行一对一聊天沟通	适用于各个行业，但更侧重于互联网和创业公司	快速、高效，简化了招聘流程，尤其适合急需找工作或者想要快速了解公司内部情况的求职者	因为直接与招聘方对话，有时可能会遇到不专业或者信息不明确的情况
58同城	它是一个综合性的信息发布平台，除了招聘信息，还涵盖了房产、二手交易等多个领域	广泛适用于各个行业和职位类型，不限于专业招聘	信息量大，地域覆盖广泛，尤其适合地区性、非标准或临时性的职位需求	信息质量参差不齐，需谨慎筛选
拉勾网	专注于互联网行业的招聘，强调透明、开放、分享	适合互联网或科技相关行业的求职者，尤其是程序员	招聘信息和公司评价通常较为真实和准确，界面友好，操作方便	专注于互联网行业，其他行业的招聘信息较少
猎聘网	定位于中高端人才市场，注重提供中高级职位和管理层职位	适合已有一定职业经验或者具备中级职位技能的求职者	职位质量较高，涵盖多个行业，公司背景较大，招聘信息比较专业，有一定的专业性	面向的是中高端市场，对于刚毕业或者低级职位的求职者需求较少
实习僧	专注于为在校学生和应届毕业生提供实习和校园招聘信息	适合正在求学的大学生和即将毕业的应届生，帮助他们找到实习和校招机会	专门针对学生，聚焦于实习和校招，提供适合学生的求职信息和资源	面向对象较为特定，其他职场人群在该平台上的信息相对较少
职友集	它是一个针对IT和互联网行业的垂直招聘网站，致力于为技术人才和互联网从业者提供求职和招聘信息	适合有技术背景、从事IT和互联网行业的求职者，包括开发工程师、产品经理、设计师等	专注于技术和互联网领域，提供了丰富的招聘岗位和公司信息，对于行业内的人才非常有吸引力	由于定位特殊，其他行业的求职者可能在该平台上找到的职位信息较少

续表

平台名称	平台描述			
	特　色	适用人群	优　点	缺　点
牛客网	它是一个综合性的求职、考试和职业发展平台，提供各种行业的求职信息、职业规划和技能提升课程	适合广大求职者，包括不同行业、不同背景的人才	集合了招聘信息、职业测评、面试经验、技能学习等多个方面的内容，为求职者提供了全方位的支持	由于内容广泛，某些特定行业信息的深度不够

选择适合自己的招聘网站至关重要，因为不同平台的特点和定位会影响你找工作的效率和质量。所以，根据自己的求职需求和个人特点，有针对性地选择合适的平台进行求职，才能够更好地提高成功的概率。当然，在使用网站的过程中，一定要谨防诈骗，以免上当受骗，在后文中，本书会向大家揭露这种"骗术"，帮助大家避免类似情况。

3.2　自我营销的技巧

在当今竞争激烈的职场，作为一名程序员，除了具备扎实的技术能力，自我营销也是非常关键的一环。你的简历可能只是众多求职者中的一份，但只要运用一些巧妙的自我营销技巧，就可以让自己脱颖而出，从而吸引雇主的注意。以下是一些自我营销的技巧和方法，希望能对你的求职策略有所帮助。

1. 制作个性化简历

制作个性化简历是展示你自己的一种方式，这个过程并不烦琐。它就像一面镜子，可以让你更清晰地看到自己的优势和独特性。在竞争激烈的求职市场上，一份独具特色的简历可以让你脱颖而出，吸引雇主的目光。

2. 建立个人品牌

建立个人品牌是一项深远而重要的任务。不同于简单的工作技能，个人品牌是你在职业生涯中留下的印记，是他人对你的认知和印象的总和。它不仅能帮助你在职场中脱颖而出，还可以在社交领域中提高你的影响力。

3. 利用专业社交媒体

当谈到建立个人品牌和扩展职业网络时，利用知乎和 CSDN 这两个专业社交媒体平台是非常有效的方式。它们不仅适用于 IT 专业人士，对于各行各业的职场人士都有重要意义。

4. 创建作品集

创建一个引人注目的作品集（portfolio），以展示我们的专业能力和个人品牌，这是一件非常简单却十分重要的事情。作品集是你职业生涯中的一个关键工具，它可以让潜在雇主、客户或合作伙伴更好地了解你的技能和经验。

5. 个性化求职信

当你正在寻找一份理想的工作时，写一封个性化的求职信至关重要。这封信不仅是你给他人的第一印象，还是展示你为什么适合该职位的机会。

6. 实践面试技巧

当谈到实践面试技巧时，我们需要着眼于如何在实际的面试场景中表现出色。这些技巧不仅可以让你在技术方面脱颖而出，还可以在沟通和表达方面提

高你的竞争力。

7. 主动跟进

主动跟进是求职过程中非常关键的一步，它能够帮助你保持对求职进展的掌控，并展现出你的热情和决心。

8. 寻求导师或职业顾问

寻找行业内的导师或职业顾问，他们可以为你提供指导和建议，帮助你制定更有效的自我营销策略，同时还能扩大你的人脉。当你在追求职业成功时，寻求一位导师或职业顾问可能是一项非常有益的决策。这并不仅仅是为了找到一份工作，而是要建立一种持久的支持体系，以确保你的职业生涯长期蓬勃发展。

9. 多参加社会课程以及认证

在追求职业成功的道路上，多参加社会课程以及获得相关认证至关重要。这不仅适用于程序员，而且适用于各行各业的职业人士。

自我营销方式的技巧，正如我们刚才深入探讨的那样，对于职业发展至关重要。通过制作个性化简历、建立个人品牌、利用专业社交媒体、创建作品集、撰写个性化求职信、实践面试技巧、主动跟进、寻求导师或职业顾问、不断学习成长以及多参加社会课程和认证等方法，我们可以增加在竞争激烈的职场中脱颖而出的机会。在这个信息时代，积极运用这些技巧，不仅有助于找到理想的职位，还能在职业生涯中获得更多的成就。无论是程序员、医生、教师还是企业家，每个人都可以从这些策略中受益匪浅。因此，我们要牢记这些方法，不断实践，打造一条独一无二的职业道路。在未来的职业旅程中，这些技巧将为你的成功铺平道路。

需要记住的是，自我营销是一个渐进的过程，不要急于求成。通过不断改进你的自我营销策略，提高自己的可见度和吸引力，你将更有可能获得理想的职位。正如华盛顿·欧文所说："不要在工作中磨炼你的技能，而是在职场中展示你的技能。"自我营销正是展示你技能的有效途径。

3.3　与猎头打交道的技巧

在求职中，猎头可以是你寻找理想职位的强大助力。然而，与猎头互动需要一些策略和技巧，以确保你得到最佳的职业机会。以下是一些与猎头建立并维持联系的技巧与方式，能帮助你在与他们合作时事半功倍。在正式介绍如何与猎头建立联系之前，我们还是先来聊聊猎头的作用。

猎头作为职业发展的重要合作伙伴，扮演着至关重要的角色。他们是连接求职者和雇主的桥梁。

首先，猎头是一个很重要的信息中介。他们深入了解市场趋势和行业动态，了解哪些公司在招聘、哪些职位需求大。这种信息优势使他们能够为求职者提供有关职业发展方向的宝贵建议。例如，他们可以告诉你哪些技能将来会更有竞争力或者哪些行业可能会发展迅速。

其次，猎头具有广泛的职业网络。他们与各种公司和组织建立了联系，因此能够将合适的候选人与雇主相匹配。这意味着猎头可以提供内部招聘机会，这些机会通常不会在公开市场上发布。他们的职业网络也包括了其他求职者，所以他们可以引荐你认识在同一领域或行业的专业人士，从而扩大你的职业圈子。

最后，猎头可提供职业指导。他们与求职者合作，帮助他们调整简历、提升面试技巧,并提供关于如何成功谈判薪资和福利的建议。他们了解雇主的要求,因此可以为求职者量身定制求职策略。

此外,猎头还有助于求职者节省时间和精力。他们会为求职者筛选潜在的工作机会,只提供与个人目标和技能相匹配的职位。这减轻了求职者不断搜索招聘信息的负担。

其实你会发现,猎头在职业发展中扮演着关键角色,他们为求职者提供信息、联系方式和指导,帮助求职者找到最适合的职位。无论是寻找新机会,还是更好地理解当前职业市场,与猎头建立合作伙伴关系可能是一个明智的选择,那么我们如何接触猎头呢?

1. 建立关系,而非只是交易

与猎头建立关系不应该只是为了一次性的交易,而是为了长远利益,应与他们建立长期关系。要建立长期关系,首先要积极地与他们建立联系。你可以通过社交媒体、行业活动或专业网络平台主动接触猎头。这种关系的建立需要时间,但会在未来为你带来更多机会。

2. 明确你的职业目标

在与猎头交流之前,应确保你对自己的职业目标有清晰的认识。这包括你希望的职位、行业、地点和薪酬要求。将这些信息明确传达给猎头,有助于他们更好地帮助你。

3. 保持专业性

与猎头的交流始终要保持专业性,及时回复邮件或电话,尊重对方的时间,提供清晰的信息。这有助于建立你的专业形象,让猎头更愿意与你合作。

4. 积极参与面试准备

当你被猎头推荐面试时,要积极参与面试准备。你须了解公司,了解公司的职位要求,准备好针对性的问题和答案。与猎头合作,以确保你在面试中表现出色。

5. 诚实沟通

要与猎头保持诚实沟通。如果你对某个机会不感兴趣,要明确告诉猎头,不要浪费双方的时间。另一方面,如果你有特殊需求或顾虑,也要坦率地表达出来,以便猎头更好地理解你的期望。

6. 维护联系

不要仅在需要时联系猎头,应定期与他们保持联系,分享你的职业进展和成就。这有助于确保你在猎头的"雷达侦测范围内",以便在新机会出现时能够第一时间得知。

7. 寻找多个猎头

不要只与一个猎头建立联系。最好寻找多个猎头,因为不同的猎头可能有不同的资源和机会,多方面涉猎有助于扩大你的职业选择。

8. 注意合同细节

如果你决定通过猎头接受职位,务必仔细阅读和理解雇佣合同的所有条款,以确保你的权益和薪酬得到妥善保护。

9. 回馈和建议

与猎头建立了成功的合作关系后,不妨给予他们一些积极的反馈和建议。

这有助于维护良好的职业关系，也可以为将来的合作铺平道路。

请看下面的案例。

我有个朋友叫李明，他是一名软件工程师，一直在一家中小型软件公司工作。尽管他在公司表现出色，但他开始感到需要挑战更大的职业机会。于是，他决定主动寻求一些猎头的帮助。

一开始，李明开始通过专业社交媒体，如LinkedIn，扩大自己的职业网络。他与各种行业和领域的专业人士建立了联系，包括一些猎头。这是为了让他的简历和职业需求更容易被猎头注意到。

接着，他定期发布一些与他所从事的领域相关的文章和观点，展示自己的专业知识和技能。这样做不仅增加了他的在线可见度，还为潜在的猎头提供了更多了解他的机会。

很快，他接触了一位猎头——王小姐，通过共同的知乎联系建立了联系。李明与王小姐的第一次会面是一次轻松的咖啡聚会，他们谈论了李明的职业目标和期望。王小姐表示她有一些与李明的背景和技能相匹配的职位，并将他的简历推荐给了一家知名软件公司。

在接下来的几周里，王小姐帮助李明准备面试，提供了关于该公司文化和招聘流程的详细信息。李明经过几轮面试后成功获得了这个职位，并决定与猎头王小姐继续合作。

他们的合作并不止于此。李明保持与王小姐的联系，定期分享他的职业进展和成就。这样，当未来的机会出现时，王小姐可以更容易地将他纳入候选人列表中。

这个例子展示了如何通过积极建立在线网络，与猎头建立联系，并与他们保持专业而有效的合作来寻找职业机会。这种合作方式使李明成功地迈出了职业发展的重要一步。

通过建立强大的在线职业网络，积极发展个人品牌，主动寻求专业帮助，我们可以在与猎头建立联系的同时取得更多的成功。与猎头合作还可以为你的职业生涯带来巨大的机会，但成功需要比发送简历多一点的努力。通过建立关系、明确目标、保持专业、积极参与面试准备以及与多个猎头合作，你可以提高与猎头互动的效果，为自己的职业发展打下坚实的基础。

因此，要有信心，持之以恒地前进。与猎头建立并维持联系可能是漫长而富有挑战的旅程，但它也是实现职业梦想的重要一步。要时刻牢记这些技巧与方式，并相信自己的能力，正如美国作家哈伯特·哈里斯所言："成功是对坚持不懈的最佳奖励。"

第 4 章
简历准备与包装技巧

本章概述

4.1 基本信息模块编写技巧

4.2 个人优势模块编写技巧

4.3 求职意向模块编写技巧

4.4 工作经验模块编写技巧

4.5 项目经验模块编写技巧

4.6 在校情况模块编写技巧

4.7 技能特长模块编写技巧

4.8 附加信息模块编写技巧

4.9 其他内容模块编写技巧

4.1 基本信息模块编写技巧

在编写简历之前我们还是先来聊一下简历的重要性。简历是求职过程中最关键的一环，它不仅是你与雇主第一次接触的窗口，也是你展示自己、引起雇主兴趣的工具。在程序员的就业过程中，简历更是起着至关重要的作用。简历的主要作用如下。

1. 提供首要印象

简历通常是雇主对你的第一印象。它为雇主提供了一个关于你的背景、技能和经验的快速概览。一份优秀的简历可以立刻吸引雇主，引起他们的兴趣，让你脱颖而出。

2. 展示技能和经验

简历是展示你的技能和经验的平台。通过清晰地列出你的技能、项目经验、教育背景和证书等信息，你能够向雇主传达你的专业知识和实际能力。

3. 匹配职位要求

通过调整简历中的内容，你可以针对不同的工作职位来匹配招聘要求。这样，你可以突出你符合职位要求的方面，增加被选中的机会。

4. 进行自我定位

简历是自我定位的工具。你可以在简历中强调你的职业目标、价值观和职业愿景，使雇主更好地了解你的职业发展方向。

5. 获得面试机会

优秀的简历可以让你获得更多面试机会。雇主通常会根据简历内容来决定是否邀请你参加面试。一份令人印象深刻的简历会增加你通过筛选的机会。

6. 为职业发展做准备

简历不仅仅是为了求职，也是为了职业发展。通过不断更新和完善你的简历，你可以更好地记录自己的职业成就和发展，为将来的机会做好准备。

7. 增强自信与专业形象

拥有一份精心准备的简历可以增强你的自信，让你在面试中更加从容。它也传达了你对职业的专业态度，给雇主留下深刻印象。

8. 与竞争者相区分

在激烈的就业市场中，你需要找到方法与竞争者区分开来。一份有吸引力、表现实力的简历可以让你在众多应聘者中脱颖而出。

9. 创造未来机会

即使你目前并不急着找新工作，一份强大的简历也可以为你创造未来的机会。它可以让潜在的雇主随时了解你的价值和潜力。

所以，简历在程序员的就业中扮演着关键的角色。它不仅是你与雇主建立联系的第一步，也是你展示自己、实现职业目标的有力工具。因此，在编写简历时，务必认真对待，不断完善，以提高你在竞争激烈的就业市场中的竞争力。

那么如何编写简历呢？首先我们先来说说基本信息模块的编写技巧，因为招聘平台很多，我们就拿国内某招聘平台举例，大家学会之后也可以举一反三。

这里略过注册环节，因为只需要根据步骤指引即可，首先看基本信息栏，如图 4-1 所示。

图 4-1　51job 基本信息栏

编写一个引人注目的基本信息栏对于制作出色的简历至关重要。下面，我将分析图 4-1 51job 简历基本信息栏，并提供一些编写技巧。

首先，让我们看看这个基本信息栏包含的关键元素。

（1）照片。照片是你给面试官的第一印象，这点一定要注意，尽量不要使用过度修图的照片或者自拍。过度修图会导致在与面试官真实见面时你给面试官一种被欺骗的感觉，面试官在心理上会给你降分。这类似于我们在网上看到了一个好看的对象，然后聊了几个月，见面时发现真人和照片上的人是两个人的感觉。而自拍会显得很随意，表现出对简历重视度不够，面试毕竟是一件比较严肃的事情，所以尽量使用证件照。

（2）姓名、性别、出生日期。这些都是基本信息，按照身份证上的内容填写即可，不要填写虚假信息。我身边有的学生的实际年龄和身份证上的年龄不一致，在找工作时，由于身份证上的年龄太小，只能写实际年龄，但是面试后入职时会需要身份证复印件,人事会进行比对,这时候就需要给以合理的解释。

（3）手机、邮箱。在这两栏,你需要提供你的电话号码和电子邮箱地址,并确保它们准确无误。这是雇主联系你的关键信息,所以务必检查拼写和格式。当你投递完简历后,要随时留意自己的手机和邮箱,手机尽量不要设置为静音模式。

（4）现居地。在这一栏,提供你当前的居住地信息,通常包括所在城市和具体地址。这有助于雇主了解你的地理位置,特别是如果工作地点是一个重要因素时。这里面有个小技巧,如果你想入职的公司在哪个方位,你的现居地就可以写这个方位,因为面试官和人事还是比较偏向于现居地离公司比较近的人。试想一想,你有一个特别想入职的公司,因为人事看到你距离公司两个小时的路程而面露难色,虽然你试图表示你可以克服,但是不如直接就写公司附近,这样更具有说服力,也省去了解释的时间。

（5）开始工作年份。这一栏用于显示你的工作年限,这一栏会对应下面的工作经验和简历名称,简历名称会通过这一栏的填写而定义为"×年工作经验"或"应届毕业生"来表达。它有助于雇主对你的经验有一个初步了解。

（6）政治面貌。政治面貌会体现求职者的政治觉悟,通常国有企业比较重视政治面貌。政治面貌通常分为党员和普通公民。下面简单来看一下51job关于治政面貌的归类,分为中共党员、中共预备党员、共青团员、民主党派人士、无党派民主人士、普通公民。

其中,中共党员就是目前已经转正的正式党员,中共预备党员是目前还未转正的党员,共青团员为中共党员的前身,多数同学初、高中时是共青团员。

民主党派是对中国多党合作制度中除中国共产党之外的八个政党的通称,这些党派是接受中国共产党领导的中国特色社会主义参政党,包括中国国民党革命委员会、中国民主同盟、中国民主建国会、中国民主促进会、中国农工民主党、中国致公党、九三学社和台湾民主自治同盟。

无党派民主人士特指在中国共产党领导的新民主主义革命中没有参加任何党派组织，但是参加了人民民主运动的知名人士。

普通公民一般指除上述政治面貌外的其他人员。

在编写基本信息模块时，你一定要记住："第一印象最重要。"因为没有第一步，肯定就没有第二步。所以在你的简历上，基本信息模块就是你与潜在雇主建立第一印象的地方。你要仔细设计和精心编写这一部分，确保信息准确、清晰。

总之，基本信息模块在你的简历中扮演了至关重要的角色，它不仅提供了你的基本背景和联系方式，还是你与潜在雇主建立联系的关键。通过清晰明了的排版、真实准确的信息，你可以让基本信息模块成为吸引雇主的利器。记住，一个令人难以忽视的基本信息模块可以让你的简历脱颖而出，为你赢得宝贵的机会。

4.2 个人优势模块编写技巧

在现今竞争激烈的职场环境中，如何在众多求职者中脱颖而出成为每个职业人士都面临的挑战。而在职场中，个人优势模块是让你从人群中脱颖而出的秘诀之一。

个人优势模块实际上就是你的职业自我宣传广告，它就像一张闪亮的名片，用来告诉雇主为什么应该雇用你。它是你与雇主之间的第一次正式接触，

第4章 简历准备与包装技巧

也是你展示自己的机会。编写这一模块的目标是在几秒钟内吸引雇主的注意力，让他们对你的简历产生浓厚的兴趣，愿意进一步了解你的经历和技能。

一个成功的个人优势模块应该能够回答以下问题。

（1）你是谁？即介绍你的基本信息，包括姓名、联系方式和所在地。这是建立联系的第一步。

（2）你的专业背景是什么？即突出你的教育背景和专业领域，以显示你的学术背景。

（3）你有哪些技能和经验？即突出你在特定领域或职位中的技能和经验，以证明你的适应性和能力。

（4）你有哪些独特之处？即强调你的个性特点、兴趣爱好或特殊经历，以使你从众多求职者中脱颖而出。

（5）你的职业目标是什么？写明你的职业目标，表明你对未来的职业发展有清晰的规划。

在本小节中，我们将深入探讨如何编写一个吸引人的个人优势模块，重点突出你的技能、经验和独特之处，以及如何让这一模块成为你的简历的亮点。无论你是初入职场还是经验丰富的职业人士，都可以从中获得有益的建议，提高在求职过程中的竞争力。下面，我们来看看51job 的个人优势界面是什么样的，如图 4-2 所示。

通过图 4-2 可以看到，个人优势模块就是一个大输入框，里面可以输入 500 个字，而这 500 个字就是我们对外的人设，对方就是通过这 500 个字来了解我们，一定要注意，这 500 个字千万不要随便写，就像商品介绍一样，让对方知道我们的优势，并且一目了然，对方才会选择我们。那么我们该怎么写呢？下面给大家总结一些经验。

个人优势

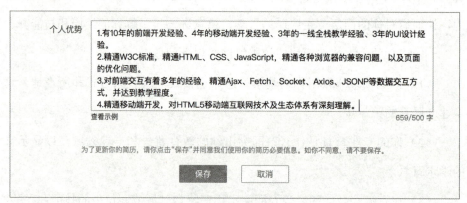

图 4-2 51job 的个人优势界面

（1）突出与职位相关的技能和经验。在个人优势模块中，重点突出那些与目标职位直接相关的技能和经验。这可以让潜在雇主一眼看出你的适应性和价值。

（2）用具体的数据和成就来支持。不要只是列举技能，要尽量提供与之相关的具体成就和数据。例如，你可以说："成功领导一个五人团队完成了一个关键项目，提前两个月完成了上线目标。"

（3）强调软技能。除了技术技能，你也要强调你的软技能，如沟通能力、领导力、解决问题的能力等。这些软技能对于职业发展同样重要，不过要注意，如果你要应聘的岗位是技术岗位，那么就要酌情降低软技能的表述文字，不要占过多篇幅。

（4）个性化定制。针对不同的求职目标，你可以个性化定制个人优势模块，强调与特定职位相关的技能和经验，以及你如何能够为公司带来价值。

（5）使用关键词。在个人优势模块中要使用与目标职位相关的关键词，这有助于让你的简历从自动筛选系统中脱颖而出。

（6）简练明了。不要写得太长，尽量简练明了地表达你的优势。潜在雇主不希望在阅读简历时花费太多时间。

（7）实事求是。在个人优势模块中要实事求是，不夸大、不虚假。虚假的信息会在面试中暴露出来，损害你的信誉。

（8）强调成长和学习。如果你有持续学习和成长的经历，也要在这一部分中强调一下。这表明你是一个不断追求进步的职业人。

（9）突出独特之处。如果你有独特的经历、兴趣或特长，可以在个人优势中突出出来。这有助于让你从众多求职者中脱颖而出。

（10）注意单词的大小写。在写简历时，因为会涉及很多英文单词，如果不注意英文单词的大小写，会产生混乱感，影响整体的视觉效果。比如"python"，我们尽量写成"Python"，这就是经典的驼峰命名法，使用驼峰命名法会显得我们很专业。

（11）尽量使用序号。因为个人优势会涉及我们很多方面的能力，采用大段落会让文字都挤在一起，让人不能一目了然，而使用序号可以让我们分别列出每一个方面的能力，让对方能更清晰地看到你具备的优势和熟悉的技能。

（12）形容词的使用。我们在描述一个技能时，通常会使用一些描述性的词语，比如"了解、知道、熟练、熟悉、精通"等，但是在实际撰写时，尽量使用"熟悉、熟练"等类似的词语，因为"了解、知道"表明对技能不熟练，只是知道而已，也表现出求职者的不自信。所以，有经验的面试官看到简历上这样的词语，基本就可以判断出这是你的软肋了。而"精通"又有点太绝对，似乎你对这项技术已经登峰造极，有点挑衅面试官的感觉。如果你用"精通"形容你的某项技能，面试官又真的考你这项技能，如果能回答上来还好，如果回答不上来，一是代表你其实不精通，二是会大幅度降低面试官对你的评价，所以尽量还是使用一些"中性"形容词，这样既不会太突兀，又不会显得我们对这项技能一无所知。

（13）标点符号的使用。可能有的人对标点符号的使用不太在意，但是我要告诉大家，标点符号对简历的整体美观度有着至关重要的影响。以每句话结束时的句号为例，很多同学，尤其是程序员，习惯使用分号。然而，分号主要是为程序代码而设计的，并不适用于我们日常书写和简历制作。每句话结束时，都应使用句号来明确表达语句的结束。简历是供人阅读的，因此需要使用标准的、易于阅读的标点符号。此外，中英文标点符号的使用也要注意。在可能的情况下，我们应尽量使用中文的标点符号，如中文的逗号（，）。相比之下，英文的逗号（,）较短，如果使用英文逗号，整体看起来不是很美观。

（14）不要一句话就结束。一句话会显得很短，很短的描述代表着我们对这项技能并不自信，例如，你描写一个你特别要好的朋友，肯定能想起关于你们的很多事情，不会说一句话就结束了。在一句话中，尽量中间使用一个逗号，让整句话不至于未曾达意便草草结束了。当然，逗号后面可以是对这项技能的经验描述。比如：我熟悉掌握××××技能。这样的表达就显得很苍白，不能证明你对这项技能很熟练，但是，如果我们改成：我熟练掌握××××技能，并在××××项目上有着一定的实用经验。这样，感觉立刻就不一样了，因为你证明了你确实掌握了该项技能，简历的内容也更加充实。

（15）数字是能让人震撼的利器。所有人其实都对数字敏感，当我们用数字去证明自己的能力时，效果会非常好。例如，我对××××技能有着一定的实际应用经验，并使用该技能搭建过××××网站，承载人数超过1亿浏览量。这时你会发现，数字绝对是可以让人直接感到震撼的，并且数字的大小也可以完全证明你能力的强弱。

下面的例子可说明个人优势模块的重要性，即使你的技能确实很强，但是若别人不知道，也无济于事。

我的公司有一位名叫张琳的年轻专业人士，她是一家知名软件公司的顶尖工程师。我跟她聊过天,知道她拥有出色的技术能力、精湛的编码技巧以及在多个复杂项目中取得的卓越成就。然而,尽管她在技术领域拥有无可匹敌的能力,但在求职过程中,她却屡次碰壁,无法成功获得理想的职位。

问题并不在于张琳的技术实力,而是她的个人优势模块缺乏吸引力和清晰性,而且她没有意识到简历的重要性,她总认为是金子就会发光。但是金子也需要在某个位置沉淀后,被人发现后才能发光,如果没有位置,金子是无法发光的。

在多次面试失败后,张琳决定重新审视自己的简历和求职策略。她开始学习如何编写一个引人注目的个人优势模块,以突出她的技能和经验,同时突显她的独特性。她将自己视为一个品牌,并努力将这一品牌在简历中清晰地展现出来。

张琳重新编写了她的个人优势模块,突出了以下几个方面:

首先,她强调了自己的领导才能,提到了她曾领导一个技术团队成功完成一个关键项目的经历。这展示了她不仅仅是一个优秀的技术人员,还是一个能领导团队的领导者。

其次,她在个人优势模块中加入了一些具体的数字和成就,比如,她负责的项目在减少错误率和提高效率方面取得的显著成绩。这些数据为她的能力提供了有力的支持,让雇主更容易看到她的价值。

最后,她通过强调自己的团队合作和沟通技能以及不断学习新的技术,展示了她的综合素质和未来职业发展的潜力。

后来,我得知张琳重新投递了她的简历,再次投递的结果完全不同。她获得了一家顶尖科技公司的面试机会,并最终成功获得了令人羡慕的高级工程师职位。她的个人优势模块不仅帮助她进入了理想的公司,还为她的职业发展打开了全新的机会之门。

总之，一个出色的个人优势模块可以为你的职业生涯带来积极的改变。它是你个人品牌的一部分，能够吸引潜在雇主的关注，为你赢得更多机会，并为成功提供坚实的基础。因此，在编写个人简历时，请务必投入足够的时间和精力来打磨和完善个人优势模块，这将是你在竞争激烈的求职市场中脱颖而出的关键之一。

4.3　求职意向模块编写技巧

在撰写简历时，求职意向模块是一个比较重要的部分，它直接向潜在雇主展示了你的职业目标和期望。这一部分的重要性在于，它不仅反映了你对自己职业道路的清晰规划，也向雇主传达了你对未来工作的具体期望。求职意向模块一般包括职位类型、工作地点、薪酬范围、行业选择以及工作性质等。

明确的求职意向有助于雇主快速判断你是否适合公司目前的招聘需求，从而提高简历筛选的效率。例如，通过清晰表达你期望的职位（如"软件工程师"）、城市（如"北京"）、薪酬范围（如"5万—7万/月"）、行业（如"计算机软件、互联网/电子商务"）以及工作类型（如"全职"），雇主可以迅速了解你的职业定位以及是否符合公司的职位要求。

我们先来看一下在51job上可以填写的内容，如图4-3所示。

界面的前几项我们就不过多地去展开了，比如期望城市、期望职位、期望月薪，这些我们都可以根据自己的期望填写，技巧就是月薪可以稍微填高一点，这样到之后谈工资的时候，我们可以有谈判的空间。

值得一提的是期望行业，行业就是更精准的公司属性。点开"期望行业"

第 4 章 简历准备与包装技巧

之后，我们可以看到官方给我们规划的很多行业，我建议不用填写，因为这个选项不是必须填写的。我给大家举个例子，比如，我们是前端开发，行业写计算机软件，这样写的话其实最后会让招聘者看到你更倾向于计算机软件的公司，但前端开发又未必一定是计算机软件的公司，比如快递公司也可以需要前端开发，但是快递公司属于运输行业。所以我们空着就好了，这样我们就等于可以期望任何行业，只要符合我们的职位就可以。

图 4-3 51job 求职意向界面

工作类型里面有全职、兼职和实习可以选择，一般情况下，我建议选择全职，除非我们有兼职和实习的需求。

界面下方还有两项可以选择，分别是"求职状态"和"到岗时间"。求职状态可以选择"积极找工作"和"观望有机会好好考虑"，这两项很好理解，前者就是我现在找工作，后者就是目前不着急找工作。而到岗时间可以选择"随时""1 周内""1 个月内""3 个月内""待定"，填写时有个技巧，许多求职者觉得 1 周内到岗是一个合理时间，但是如果我们填写"随时"，会显得更有效率，而招聘方也更喜欢可以随时到岗的员工，所以无论你是否能随时到

岗，我建议都填写"可随时到岗"。

4.4 工作经验模块编写技巧

工作经验模块是你简历上最具有分量和起决定性作用的一部分，因此，在编写时需要特别注意，确保能吸引雇主的注意力，展示出你在过去的职业生涯中所取得的成就和获得的经验。这个模块算是简历的灵魂之一。我们先来看看51job平台的工作经验模块需要编写的内容，如图4-4所示。

图4-4 51job工作经验模块

我们先来分析每项输入内容的作用，然后再和大家分析工作描述模块的编写技巧。

（1）公司名称模块。该模块填写你这份工作的公司名称，是必须填写的。

（2）时间模块。该模块是填写这份工作的在职时间，以月计算，值得注意的是，填写的时间尽量不要太短，否则会显得工作周期太短，能力接受度和稳定度会受到质疑。

（3）职位模块。该模块填写这份工作的职位名称，可以自定义，也可以使用其平台已经定义的常用职位名称。

（4）行业名称模块。该模块填写这份工作的行业名称，可以自定义，也可以使用平台已经定义的常用行业名称，不是必填选项，可以不填。

（5）公司规模模块。该模块填写这份工作的公司人数规模，有下拉选项，只可以使用平台定义好的数字。填写的数字不必特别精准，因为这只是体现上一家公司的规模。

（6）公司性质模块。该模块体现公司性质，有下拉选项，只可以使用平台定义好的内容。如果我们不知道公司的性质，可以通过一些软件（如企查查、天眼查等）进行查询。

（7）工作类型模块。该模块体现这份工作的类型，共有三种类型，分别是实习、兼职和全职。有下拉选项，只可以选择平台定义好的内容。

（8）海外经历模块。该模块体现这份工作是国内工作，还是非国内工作。一般来说，如果是海外的工作经历会有加分。

（9）工作描述模块。该模块体现这份工作的所有内容，可自由编写。一般来说，我们通过该模块让面试官知道我们在这份工作中负责的内容、获得的业绩、得到的成就等。在篇幅允许的情况下，我们也可以写上汇报对象、下属人数等一些更详细的体现管理能力的内容。

尽量使用序号的方式使每个方面逐一细化，不要只写文字，要注意用标点符号，注意英文的大小写。

当然，一份简历并不是只写一个工作经历，可以写很多的工作经历来充实你的简历。工作经历也是你的人设的一种体现，优秀的工作经历可以直接提升面试官对你的期望。以下是一些常用的工作经验模块编写技巧，可帮助你打造出令人印象深刻的简历。

（1）使用逆时间顺序。工作经验通常以逆时间顺序排列，即将最近的工作经验放在最前面。这能够使雇主立刻看到你的最新成就。

（2）强调成就，而非职责。你不要仅仅罗列你的工作职责，更要强调你在工作中取得的成就和做出的贡献。最好举例说明你的工作如何促进了公司或团队的成功，因为成就能间接体现你优秀的工作能力。

（3）使用具体的数据。在工作经验描述中，可使用具体的数据以量化你的成就。例如，你提高了公司销售额的百分比或者节省了公司多少成本。

（4）使用行业相关关键词。雇主可能会使用关键词来筛选简历，所以你要确保在工作经验描述中包含与职位相关的行业术语和关键词。

（5）讲故事。描述工作经验时，可以不单一地陈述事实，在篇幅条件允许的情况下，可以讲述一个故事。比如，描述你在特定项目或挑战中扮演的角色和个人成长情况，你的具体经历可以引起面试者的兴趣。

（6）强调技能和能力。将工作经验表现出的能力与个人优势模块里填写的技能和能力联系起来。工作经验是证明你个人优势模块中所述能力的体现，并说明你如何运用这些技能解决问题和取得成功。

（7）突出晋升的经历。如果你在过去的工作中有晋升的经历，务必突出该经历。这表明你在前雇主那里表现出色，希望在新职位上做得更出色。

（8）关注结果。避免过多地强调你的工作职责，而要侧重描述你所取得的成果。雇主更关心你能为他们公司带来的价值。

（9）避免负面描述。尽量避免使用消极的词汇，如"问题"。宜用积极的语言描述你如何克服困难或解决问题。

（10）用精炼的语言。关于工作经验的描述不应该太冗长。宜用简明扼要的语言描述你的经验和成就，确保一目了然。

（11）重点突出相关经验。如果你的工作经验与目标职位相关度不高，则可以重点突出与目标职位相关的经验，不必详细描述与目标职位无关的职责。

（12）反复校对和更新。最后，不要忘记反复校对工作经验模块，确保没有拼写或语法错误。随着职业生涯的发展，要及时更新工作经验以反映最新成就。

有一位名叫张雯的女职员，她的技能和能力相对一般，但通过精心编写工作经验模块，她成功地获得了多个面试机会，最终找到了理想的工作。

张雯并不是一名技术工作者，她在一家小型市场营销公司工作，主要职责是负责客户关系管理。这是她的第一份工作，她没有过多的专业经验或技能。但她明白，要在竞争激烈的求职市场中脱颖而出，她需要用独特的方式来呈现自己。

她精心准备了简历，特别是用心填写了工作经验模块。她不仅简单地列出了她的职责，而且突出了她在这个角色中取得的成就。她写道："在我任职期间，我成功地维护了20多个客户的关系，实现了客户续签率的提升，公司的客户满意度也得到了显著改善。"

接着，她强调了她在客户交流和问题解决方面的优势，这些是她的能力亮点。她在简历中描述了一次关键客户会议，她如何主动提出解决方案，成功地解决了一个长期存在的问题，最终赢得了客户的信任。她还在工作经验模块中使用了具体的数据，以支持她的成就。她提到了与其他团队成员合作完成的项目,以及这些项目如何有助于公司的业绩增长。这些数据能帮助雇主更好地了解了她的价值。

此外,张雯在简历中强调了她的学习精神和改进能力。她提到了参加专业培训和自主学习的经历,以展示她不仅愿意不断提升自己,还能够适应不同的工作环境。

通过这种方式,张雯的简历突出了她的实际成就、解决问题的能力以及不断学习的精神,尽管她的技能和能力相对一般,但她成功地吸引了雇主的关注。最终,她获得了多个面试机会,并成功地找到了一份更具挑战性和发展潜力的工作。这个例子突出了工作经验模块的关键作用,即如何用有针对性和吸引人的方式呈现自己,从而提高求职成功的机会。

4.5 项目经验模块编写技巧

在求职的道路上,简历是你的第一张名片,它是你与潜在雇主之间的第一次接触。在这张纸上,你有机会展示自己的经验、技能和成就,从而吸引雇主的注意。而在简历中,项目经验模块尤为关键。它不仅是一段描述你过去工作内容的文字,更是你的能力、经验和职业素养的具体体现。对于雇主来说,项目经验往往比学历、证书或其他任何内容更能够吸引他们的注意,因为它直接展示了你在实际工作中的表现。一个精心编写的项目经验模块可以使你从众多求职者中脱颖而出,而一段马虎的项目经验描述可能会使你失去一个宝贵的机会。因此,如何正确、有效地展示自己的项目经验,成为每一位求职者都应该重视的问题。在本节中,我们将深入探讨如何编写项目经验模块,以帮助你更好地展示自己，提高求职成功率。

首先，我们先打开 51job，以下就是项目经验模块的内容，如图 4-5 所示。

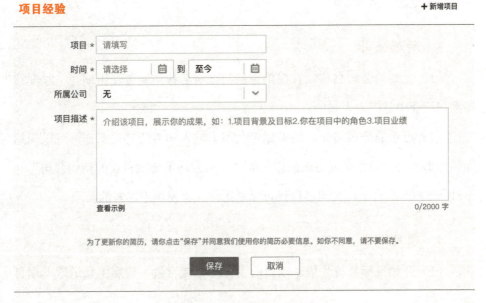

图 4-5　51job 项目经验模块

1. 项目名称

（1）具体而有意义。应确保项目名称能够简洁地反映项目的主要内容或目标、类型。例如，"电商平台开发"比"技术项目"更具描述性。例如，项目后面也可以写上类型，前端项目名字后面可以加上类型，如 App+ 版本号，让面试官一目了然。

（2）避免过于技术性的名称。除非你申请的是高度技术性的职位，否则应避免使用对非技术人员而言难以理解的术语。

2. 项目时间

（1）明确起止日期。可提供项目开始和结束的日期，如"2022 年 1 月—

2022年12月"。如果项目仍在进行中，可以写为"2022年1月至今"。

（2）保持一致性。确保所有项目的日期格式都是一致的，这有助于使简历看起来更加简洁和专业。

3. 所属公司

（1）完整的公司名称。宜提供完整的公司名称，避免使用缩写，除非该缩写在行业中是广为人知的。

（2）可选的公司简介。如果你曾在不太被人知道的公司工作，可以简短地描述那家公司的主要业务或规模，如"一家专注于金融科技的初创公司"，不过在51job平台上，公司名称只可以是工作经验模块中填写的公司。

4. 项目描述

（1）开始目标。首先描述项目的主要目标或背景，让雇主知道这个项目为什么重要。

（2）使用动词。使用强有力的动词来描述你的贡献，如"设计""实施""优化"等。

（3）量化成果。尽可能地提供具体的数字或成果，如"提高了30%的效率"或"吸引了10万用户"。

（4）突出个人贡献。明确指出你在项目中的角色和你所做的主要工作，这有助于雇主了解你的能力和经验。

（5）简洁明了。避免冗长的描述，确保每个项目的描述都是简洁的且有针对性。

项目经验绝对是你简历中的重要部分，它能够展示你的实际工作能力和经验。下面提供一些编写项目经验模块的建议和技巧。

（1）选择合适的项目。不是所有的项目都适合编写在简历上。你应该选择那些与你申请的职位最相关,而且能够展示你的技能和经验的项目。

(2)项目描述的结构。每个项目描述应该包括以下几个部分:项目名称、项目时间、你在项目中的角色、项目简介、技术栈或所用技术、你的主要贡献。

(3)使用量化的成果。尽量使用具体的数字来描述你的成果,例如:"优化了代码,使页面加载速度提高了30%"。

(4)使用动词开头。描述你的贡献时,使用动词开头可以使你的描述更加具有说服力,例如:"设计并实现了……""优化了……"。

(5)避免使用过于技术性的术语。除非你申请的是一个技术性的职位,否则尽量使用非技术人员也容易理解的语言。

(6)突出团队合作。如果你在项目中与他人合作,不妨提及这一点,并强调团队合作的重要性。

(7)提及项目的难点和挑战。描述项目中遇到的难点和挑战,以及你是如何克服这些难点的。这可以展示你解决问题的能力。

(8)保持简洁。虽然项目经验很重要,但也不要过于冗长。尽量在1—2段内完成对每个项目的描述,确保简历整体的简洁性。

(9)校对和修改。完成项目经验的描述后,务必多次校对,确保没有错别字或语法错误,并请他人帮忙检查,以确保描述的清晰和准确。

(10)适应性调整。根据不同的职位要求,适当调整项目描述的内容和重点,确保与申请的职位相匹配。

通过上述技巧和建议,你可以编写出高质量的项目经验模块,从而提高你的求职成功率。

值得注意的是,项目经验在简历中的重要性不容忽视。以下是项目经验在简历中的几个关键作用。

(1)展示实际能力。学术成绩和证书能够证明你的学习能力和知识水平,项目经验则能够展示你如何将这些知识应用于实际工作中。通过项目，你可以证明自己具备将理论知识转化为实际成果的能力。

（2）证明专业技能。项目经验可以为你所列举的技能提供实证。例如，如果你在简历中提到了你熟悉某种编程语言或技术，那么相关的项目经验可以证明你确实具备这些技能。

（3）展示解决问题的能力。在项目中，你可能会遇到各种预料之外的问题和挑战。描述这些问题以及你是如何解决它们的，可以展示你解决问题的能力和应变能力。

（4）强调团队合作。大多数项目需要团队合作。通过描述你在团队中的角色和贡献，你可以展示自己的团队合作能力和领导力。

（5）与求职岗位的相关性。对于招聘者来说，与职位相关的项目经验非常有吸引力。它可以证明你已经具备了该职位所需的经验和技能。

（6）增加与面试官的交流话题。在面试中，面试官可能会根据你的项目经验提问。这为你提供了一个展示自己的机会，也使面试过程更加深入和具体。

（7）区分你与其他求职者。有时，项目经验可能是你与其他求职者之间的关键差异。一个与职位高度相关的项目可能会使你从众多求职者中脱颖而出。

在求职的旅程中，简历是你的敲门砖，而项目经验则是这块砖上的金字招牌。通过对项目名称、时间、所属公司和项目描述的精心编写，你不仅展示了自己的专业能力和经验，还向潜在雇主展示了你的细致入微和专业态度。每一个细节，无论是项目的起止日期，还是对项目成果的量化描述，都是你与众多求职者区分开来的关键。但更重要的是，这些细节共同构建了一个真实、生动的你，让雇主能够看到一个不仅具备技能，而且能够深入思考、持续进步的候选人。随着技术的不断进步和行业日益激烈的竞争，拥有出色的项目经验并知道如何有效地展示这些经验，无疑将成为你求职成功的关键。

4.6　在校情况模块编写技巧

在求职的过程中，对于刚刚走出校园和已经走上工作岗位正在准备跳槽的程序员来说，学校经历都是简历中的一大亮点。这不仅是因为它代表了你的教育背景，更重要的是，它展示了你在学校期间的活跃度、参与度和所获得的荣誉。这些信息为雇主提供了一个窗口，让他们看到一个更加全面的你，了解你在所学专业之外的各种能力和特质。因此，如何有效地展示在校情况，特别是校内荣誉和校内职务，成为每一位应届毕业生都应该重视的问题。一般来说，这个大模块可分为两个子模块。接下来，我们将详细探讨这两个子模块的编写技巧，如图4-6所示。

1. 校内荣誉

（1）明确列举。列出你在学校期间获得的所有重要荣誉，如奖学金、竞赛奖项等。

（2）按重要性排序。在开头介绍最有分量或与应聘职位最相关的荣誉。

（3）提供背景信息。有一些平台可以填写一些关于该荣誉的介绍，我们可以简短描述不太被人知晓的荣誉的背景和意义，例如："全校仅10%的学生获此奖项"。

（4）避免过多的细节。尽管荣誉很重要，但你不需要过多描述其评选过程或标准，应保持简洁。

图4-6 在校情况模块

2. 校内职务

（1）突出关键职务。如果你在学生组织中担任了重要职务，如主席或部长，务必突出。

（2）描述职责和成果。应简短地描述你在该职务中的主要职责和取得的成果，如"成功组织了三次校内技术沙龙，吸引了超过200名学生参与"。

（3）展示技能和特质。通过描述你在职务中的表现，展示你的组织能力、领导力或其他相关技能。

（4）避免描述过多的职务。如果你在学校期间担任了多个职务，可选择最重要或最相关的几个进行展示，避免简历显得过于冗长。

"在校情况"模块，简单地说，就是你在上大学的时候都干了啥。这部分不是简历的重头戏，但对于刚毕业不久的求职者来说不可不重视，因为你可能还没有相关工作经验，而你在学校参加的活动和获得的荣誉可以展示你的能力和潜力，可以为自己的简历加分不少。下面说个发生在我身边的故事，大家就可以看出细节也可以决定成败。

我有一个朋友，叫天宇。他是我们大学计算机系的一名学生，但并不是那种整天埋头于写代码的程序员。相反，他总是活跃在各种学校活动中，尤其是与技术相关的活动。

在大二时，天宇成为我们学校"编程之星"竞赛的组织者。这是一个大型的编程比赛，吸引了全校上百名学生参与。天宇不仅负责策划比赛流程，还亲自与赞助商沟通，成功获得了几家知名IT公司的赞助。比赛当天，他还带领团队确保活动顺利进行，解决了各种突发情况，得到了大家的一致好评。

除此之外，天宇还是我们学校编程社团的主席。在他的带领下，社团不仅组织了多次技术沙龙、分享会，还与其他学校的编程社团建立了合作关系，共同举办了一次区域性的编程马拉松，吸引了近千名学生参与。

毕业后，天宇开始了求职之旅。虽然他的技术经验与其他应聘者相差无几，但当招聘经理看到他的简历上这些丰富的在校经历时，非常感兴趣。在面试中，招聘经理特地问了很多他在学校的这些活动，想要了解更多细节。天宇详细地描述了他如何策划活动、如何解决问题、如何带领团队。招聘经理非常欣赏他的组织能力、领导力和解决问题的能力。

最终，尽管面试者中有其他技术背景更强的人，但公司还是选择了天宇。招聘经理告诉天宇，他们看中的不仅仅是他的技术能力，更重要的是他在学校的这些经历，证明了他有很强的组织和协调能力，这对于他们公司的项目管理

和团队合作非常重要。

上述案例告诉我们,简历上的在校经历有时候甚至比技术经验更重要,因为它可以展示你许多其他方面的能力和特质,对这些内容雇主可能更加看重。

在求职的过程中,我们往往过于关注技术能力和工作经验,而忽视了那些看似微不足道的在校经历。"细节决定成败。"这些反映在校生活的细节,如荣誉、职务、活动组织等,往往能够为雇主展示出一个更加全面、活跃和有潜力的你。它们证明了你不仅是一个技术高手,更是一个有组织能力、领导力和团队合作精神的全能选手。

天宇的例子告诉我们,那些我们在学校时可能认为不太重要的事情,比如,组织一个活动、担任一个职务,其实在求职时很可能成为你的一大亮点。所以,当你编写简历时,不要忽视这些在校经历,要学会如何有效地展示它们,让雇主看到你的全方位能力和潜力。

最后,我想引用一句话来结束这个小节:"成功往往隐藏在日常的小事中。"在求职的道路上,不要忽视那些看似微不足道的小事,因为它们可能就是你成功的关键。

4.7 技能特长模块编写技巧

在程序员的求职之路上,简历中的技能特长模块往往是雇主首先关注的部分。这不仅是因为它直接展示了你的专业能力,更重要的是,它能够帮助雇主快速判断你是否符合职位要求。一个精心编写的技能特长模块可以使你从众多

第 4 章 简历准备与包装技巧

求职者中脱颖而出,而马虎的技能描述可能会使你失去一个宝贵的机会。因此,如何准确、有效地展示自己的技能特长,是每一位求职者都应该重视的问题。接下来,我们仍以 51job 为例,详细探讨技能/语言、证书和培训经历三个子模块的编写技巧,如图 4-7 所示。

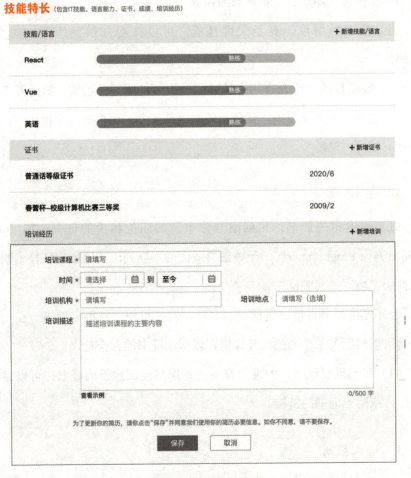

图 4-7 技能特长模块

1. 技能/语言

(1) 明确列举。清晰地列出你掌握的技能或编程语言,如"Java、

Python、JavaScript"等。

（2）按熟练度排序。将你最熟练或最经常使用的技能列在开头，这可以帮助雇主快速了解你的主要技能。

（3）避免过度夸大。只列出你真正掌握的技能，不要为了使自己显得非常优秀而在简历上添加自己不熟悉的技能。

（4）注明熟练度。对于关键技能，可以注明你的熟练度，如"Java（熟练）"。

（5）收尾衔接。个人介绍中填写的技能可以填写在这里，但是要主语对应一致。比如，个人介绍中，某项技能写"熟练"，那么在这个模块中，这项技能就只能写"熟练"。

2. 证书

（1）列出相关证书。只列出与你申请的职位相关的证书，如"Oracle Certified Java Programmer"。无关证书或证件不要列出，比如应聘技术职位，却在简历上填写"驾驶证"。

（2）提供证书详情，包括证书名称、发证机构、获得日期等。在一些其他平台可以写上关于证书的一些详情，以增加证书的含金量。

（3）突出重要证书。如果你有某些特别重要或难得的证书，可以将其突出显示，或附上证书的链接。

3. 培训经历

（1）选择相关培训。只列出与你申请的职位相关的培训经历。

（2）提供培训详情，包括培训课程名称、培训机构、培训时间等。

（3）描述培训成果。简要描述你在培训中学到的知识或技能，或者获得的成果。

在程序员的求职大战中，简历上的技能特长模块就像是你的武器库，它直接展示了你的战斗力。想象一下，当雇主在短时间内浏览大量的简历时，他们首先会寻找那些与职位要求最匹配的技能和经验。这个模块就像是你的名片，直接告诉雇主："嗨，我就是你们要找的那个人！"不仅如此，它还展示了你的学习能力和职业发展方向。例如，一个持续更新技能、获得相关证书的求职者，往往给人留下了积极进取、不断自我提升的印象。而那些与时俱进的培训经历，则证明了你始终处于行业的前沿，对新技术和方法保持敏感和好奇。所以，精心编写的技能特长模块不仅可以展示你的专业能力，更能够展现出你的职业态度、学习能力和发展潜力，从而大大增加你在求职市场上的竞争力。

我有个朋友，叫王亮。王亮是个典型的技术宅，大学时学的是计算机专业。毕业后，他并没有急着找工作，而是选择了去参加各种培训班，学习最新的技术。他觉得，现在的IT行业更新换代太快，不学就会被淘汰。

一个偶然的机会，王亮听说了一个很火的技术培训班，专门教最新的云计算技术。他毫不犹豫地报了名，每天都刻苦学习。几个月下来，他不仅掌握了这项技术，还顺利考到了一个相关的证书，这个证书目前市面上比较稀缺，含金量很高。

之后，王亮在网上看到了一个大公司的招聘信息，要求会云计算技术，正好是他刚学的技术。他心想："这不就是招我吗？"于是他迅速地更新了自己的简历，特别是那个技能特长模块，详细列出了自己会的技术和刚考到的证书。

没过几天，王亮就收到了面试通知。面试的时候，面试官看了他的简历，特别是技能和证书部分，眼睛都亮了。他问了王亮很多技术问题，王亮都回答得很好。面试官很满意，说："你正是我们要找的人！"

后来，王亮告诉我，其实他觉得自己的经验并不比其他应聘者多，但是他的技能和证书正好和公司的要求相匹配，这成了他成功的关键。他说："技能和证书就像是你的武器，有了它们，你在求职的战场上就有了更多的筹码。"

这个故事告诉我们，有时候，不是你的经验多少决定了你的成败，而是你的技能和证书是否和公司的要求相匹配。所以，大家在求职的时候，一定要好好展示自己的"武器库"，让雇主看到你的价值。

有句话说得好："机会留给有准备的人。"这里的"准备"就是你的技能和证书。只有真正做好准备，才能在关键时刻抓住成功机会。

所以，大家在写简历的时候，不要忽视这个模块，要好好展示自己的技能和证书，让雇主一眼就看出你的与众不同之处。这样，你在求职的路上就更有竞争力，更容易找到理想的工作。

4.8　附加信息模块编写技巧

在简历的大海中，每个人都想让自己的简历像一艘独特的船，能够从简历海洋中脱颖而出。而附加信息模块就像是这艘船上的彩旗，能够为你的简历增添独特的色彩，让雇主更容易记住你。这部分虽然不像技能特长模块那样直接展示你的专业能力，但可以展示你的个性、兴趣和其他非技术方面的能力，从而让你的简历更加丰富和有深度，如图4-8所示。

接下来，我们将详细探讨个人作品和附加信息两个子模块的编写技巧。

1. 个人作品

这个模块的内容就是告诉别人："看，这是我做的！"选择你最引以为傲的作品,最好设置在线链接,这样别人点一下就能看到。描述清楚你做了啥,如果有特别出彩的地方,一定要写明。

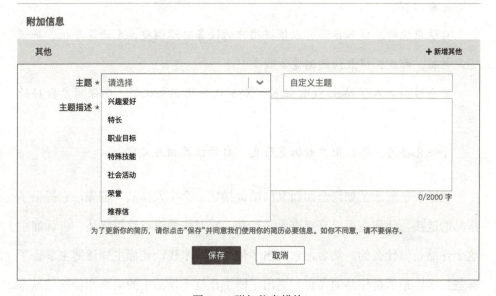

图 4-8 附加信息模块

(1)选择代表作。挑选出你最自豪、最具代表性的作品,不必列出所有作品。

(2)提供作品链接。如果可能,提供作品的在线链接,让雇主可以直接查看到。

(3)简短描述。为每个作品提供一个简短的描述,让雇主知道这个作品有什么功能,你在其中扮演了什么角色。

(4)突出亮点。强调作品中的创新点、难点或你所做的特殊贡献。

我举个案例。

个人博客系统

链接：www.tianyublogxxxx.com

描述：一个完整的个人博客系统，支持文章发布、评论、点赞等功能。

技术栈：使用 Python 的 Django 框架开发，前端使用 React.js。

亮点：（略）

自适应设计：博客界面可以根据用户的设备自动调整，无论是手机、平板还是电脑，都能获得最佳的浏览体验。

安全性：加入了防止 SQL 注入、XSS 攻击的安全机制，确保用户数据的安全。

个性化推荐：根据用户的浏览历史，自动推荐相关文章。

这个例子展示了如何全面而又简洁地描述一个个人作品。首先，它提供了作品的链接，让雇主可以直接查看。接着，它对作品进行简短描述，告诉雇主这个作品是做什么的。然后，它列出了使用的技术栈，让雇主知道博主掌握了哪些技术。最后是作品的亮点，突出了博主在这个作品中的创新和特殊贡献。

2. 附加信息

（1）自定义主题。你可以根据自己的情况，自定义一些主题，比如"编程比赛经历""开源项目贡献"等。

（2）常见主题，包括职业目标、特殊技能和特长三项。

职业目标：简短描述你的职业规划和目标，让雇主知道你对未来的期望。

特殊技能：列出一些虽不常见但对获得职位有帮助的技能，比如"速记能力""多语言交流"等。

特长：列出一些与职位相关或能展示你个性的特长，比如"音乐制作""摄影"等。

第4章 简历准备与包装技巧

其实对这部分可以自由发挥，写一些你觉得酷或者对找工作有帮助的信息。比如你的职业梦想是什么，或者你有什么特别的技能，比如你会五种语言，或者你的业余爱好是摄影。这些都可以写，不过尽量还是写与自己面试岗位相关的内容，尽量少写空话。

我举个自定义主题的例子。

主题：编程之外的探索。

开源贡献：参与了开源项目"XYZ"的开发，主要负责模块A的优化和修复程序错误。

技术博客：维护一个技术博客，分享编程技巧、项目经验和最新技术趋势。

链接：www.tianyublogxxxx.com

技术沙龙：组织并参与了本地的月度技术沙龙，邀请行业内的专家进行分享和交流。

编程之旅：曾进行了一次为期一个月的编程之旅，到各地参观技术公司，与当地的开发者交流学习。（可以附加受约公司的名字，以增加可信度）

这个例子展示了如何在附加信息模块中自定义一个主题来展示你在编程之外的探索和经历。这不仅可以展示你的技术能力和经验，还可以展现你的热情、好奇心和对技术的热爱。当然，更多的求职者可能会写一些比较常见的通用主题，比如"职业目标/规划"等。

下面，我再来举个职业规划的例子。

近期目标（0—1年）：（略）

公司目标：快速融入公司集体，积极吸收与参悟公司的企业文化。

技术目标：快速适应公司所需的技术体系，争取把自己的技能与能力快速应用到公司的架构与任务上。

短期目标（1—2年）：（略）

技术提升：精进Python和JavaScript技能，学习并掌握Go和Rust等新兴语言。

项目经验：参与至少两个大型项目的开发，积累实战经验。

专业证书：获取相关领域（如AWS或Google Cloud）的云计算证书。

中期目标（3—5年）：（略）

领导能力：担任项目组长或小组负责人，锻炼团队管理和项目协调能力。

深化专长：深入研究分布式系统和云计算领域，成为该领域的专家。

外部交流：参与行业会议和技术沙龙，扩大职业网络，与行业内的专家学习交流，扩大公司的影响力。

战略视角：从技术层面转向更宏观的视角，参与公司的技术战略规划。

从上例中，大家会发现，内容的编写从公司的角度去考虑，通常会有较好的效果。而目标通常分为短期、中期和长期三个阶段，每个阶段都有具体和明确的目标，这可以帮助你保持职业发展的方向和动力。当然，这只是一个示例，你可以根据自己的实际情况和兴趣进行调整和补充。

总之，简历就像你的名片，而附加信息模块就像名片上的那些小图案和标签，虽然它们看起来不起眼，却能让你的名片更加独特和有个性。这部分可以告诉雇主："除了编程，我还有这些特色和亮点！"

比如，你的个人作品可以让雇主看到你的实际能力和成果；而职业目标则可以告诉雇主你的职业规划和期望，让他们知道你是一个有目标、有规划的人。这些信息虽然不像技能特长那样直接，却能为你的简历增添更多的色彩和深度。

所以，大家在写简历时，一定不要忽视这个模块。要好好思考，展示自己的独特之处，让雇主看到你的全面和多样性。记住，每一个细节都可能成为你成功的关键，所以要抓住每一个机会，让自己的简历更加完美和出彩！

4.9　其他内容模块编写技巧

简历上的自我介绍，是你向雇主展示自己的第一步。我们都知道，一份完整的简历需要包括基本模块，如工作经验、项目经验等。除了这些"标配"，还有哪些内容可以加入，使你的简历更加丰富、更具深度，从而使你在众多求职者中脱颖而出呢？在本节中，我们将介绍一些虽不常见但同样重要的简历模块，以及探讨如何精准地编写。

1. 培训与研讨会

在一些其他招聘平台会设置这个模块，以展示你对专业发展的关注和学习的态度。可列出你参加的与职业相关的主要培训和研讨会，注明时间、地点和主题，还有收获，最重要的是，这些会议的档次一定要够高，可以显示出你的技术实力。

2. 参与的社团或组织

这部分可以展示你在工作或者社会中的社交活动和组织能力。可列出你参与过的主要社团或组织，并简要描述你在其中的角色和贡献，一些比较权威的社团和组织也可以体现你的技术实力。

3. 推荐人信息

这部分可以为你的简历增加可信度，特别是当推荐人在行业内有一定的知名度时。可列出推荐人的姓名、职位、联系方式,并确保事先得到他们的同意。如果你曾与一些社会名流或者业内知名人士共事或者曾有其他的非凡经历时,可以写在简历上,从而提升简历的含金量。

4. 出版物和论文

对于那些有研究背景或经常发表文章的求职者来说,这部分完全可以展示专业深度。可列出你的主要出版物或论文,包括标题、发表日期和出版机构,这些出版物和已经发表的论文可以完全证明你在某些领域的专业能力。

5. 志愿服务

这部分可以展示你的社会责任感和对社区的贡献。可列出你参与的主要志愿服务活动,包括组织名称、服务日期和你的角色。

6. 旅行经历

对于那些喜欢旅行的求职者来说,这部分可以展示开放思维和对不同文化的了解。可简短地列出你去过的国家或地区,并注明旅行的目的,如"学习交流""志愿服务"等,其实一些海外的学术交流经验也是非常难得的简历加分项。

7. 个人品牌

如果你有自己的博客或 B 站、抖音、YouTube 频道或其他社交媒体平台的账号,也可以写出来,这些可以展示你的个人品牌和影响力。列出平台的名称、链接网址、简短的描述还有粉丝数,尤其是粉丝数量可以直接体现你在这个领域的专业度,粉丝数量也具有非常直观的数字冲击力。

8. 专利与发明

如果你有已授权或正在申请的相关专利,也不妨列出来,这些专利可以展示你的创新能力与专业度。可列出专利的名称、状态（如"已授权"或"申请中"）和授权/申请日期。

9. 特殊许可

这部分可以展示你已经获得的与工作相关的社会或组织的特殊许可。可列出社会或组织名称、特殊许可的获得日期，确保它们与你申请的职位相关。这些特殊许可也能证明你的社会地位，并提升简历的含金量。

10. 工作之外的成就

这部分可以展示你在工作之外的其他成就，如运动、艺术或其他领域的奖励。建议你写一些高级的成就，它们也可以为你获得加分，可列出成就的名称、获奖日期和颁奖机构。

李婷是一名计算机工程师，毕业于国内一所知名大学。在学校时，她的成绩一直名列前茅，但跟众多同样出色的同学相比，李婷总感觉自己缺少一些特点。毕业后，她开始了自己的求职之旅，她马上盯上了一家世界500强的外企。尽管她的简历上写满了各种技能和项目经验，却次次如石沉大海，她始终没有找到一个真正能让自己脱颖而出的亮点，所以连面试机会都没有。

有一天，李婷在整理自己的简历时，突然想到了在大学时参与的一些"非主流"活动。她曾是学校的摄影社团的会长，组织过多次摄影展览；她还曾参与一个为期三个月的国际志愿者项目，到尼泊尔为当地的孩子们授课。于是，李婷决定在简历的其他内容模块中加入这些经历。

不久，李婷就收到一家公司的面试邀请。面试过程中，面试官对李婷的技能和项目经验表示赞赏，但真正让面试官眼前一亮的是李婷在其他内容模块中提到的曾参与摄影社团和当国际志愿者的经历。面试官对李婷说："我们公司非常重视团队合作和跨文化沟通能力。你参与摄影社团的经历说明你有很好的团队协作和组织能力，而当国际志愿者的经历则说明你有很强的跨文化沟通能力。这两个方面都是我们非常看重的。"

面试结束后，李婷很快收到了这家公司的录取通知。她深刻地感受到，正是那些看似不起眼的"其他内容"，帮助她从众多求职者中脱颖而出，赢得了这次求职的成功。

由此可见，简历中的其他内容模块虽然看似不起眼，却可能成为你成功的关键。如果大家的专业能力都处于一个水平，那么拼的就是非专业能力谁更优秀了，所以你的每一个经历、每一个亮点都可能为你的简历增添独特的魅力，让你在求职市场上更加出彩。

总之，简历看似简单，实则蕴藏着你的职业生涯规划、技能、成就和梦想。它是你向外界展示自己的窗口，是你与梦想工作之间的桥梁。

我们都知道，第一印象往往决定了很多事情的发展和趋势，而简历就是你给雇主的第一印象。一份精心准备和打磨的简历不仅能够帮助你从众多求职者中脱颖而出，还能够展示你的专业性、细致入微的态度和对工作的热情。每一个模块、每一个细节都是你人生故事的一部分，都是你个人品牌的一部分。

此外，本章不仅教你如何写简历，更是提醒你：写简历就是一个自我发现和自我提升的过程。在准备简历的过程中，你会重新审视自己的经历，挖掘自己的亮点，明确自己的职业目标，从而更加清晰地了解自己的价值。

所以，简历不仅是求职的工具，更是你个人品牌的展示窗口，是你与雇主建立联系的桥梁。一份优秀的简历可以为你打开无数的大门，帮助你走向更广阔的天地。因此，精心编写你的简历，就是投资你的未来。希望通过学习这一章，你不仅能写出一份标准的简历，更能看到自己未来的目标与愿景。

第 5 章
薪资和福利期望

本章概述

5.1　理解薪资结构

5.2　市场行情研究

5.3　确定薪资期望

5.4　理解福利

5.5　薪资和福利的比较

5.1 理解薪资结构

说到薪资和福利，不可谓不重要，这可真是每个求职者都关心的大事儿！你知道吗，找工作就像在商场里挑选一件合适的衣服，我们当然都希望自己能穿上那件最闪亮、最合身的衣服，但同时，我们也得看看自己的口袋里有多少钱，是不是真的能买得起。同样，当我们在找工作时，除了看公司的名气、团队的氛围、工作的内容，最重要的当然是薪资和福利！

现在，你可能还是个刚刚步入职场的小白，对于薪资和福利的期望可能还有些模糊。你可能会想："我应该要求多少薪资呢？公司提供的福利算不算丰厚？"本章会帮你解决这些疑惑。

首先，我们得明白，薪资和福利不仅仅是一个数字或一份福利清单那么简单。它反映的是你的能力、经验和市场的需求。而你的期望，也会影响你和雇主的谈判策略，甚至决定你是否能够得到那份工作。所以，这不仅仅是关于钱的问题，更是关于你如何定位自己、如何展示自己的价值的问题。

在这一章中，我们将深入探讨如何合理地设定薪资和福利的期望，如何与雇主进行有效的谈判，以及如何确保自己在得到满意的待遇的同时，也能为公司创造价值。所以，拿起笔和纸，让我们一探究竟，看看这背后的奥秘吧！

1. "薪资家族"

先说薪资，这可是个大家都关心的话题。薪资就像是一个大家族，里面有很多成员,每个成员都有自己的角色和任务,不是简单地给你一笔钱那么简单,背后有很多的细节和结构。所以,要想真正了解自己的薪资,首先得搞清楚这个"家族"里都有哪些成员,它们分别是谁,做什么,以及它们之间是如何互动的。接下来,让我带你深入了解一下这个"薪资家族"的奥秘吧!

(1)基本工资。基本工资就像是家族的大哥,稳定可靠,每个月都会按时给你。无论你的工作表现如何,这部分工资都是固定的。

(2)奖金/提成。资金/提成就像是家族的二哥,"他"的出现取决于你的工作表现或公司的业绩。做得好,"他"就多给点;做得不好,"他"可能就少给或不给。

(3)福利/补贴。福利/补贴就像是家族的小妹妹,"她"给你提供一些额外的好处,如交通补贴、餐饮补贴、医疗保险等,我们一会儿细说一下一些常见的福利/补贴。

(4)股票期权/股票奖励。股票期权/股票奖励就像是家族的表亲,不是每个公司都有,但如果有,长期来看可能会为你带来不小的收益。

(5)年终奖。年终奖就像是家族的远房亲戚,每年年底可能会来看你一次,给你一些额外的奖励。

(6)其他补偿。其他补偿就像是家族的那些小伙伴,可能包括一些特殊的奖励、补贴或福利,每个公司都有自己的规定。

2. "五险一金"

除了上述这些内容,还有个比较基础的内容,就是"五险一金"。这个名字听起来有点像是古代的五行八卦,但其实它和我们的日常生活息息相关。简单来说,五险一金就是指的工作中的五种保险和一个公积金。它可以看作是家族中的"保镖团队",它的任务就是保护你,确保你在遇到困难或突发情况时,有个"安全网"可以依靠,那我们来看看五险一金都包含哪些内容。

(1)养老保险。它就像是给未来的自己准备的"养老金"。你和公司每个月都要为这部分交一些钱,等你老了,退休了,这部分钱就会每月发给你,让你老年生活无忧。个人缴纳固定占比保险基数的8%。

(2)医疗保险。医疗保险就像是一个"健康守护神"。如果你生病了,需要看医生或住院,这部分保险就会帮你支付一部分费用,减轻你的经济负担。个人缴纳固定占比保险基数的2%+3元。

(3)失业保险。失业保险就像是一个"失业救助站"。如果你不幸失业了,这部分保险会在一段时间内给你发放一些钱,帮你渡过难关。个人缴纳固定占比保险基数的1%。

(4)工伤保险。工伤保险就像是一个"工作保镖"。如果你在工作中不幸受伤,这部分保险会帮你支付医疗费用,并给你一些补偿。个人缴纳固定占比保险基数的0.5%。

(5)生育保险。生育保险就像是一个"生育助手"。如果你生孩子,这部分保险会给你提供一些补助,帮助你减轻生育的经济压力。个人缴纳固定占比保险基数的1%。

(6)住房公积金。住房公积金就像是一个"买房储蓄罐"。你和公司每个月都要在"储蓄罐"内存一些钱,将来你想买房或者还房贷时,可以用这笔钱。个人缴纳固定占比公积金基数的5%—12%。

3. 到手工资的计算

实际上,我们最后到手的钱是"薪资家族"扣除了"五险一金"后的数额,虽然每个月都要交五险一金,但它们是为了你的未来和安全考虑的。而到手的工资就是你每月实际可以用来消费、储蓄的钱。希望大家在看到自己的工资条时，能够清楚地了解每一部分的含义，合理规划自己的财务。可能有的同学还是很迷糊，那么我们举个例子来演示一下，这个钱到底是怎么算的。

张伟是一名初级软件工程师，他的月薪结构如下：

基本工资：8000元

奖金：2000元

交通补贴：500元

餐饮补贴：300元

总薪资 = 基本工资 + 奖金 + 交通补贴 + 餐饮补贴 = 8000 + 2000 + 500 + 300 = 10 800（元）

张伟所在城市的五险一金比例如下（以基数为计算依据）：

养老保险：8%

医疗保险：2%

失业保险：1%

工伤保险：0.5%

生育保险：1%

住房公积金：5%

张伟的保险基数为6000元，公积金基数为5000元。

五险扣除 = 养老保险 + 医疗保险 + 失业保险 + 工伤保险 + 生育保险

　　　　= 6000 × 8% + 6000 × 2% + 6000 × 1% + 6000 × 0.5% + 6000 × 1%

　　　　= 480 + 120 + 60 + 30 + 60 = 750（元）

公积金扣除 = 5000 × 5% = 250（元）

总扣除 = 五险扣除 + 公积金扣除 = 750 + 250 = 1000（元）

到手工资 = 总薪资 − 总扣除 = 10 800 − 1000 = 9800（元）

所以，张伟每月的到手工资是9800元。

这个例子展示了如何根据薪资结构和五险一金的比例来计算实际的到手工资。当然，不同的城市和公司可能有不同的五险一金比例和补贴政策，所以在实际计算时，需要根据具体情况进行调整。

个人所得税的交纳也很重要，工资扣税是每个参加工作的人都需要了解的内容。在中国，个人所得税是按照累进税率制度征收的。这意味着税率会随着你的收入增加而增加。但在2018年，中国进行了个税改革，引入了更为复杂的税制，其中包括更多的扣除项和专项附加扣除。

以下是简化的工资扣税方式。

计算应纳税所得额：

应纳税所得额＝月工资收入－五险一金（个人部分）－起征点（目前是5000元）

确定税率和速算扣除数：

根据应纳税所得额的金额，查找对应的税率和速算扣除数。

计算应纳税额：

应纳税额＝应纳税所得额×对应税率－速算扣除数

计算实际到手工资：

实际到手工资＝月工资收入－五险一金（个人部分）－应纳税额

此外，从2019年开始，你还可以享受一些专项附加扣除，如子女教育、继续教育、住房贷款利息、住房租金、赡养老人等。这些扣除可以进一步减少应纳税所得额，从而减少税款。

我们能看到，如果在扣除五险一金之后，到手的钱超过5000元就需要缴税了，需要注意的是，工资缴税比例基于《中华人民共和国个人所得税法》的规定，具体如下：

综合所得（包括工资、薪金所得等）适用超额累进税率，税率为3%至

45%。根据此超额累进税率,全年应纳税所得额(即每一纳税年度的收入额减除费用6万元以及专项扣除、专项附加扣除和依法确定的其他扣除后的余额)被划分为7个等级,每个等级的税率也有所不同。

1级:不超过3.6万元的部分,税率为3%;

2级:超过3.6万元至14.4万元的部分,税率为10%;

3级:超过14.4万元至30万元的部分,税率为20%;

4级:超过30万元至42万元的部分,税率为25%;

5级:超过42万元至66万元的部分,税率为30%;

6级:超过66万元至96万元的部分,税率为35%;

7级:超过96万元的部分,税率为45%。

我们来计算一下张伟的税后工资。

首先,我们来计算张伟的应纳税所得额。

根据之前的信息:

张伟的月薪总和 = 10 800 元

五险一金扣除 = 1000 元

起征点 = 5000 元

应纳税所得额 =10 800-1000-5000=4800(元)

4800元是张伟每月的应纳税所得额。为了确定张伟全年的税率,我们需要考虑全年的应纳税所得额。

全年应纳税所得额 =4800×12=57 600(元)

根据《中华人民共和国个人所得税法》的规定,张伟的全年应纳税所得额为57600元,属于第1级,税率为3%。

每月应纳税额 =4800×3%=144(元)

所以，张伟每月税后工资 =10 800-1000-144=9656（元）

张伟每月实际到手的工资为 9656 元。

4. 福利/补贴

在上文中也说过福利/补贴这一项，接下来我们来深入说一下。福利和补贴是吸引员工、提高员工满意度和留存率的重要手段。不同的公司、行业和地区可能提供不同的福利和补贴，以下情况较为常见：

（1）交通补贴：为员工提供的通勤补助，如公交、地铁或打车费用。

（2）餐饮补贴：公司为员工提供的午餐补助或工作餐。

（3）住房补贴：针对某些城市的高房价，公司为员工提供的住房补助。

（4）通讯补贴：为员工提供的电话和互联网费用补助。

（5）健康保险：除了基本的医疗保险，一些公司还为员工提供额外的商业健康保险。

（6）员工培训和发展：公司为员工提供的培训、进修或学习的机会和补助。

（7）年假：除了国家规定的法定假期，公司还可能提供额外的年假。

（8）股票期权或奖励：允许员工购买公司股票的权利，或者直接给予员工股票作为奖励。

（9）季度或半年奖：根据公司业绩和个人表现，定期发放的奖金。

（10）团队建设活动：公司组织的团队旅行、聚餐、培训等活动。

（11）子女教育补贴：为员工子女的教育提供的补助。

（12）健身和休闲活动：公司为员工提供的健身房、游泳池、按摩等福利。

（13）生日和节日礼物：公司为员工在特定日子提供的礼物或红包。

这只是一些常见的福利和补贴，实际上，随着公司文化和员工需求的变化，还可能有更多的创新和个性化的福利出现。

在我们走向职场的道路上，薪资和福利无疑是我们最关心的问题之一。只有深入了解薪资结构，才能更好地为自己争取到应得的待遇。而五险一金和个税，更是影响我们实际到手工资的关键因素。正所谓："掌握规则，方能游刃有余。"希望通过这个章节，大家能够对薪资有一个更加深入的了解，为自己的职业生涯做好充分的准备。所以，我们必须掌握这一章节的内容，这样，在实际工作中，才能明白我们最后产生的价值。

5.2　市场行情研究

在探索薪资和福利时，我们不能仅仅依赖于个人的期望和直觉。市场行情研究就像是我们的指南针，它为我们提供了一个清晰的方向，告诉我们在这广阔的 IT 行业中，我们的价值究竟是多少。每个程序员，无论是初入职场的新手还是经验丰富的老手，都应该了解市场上的薪资标准和行业趋势。这不仅可以帮助我们在求职时更有底气地谈判，还可以让我们更好地规划自己的职业发展。毕竟，知己知彼，百战不殆。在这个小节中，我们将深入探讨如何进行市场行情研究，以及如何利用这些信息为自己争取到最好的待遇。

我们先要知道市场行情研究与薪资之间的关系是紧密而复杂的。想象一下，你是一名出色的程序员，你知道自己的能力和价值，但在求职时，如果你对市场上的薪资标准一无所知，那么你很可能会低估自己，或者过高地定位自己，从而错失了更好的机会。这就是市场行情研究对于每位求职者都至关重要的原因。

市场行情研究可以为你提供一个参考标准。在 IT 行业，不同的技能、经验和地域都会影响薪资。例如，一个在硅谷工作的资深 Java 开发者的薪资可能会远高于一个在中小城市工作的初级 Python 开发者。通过市场行情研究，你可以了解到自己所在地区、所掌握的技能和经验对应的薪资范围，从而为自己设定一个合理的期望。

同时，市场行情研究可以帮助你更好地谈判。在面试过程中，当雇主询问你的薪资期望时，如果你能够提供市场上的数据作为支撑，那么你的议价能力将大大提升。你可以告诉雇主："根据我的了解，目前市场上与我相似经验和技能的程序员的薪资范围是 X 到 Y，所以我认为 Z 是一个合理的数字。"这样的答案会让雇主觉得你是一个做事有依据、有研究的人，从而更容易接受你的要求。

而且，市场行情研究还可以帮助你规划自己的职业发展。通过研究市场上的薪资数据，你可以发现哪些技能或经验是雇主更加看重的，从而为自己制订学习和发展计划。例如，如果你发现全栈开发者的薪资远高于前端开发者，那么你可能会决定学习后端开发，以提高自己的竞争力。

市场行情研究与薪资之间的关系就像是一把双刃剑。正确地使用它，你可以为自己争取到更好的待遇和更多的机会；但如果忽视它，你可能会陷入被动的局面，错失良机。每位程序员都应该重视市场行情研究，将其作为自己职业发展的重要工具。

进行市场行情研究是一个系统性的过程，需要从多个渠道收集、分析和对比信息。以下是一些推荐方法和来源，能帮助你更全面地了解市场上的薪资和福利状况。

1. 招聘网站和职业平台

如智联招聘、前程无忧、拉勾网等网站都会发布大量的招聘信息，其中往往会包含薪资范围。这些数据可以为你提供一个初步的市场薪资参考。

2. 行业报告和研究

许多咨询公司和研究机构会定期发布行业薪资报告。例如，LinkedIn、脉脉、职友集等社交平台有时会发布行业薪资报告，提供各种职位的平均薪资、最高薪资和最低薪资等数据。

3. 社交网络和行业论坛

与同行交流是了解行业薪资的一个非常有效的方法。你可以加入一些行业微信群、QQ 群或者论坛，如 V2EX、CSDN 等，与其他程序员交流薪资和福利情况。

4. 公司评价网站

如 Glassdoor、看准网等网站允许员工匿名评价自己的公司，其中往往包含薪资和福利的信息。这些数据可以帮助你了解特定公司或行业的薪资水平。

5. 招聘会和行业活动

参加招聘会和行业活动，与招聘者直接交流，了解他们提供的薪资和福利。这不仅可以帮助你了解市场行情，还可以扩大你的人脉，为将来的职业发展打下基础。

6. 直接咨询公司的招聘者

如果你对某个公司或职位特别感兴趣，可以直接联系公司的 HR 或招聘者，询问薪资和福利情况。他们可能不会提供具体的数字，但通常会给出一个大致的范围。

7. 利用薪资计算器和工具

有些网站和应用提供薪资计算器，你只需输入你的职位、经验和地点，它们就会为你估算一个薪资范围。这些工具通常基于大量的数据，可以为你提供一个参考。

通过上述方法，你可以从多个角度了解市场上的薪资和福利状况，为自己的职业发展和薪资谈判提供有力的支持。比如，通过职友集看一下前端工程师的工资，如图 5-1 所示。

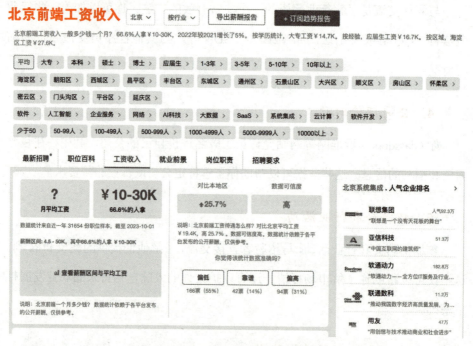

图 5-1　职友集前端工程师的工资界面

我们可以直接通过职友集的"查工资"看到前端工程师的工资分布，平台会根据年龄、学历、地区等数据来进行展示，这样我们就可以通过这些数据更合理地规划自己的目标与期望，找工作的时候就可以提出更合理的工资和福利的要求。建议查看多个网站的数据，这样获得的信息才会更准确。通过以下案例，大家会知道市场行情研究的重要性。

　　李婷是一名计算机工程专业的应届毕业生，毕业于一所不太知名的大学。在跟我学习之后，她决定留在家乡——一个小城市，开始自己的职业生涯。因为她所在的城市属于三线城市，工资普遍偏低，并且由于她对市场行情了解不足，一开始她的期望薪资只有6000元/月。

　　然而，李婷很快发现，尽管她的技能和薪资在她的小城市已经算是顶尖，但她的薪资远远低于她同等技术能力的同学。这让她感到很沮丧，她开始怀疑自己是否真的只值这么低的薪资。

　　为了验证自己的价值，李婷决定进行一次市场行情研究。她在各大招聘网站上查看了同样职位的薪资范围，参与了几个行业论坛和微信群，与其他程序员交流了薪资和福利情况。她还下载了几个薪资计算器，输入自己的信息，得到了一个更为准确的薪资估算结果。

　　经过这一系列的研究，李婷发现，与她的技能和经验相匹配的职位，在一线城市的薪资范围通常在1.2万元到1.8万元之间。她意识到，自己之前的期望薪资实在是太低了。

　　于是，李婷决定放下家乡的情结，前往一线城市发展。她在北京找到了一家知名的互联网公司，成功地以1.5万元的月薪入职。在那里，她不仅得到了更高的薪资，还得到了更多的学习和发展机会。

　　这个故事告诉我们，市场行情研究的重要性不容忽视。它不仅可以帮助我们了解自己的价值，还可以为我们提供更多的选择和机会。正如一句名言："知己知彼，百战不殆。"只有了解市场，我们才能更好地为自己争取到应得的待遇。你甚至可以再进行细化，比如同一个城市，不同的区会有不同的工资范围，所以这些都需要我们进行市场调研。

所以在职场中,薪资和福利期望不仅仅是数字和待遇的体现,更是我们对自己价值的认知和定位。每一个程序员,无论是初入职场的新人还是经验丰富的资深者,都应该对市场行情有所了解,这样才能确保自己得到应得的回报。正如我们从李婷的故事中看到的,市场行情研究不仅可以帮助我们更准确地评估自己的价值,还可以为我们提供更多的机会和选择。在这个快速变化的IT行业中,我们必须时刻保持敏锐的观察力和学习能力,不断地更新自己的知识和技能,以适应市场的需求。最后,希望每一位求职者都能够通过学习本章的内容,更好地了解市场行情,为自己的职业生涯规划出一条明确的路线,实现自己的职业目标和梦想。

5.3 确定薪资期望

对于许多人来说,薪资不仅仅是数字的体现,更是自己努力和付出的价值认同。对于初入职场的程序员来说,如何确定自己的薪资期望,常常是一个充满挑战的问题。太高,可能会因为超出雇主的预算而错失机会;太低,又可能导致自己的努力和才华得不到应有的回报。那么,如何在这之间找到一个平衡点,既能体现自己的价值,又不失去更多的机会呢?这需要我们对自己、对市场、对行业有一个深入的了解。在这一节中,我们将探讨如何根据自己的经验、技能和市场行情来确定一个合理的薪资期望,以及如何在面试和谈判中为自己争取到最好的待遇。

薪资的重要性绝对不容小觑。首先,薪资是我们为自己的努力、技能和经验所设定的价值标签。它反映了我们对自己的认知和评价。如果我们低估了自己，可能会长时间处于一个低薪的职位，而错过了更好的机会和挑战。相反，如果我们过高地评估自己，可能会面临被拒绝的风险，因为雇主可能觉得我们的期望超出了他们的预算或市场标准。

薪资期望绝对不仅仅是一个数字，它是我们与雇主之间的一个重要的沟通工具。当我们在面试中被问及薪资期望时，我们的答案会给雇主传达一个信息：我们知道自己的价值，并且对市场有所了解。一个合理的薪资期望可以增加我们被录用的机会，因为它表明我们是既有自知之明，又有市场敏感度的候选人。

确定薪资期望还可以帮助我们更好地规划自己的职业和生活。薪资不仅关系到我们的生活品质，还关系到我们的职业满足感和职业发展。一个合适的薪资可以确保我们在工作中保持积极的态度，有足够的动力去追求更高的目标。而一个不合适的薪资，可能会导致我们对工作失去热情，甚至考虑跳槽。确定薪资期望也是一个自我认知的过程。在这个过程中，我们需要深入地了解自己的长处和短处，明确自己的职业目标，研究市场行情，与同行交流，甚至可能需要进行一些培训和学习。这不仅可以帮助我们确定薪资期望，还可以促使我们不断地提高自己，追求更高的职业目标。

确定自己的薪资期望需要综合考虑多个因素，以下是我推荐的一些方法。

1. 自我评估

在确定薪资期望之前，首先要对自己进行一个全面的评估。这包括你的技能、经验、教育背景、项目经验等。思考一下：你掌握了哪些技能？你有多少年的工作经验？你参与过哪些重要的项目？这些都会影响你的薪资期望。

2. 市场行情研究

如前文所述，市场行情研究非常重要。你可以通过招聘网站、行业报告、

社交网络等渠道，了解与你相似背景的程序员在市场上的薪资范围。

3. 地域差异

不同的地区，薪资水平可能会有很大的差异。例如，一线城市的薪资通常会高于二线和三线城市。因此，在确定薪资期望时，需要考虑自己打算工作的地区。

4. 公司规模和行业

不同规模的公司以及不同的行业，薪资水平也可能会有所不同。大型企业和互联网公司往往提供更高的薪资，而中小企业和传统行业的薪资可能会相对较低。

5. 考虑福利和其他待遇

薪资不是唯一的考虑因素，许多公司还会提供各种福利，如五险一金、年终奖、股票期权、培训机会等。这些都应该纳入你的考虑范围。

当然，各位同学也可以综合前文讲的内容来综合评估，以上只是比较通用的方法，通常情况下，这些方法比较适应于正在找工作或者想跳槽的同学，因为正在找工作的同学一般都对市场比较敏感，而已经上班一段时间的同学一般处于安稳期，或者生活已经稳定，所以很少关注外界的薪资，除非真想跳槽或者工作干得不顺心，才可能会主动关心。但是，我还是建议各位同学平时多关心一下自己的行业薪资动态，就像自己买了支股票一样，因为这支股票可能已大幅升值，毕竟工资会直接影响着生活。我给大家举个例子，来说明时常关注行业薪资的重要性。

李华是一个典型的 80 后，毕业后在一家中型 IT 公司找到了工作，初入职场的他很满足于每月8000元的薪水。这对于他来说已经是一个不小的数字，足以让他在这个二线城市过上舒适的生活。每天下班后，他都会和几个好友去小酒吧喝上几杯，周末则是和女友开车去郊外游玩。生活过得风生水起，李华觉得自己已经找到了生活的平衡点。

年复一年，李华在公司里默默耕耘，从一个初级工程师逐渐晋升为中级工程师。但他的薪水增长并不明显，只是每年涨个五六百元，到了第五年，他的月薪也只有10 500元。然而，李华并不觉得有什么不妥，因为他已经习惯了这种安逸的生活方式，觉得只要能维持现状就已经很好了。

直到有一天，李华的大学同学小张来找他玩。小张在一家大型互联网公司工作，月薪已经达到了1.5万元。看到小张开的豪车，住的高档公寓，李华心里不禁有些酸楚。他开始反思自己：为什么同样是程序员，同样的年龄，同样的学历，自己和小张的薪水差距这么大？

回家后，李华决定进行一次深入的调查。他上网查看了各大招聘网站，发现自己的技能和经验在市场上的价值远远超过他现在的薪水。他意识到，自己之所以薪水低，不是因为自己的能力不行，而是因为自己一直沉浸在安逸的生活中，没有主动去争取更好的机会。

于是，李华决定跳槽。他开始积极地投递简历，参加面试。经过几轮面试，他终于在一家知名的互联网公司找到了工作，月薪达到了1.5万元，一下子提高了近一半。

跳槽后，李华的生活发生了翻天覆地的变化。他买了新车，搬到了市中心的高档公寓，生活品质大大提高。更重要的是，他在新公司得到了更多的学习和发展机会，技术水平得到了进一步提高。

这个故事告诉我们，安逸并不是一件坏事，但如果过于安逸，就可能错失更好的机会。只有勇敢地走出舒适区，才能找到真正属于自己的价值。在职场旅程中，薪资不仅仅是数字的体现，更是我们的努力、技能和价值的具体化。正如李华的故事带来的启示，有时候，我们可能会因为习惯和安逸而忽略了自己真正的价值。但只要我们愿意停下来，重新审视自己，重新评估市场，就一定能找到更适合自己的位置。每一个程序员都应该时刻保持对市场的敏感度，了解自己在市场中的位置，这样才能确保自己得到应得的回报。而对于雇主来说，提供合理的薪资和待遇，是吸引和留住人才的关键。在这个快速发展的IT行业中，无论是雇主还是雇员，都应该明白一个道理：只有双方都得到了公平的回报，合作才能长久。所以，无论你是正在寻找工作的求职者，还是正在招聘人才的雇主，都应该时刻关注市场行情，确保自己的决策是基于充分的信息和理性的判断。这样，我们才能在这个竞争激烈的市场中找到自己的位置，实现自己的价值。

5.4 理 解 福 利

在深入探讨薪资的构成与期望后，我们也不该忽略福利。福利作为薪资的重要组成部分，同样扮演着不可或缺的角色。福利，通常被视为公司对员工的一种额外回馈，它在吸引和留住人才的过程中起着至关重要的作用。尤其在IT行业，由于竞争的日益激烈，优秀的人才成为各大公司争夺的焦点，因此，如何通过提供丰厚的福利来吸引人才，也成为公司策略的重要一环。在这一小节中，我们将更加深入地探讨福利的种类、价值以及它在职场中的重要性。我们将分析不同类型的福利如何影响员工的工作满意度和忠诚度，以及如何在面试中理解这些福利,在工作中充分利用这些福利,为自己的职业生涯和生活质量加分。在这个过程中,我们也将学习如何在求职过程中妥善地进行福利谈判,确保自己能够在获得满意薪资的同时,也能享受丰厚的福利待遇。

本章的第一节简单地讲述了一些常见的福利,这一节我们来详细介绍一下福利,以下是福利的一些常见组成部分。

(1)五险一金。这是中国的基本社会保险制度,包括养老保险、医疗保险、失业保险、工伤保险、生育保险和住房公积金。这些保险为员工提供了基本的社会保障,确保员工在遭遇意外和退休后能得到一定的经济支持。

(2)年终奖。根据公司的业绩和员工的表现,很多公司会在年底为员工发放年终奖。这是对员工一年来努力工作的额外奖励。

(3)健康保险。除了基本的医疗保险,一些公司还会为员工提供额外的健康保险,包括门诊、住院、药物和体检等。

(4)员工培训。为了提高员工的技能和知识,很多公司会定期为员工提供各种培训机会,如技术培训、管理培训和外语培训等。

(5)工作餐补。一些公司会为员工提供工作餐或餐费补贴,确保员工体力充沛,能正常工作。

(6)交通补贴。对于那些通勤时间较长的员工,公司可能会提供交通补贴或免费的班车服务。

(7)住房补贴。在一些房价较高的城市,公司可能会为员工提供住房补贴或者提供员工宿舍。

(8)假期福利。除了法定假期,一些公司还会为员工提供额外的带薪假期,如年假、病假和婚假等。

(9)员工活动。为了增强团队凝聚力,很多公司会定期组织各种员工活动,如团建、年会和旅游等。

（10）股票期权和奖金计划。一些公司会为员工提供股票期权或奖金计划，让员工分享公司的成功。

（11）福利购物。有些公司会与其他企业合作，为员工提供各种购物、餐饮和娱乐的优惠。

（12）子女教育。一些大型企业还会为员工的子女提供教育补贴或者设立子女教育基金。

（13）健身和休闲。为了关心员工的身体健康，一些公司会为员工提供健身房、游泳池和其他休闲设施。

（14）远程工作支持。随着技术的发展，许多公司会提供远程工作支持，包括提供必要的硬件设备、网络支持和灵活的工作时间。

（15）职业发展规划。公司可能提供职业发展规划服务，帮助员工确定职业目标、规划职业路径，并提供必要的培训和支持。

（16）心理健康支持。一些公司提供心理健康支持，包括提供心理咨询服务、组织心理健康讲座和活动等。

（17）法律咨询。公司可能提供法律咨询服务，帮助员工解决工作和生活中的法律问题。

（18）生日和节日庆祝。公司可能会在员工的生日和重要节日提供小礼物、举办庆祝活动或者提供额外的假期。

（19）季度/年度表现奖励。为了激励员工，公司可能会根据季度或年度的表现提供额外的奖励或奖品。

（20）文化和娱乐活动。公司可能会组织各种文化和娱乐活动，如演讲、演出、电影之夜等，丰富员工的业余生活。

（21）家庭日活动。一些公司会定期组织家庭日活动，让员工的家人更好地了解公司和员工的工作。

第5章 薪资和福利期望

（22）社会责任项目。公司可能会组织参与社会责任项目，如志愿服务、慈善捐赠等，让员工在工作之余也能为社会做出贡献。

（23）学习和发展基金。公司可能会为员工设立学习和发展基金，支持员工进一步学习和发展。

（24）员工推荐奖励。一些公司提供员工推荐奖励，即如果员工推荐的候选人被聘用，他们将获得一定的奖励。

（25）宠物友好政策。部分公司允许员工将宠物带到办公室，或者提供与宠物相关的福利和支持。

（26）照顾家庭的政策。为了支持员工照顾家庭，公司可能提供灵活的工作时间、家庭关怀假期等。

（27）多元化和包容性项目。公司可能会开展多元化和包容性项目，提高员工的多元化和包容性意识，并创造一个多元化和包容的工作环境。

大家可以看到，福利的项目其实很多很杂，而且它其实可以和薪资挂钩。简单来说，福利就是公司给员工的那些"额外好处"。想象一下，两家公司给你提供了相同的薪水，但一家公司还提供了免费的午餐、定期的团队旅行和健身房会员资格，而另一家公司什么都没有。你会选择哪家公司呢？大部分人可能会选择提供更多福利的公司，因为这些福利不仅能让你的生活更加舒适，还能让你感受到公司对你的关心和重视。

福利其实也是员工价值的一种体现。当公司愿意为员工提供各种福利时，它实际上是在告诉员工："嘿，我们真的很珍惜你，希望你在这里工作得开心，生活得舒适。"而对于员工来说，好的福利不仅能提高工作的满意度，还能增强对公司的忠诚度。毕竟，谁不喜欢在一个既给钱又给好处的地方工作呢？

此外，福利还能反映出公司的文化和价值观。比如，一家提供带薪产假和家庭关怀假期的公司，可能更加重视员工的家庭和生活平衡；而一家提供学习基金和职业发展机会的公司，可能更加注重员工的成长和发展。所以，我们在选择工作时，除了看薪水，还要看福利，因为福利背后隐藏的是公司的文化和价值观，这些都会影响到我们在公司的工作体验和职业发展。

我们知道有这么多福利，那么我们如何去谈判呢？其实福利谈判是求职过程中的一门艺术，它不仅需要你对自己的价值有充分的认识，还需要你了解市场行情和公司的情况。在面试时谈判福利时，你可以采取以下几个步骤。

第一步，做好充分的准备。在谈判之前，你需要了解自己所在行业和职位的一般薪资和福利水平。你可以通过网络、职业咨询或与同行交流来获取这些信息，同时了解公司的基本情况，比如它是否提供行业内较高的薪资和福利。

第二步，了解自己的需求。要清楚地知道自己在福利方面的需求和最低要求。比如，你是否特别需要某项福利（比如，更多的年假、远程工作的机会等）。

第三步，选择合适的时机。通常，最佳的谈判福利时机是在公司给你发录取通知之前。在这个时候，你可以在感谢公司给你提供工作机会的同时，提出你对薪资和福利的期望。如果收到录取通知之后你再提出对薪资和福利的期望，就相当于买卖合同已经完成再进行后续变更了，所以你一定要在收到录取通知之前谈好福利。

第四步，表达清晰。在谈判时，要清晰、准确地表达你的期望和理由。比如，如果你觉得提供的薪资低于市场水平，你可以举出相关的数据和事实来支持你的观点。

第五步，展现灵活性。应在谈判中展现出一定的灵活性。如果公司无法满足你的所有要求，要看看是否有其他方面的补偿可以作为替代。比如，如果公司无法提高薪资，是否可以提供更多的年假或者其他形式的奖励。

第六步，保持专业和礼貌。在整个谈判过程中，保持专业和礼貌是非常重要的。即使在面对拒绝和压力时，也要保持冷静和理智，尽可能寻找双方都能接受的解决方案。

第七步，确认和记录。一旦达成协议，确保将所有的内容都记录下来，并在正式的合同或者协议中体现出来。

记住，谈判不是一场战斗，而是一种协商。目的不是要"赢"，而是要找到一种双方都能接受的方案。在谈判中展现出尊重和理解，往往能够获得更好的结果。当然，我们还会在后面的章节中详细介绍谈判，这一小节先让大家有个初步的了解。

记住"薪资不够，福利来凑"。千万不要只关注表面的薪资，其他的福利也是一个非常重要的争取点，让我们通过一个故事来探讨这个话题。

李明和王强是大学同学，两人都毕业于计算机科学专业。毕业后，他们在同一座城市找到了工作，但是在不同的公司。

李明加入了一家著名的大型科技公司，月薪高达 20 000 元。而王强则选择了一家初创公司，月薪只有 12 000 元。看起来，李明的选择更为明智，因为他的薪水明显更高。然而，事情并非如此简单。

王强所在的初创公司虽然薪水不高，但它提供了一系列福利。公司为员工提供了丰富的午餐和晚餐，这让王强每个月能省下大约 2000 元的餐费。公司还提供了健身房会员资格，价值 1000 元 / 月。此外，公司还提供了每月 2000 元的房租补贴。而且，由于公司文化开放，王强还享有每周两天的远程工作机会，这让他省下了通勤的时间和费用。

而李明虽然月薪较高，但他所在的公司几乎不提供任何额外福利。他每天需要自己解决三餐，每月大约需要花费 2500 元。由于公司没有提供健身房会员资格，他自己购买了会员资格，每月 1000 元。李明租的房子离公司较远，每天的通勤费用需要 500 元，加上房租费用，李明每个月的基本生活费用就达

到了 4500 元。

当我们把这些费用和福利考虑进去时,李明和王强的实际到手收入差距就不是那么大了。李明的月薪 20 000 元,减去 4500 元的基本生活费用,实际到手 15 500 元。而王强虽然月薪只有 12 000 元,但加上各种福利的等值金额 5000 元,实际到手的工资也有 17 000 元。

这个故事告诉我们,当我们在考虑工作机会时,不能只看薪水,还要综合考虑其他的福利和补贴。有时候,一份薪水看似不高的工作,由于其他的福利和补贴丰厚,实际上可能带来的经济效益更大。同时,有些福利,比如远程工作的机会、免费的健身房等,还能极大地提高我们的生活质量。因此,在选择工作时,我们需要全面地考虑各种因素,找到一份真正符合自己需求和价值观的工作。

在探讨薪资和福利的深邃海洋中,我们逐渐认识到,这不仅仅是一堆数字和条款的堆砌。它涉及一个人的生活质量、职业发展,甚至是幸福感。我们在追求理想职业的道路上,总是试图在薪资和福利之间找到一个平衡点。有些人可能更倾向于高薪,而有些人可能更看重那些能够提高生活质量的福利。这并没有对错之分,关键在于我们是否真正理解了自己的需求,并根据这些需求做出了最适合自己的选择。

在这个章节中,我们深入探讨了福利的多个层面,力求揭示那些看似微不足道的福利背后所蕴含的巨大价值。我们也通过实际的例子,看到了不同的薪资和福利选择如何影响一个人的职业生涯和生活。希望这些内容能够帮助每一个正在职场上奋斗的人,找到一条最符合自己价值观的道路。

在职业生涯中,我们可能会遇到各种各样的选择。有些选择看似理智,却可能忽略了我们的真实需求;有些选择看似冒险,却可能为我们打开一扇通往未知世界的大门。无论我们选择什么，关键在于我们是否真正为自己的幸福和未来负责。在这个不断变化的世界中，愿我们都能找到那个让我们心灵得到满足的地方，无论它给予的是高薪还是丰厚的福利，都能成为我们人生旅程中最闪亮的星。

5.5 薪资和福利的比较

在深入探讨"薪资和福利的比较"这一主题时，我们不禁要思考：在这个多元化、充满无限可能的职场世界中，如何在薪资和福利之间找到一个最符合自己期望和需求的平衡点？这不仅是一个简单的选择题，而且是一个涉及个人价值观、生活目标、职业规划的复杂问题。在前一小节中，我们通过一个生动的案例，初步感受到了薪资和福利在我们职业选择中的重要性。而在这一小节中，我们将更加深入地探讨这两者之间的关系，以找到一个能够指导我们在职场上做出更明智选择的方法和视角。

在这个过程中，我们将不仅仅局限于表面的数字比较，而是要深入每一项福利背后所蕴含的价值和意义。我们将探讨不同类型的福利，它们如何影响我们的工作和生活，以及它们在我们的职业发展中所扮演的角色。同时，我们也将探讨薪资的多个层面，理解它除了满足我们的基本生活需求外，还在我们的职业生涯中扮演着怎样的角色。通过这一小节的深入探讨，你能够更加明晰地理解薪资和福利在职业生涯中的地位，从而在面临选择时，能够做出更加符合自己内心的决定。

当然，比较薪资和福利，尤其在不同公司、不同职位之间，实际上是一项复杂的任务，它涉及多个层面的分析和理解。其实，我们在前面的章节中也进行了一些简单的对比。当然，在实际工作中，我们可以从以下几个方面进行深入分析。

1. 理解薪资的构成和价值

薪资不仅仅是一个月入账的数字，我们要深入理解它的构成，包括基本工资、奖金、股票、年终奖等各个部分，并分析这些部分在不同公司和职位中的差异。同时，我们要理解薪资的价值，它不仅是满足我们基本生活需求的工具，更是我们职业价值的体现。在比较薪资时，我们要学会不仅关注数字的大小，更要关注它在我们职业生涯和个人发展中的意义。

2. 深入分析福利的价值和意义

福利不是简单的附加值，它在我们的职业生涯中扮演着至关重要的角色。我们要深入理解每一项福利背后的价值，比如，健康保险能够给我们带来怎样的安心，灵活的工作时间和远程工作机会能够给我们的工作和生活带来怎样的便利。我们要学会看到这些福利背后的深层价值，理解它们如何影响我们的职业生涯和生活质量。

3. 全面比较薪资和福利

在比较薪资和福利时，我们不能简单地将两者割裂开来，而要将它们作为一个整体来看待。我们要学会在分析薪资的同时，理解福利的价值；反之亦然。我们要学会权衡两者的关系，理解在某些情况下较低的薪资可能因附加丰富的福利而变得更有价值；反之亦然。

4. 理解个人需求和价值观

在比较薪资和福利时，我们不能忽视自己的个人需求和价值观。不同的人可能对薪资和福利的需求和看法不同。有些人可能更看重薪资的高低，而有些人可能更看重福利的丰厚程度。我们要学会理解自己的需求和价值观，确保我们在比较和选择时，能够真正做到符合自己的内心。

5. 关注长远发展

在比较薪资和福利时，我们还要学会关注长远发展。我们要理解薪资和福利的长远影响，比如某一项福利能否给我们的职业生涯带来长远的发展空间，薪资的高低能否真正体现我们的职业价值和未来的发展潜力。

6. 薪资的稳定性与潜在风险

在深入分析薪资时，稳定性和潜在风险是两个不可忽视的因素。例如，一份工作可能提供很高的薪资，但如果这份工作的稳定性不强或者行业较为波动，那么这份看似诱人的薪资也可能给你带来一定的风险。我们需要权衡薪资的吸引力与潜在的职业风险，以确保我们的选择既能带来经济上的满足，也能保证一定的职业安全感。

7. 福利的实际适用性

在评估福利时，我们要考虑其实际适用性。比如，某公司提供健身房福利、团队建设活动或者教育进修计划，我们要思考这些福利是否真正符合我们的需求和兴趣。一个看似丰富的福利包裹，如果其中大部分内容我们并不实际使用，那么它的价值就会大打折扣。

8. 薪资与职业发展的关系

我们还要深入分析薪资与职业发展的关系。薪资的多少在一定程度上反映了市场对某一职位或技能的需求。我们要分析薪资的高低是否与我们的职业发展路径相匹配，能否在未来的某一阶段给我们带来更多的职业机会和发展空间。

9. 福利与公司文化的关联

福利往往也是公司文化的一部分。例如，一些公司提供更多的假期和远程工作的机会，这可能反映了公司更加注重员工的工作与生活的平衡。而一些公司强调团队建设和员工活动，这可能意味着公司倾向于建设一个团队协作的工作环境。我们要分析福利背后所反映出的公司文化，看它是否与我们的价值观和工作期望相匹配。

10. 薪资和福利与整体生活质量的关系

最后，我们要将薪资和福利放在更大的背景下来看，即它们如何影响我们的整体生活质量。我们要考虑更高的薪资是否意味着更大的工作压力，丰厚的福利是否能够真正提高我们的生活满足感。我们要在追求更高薪资和更好福利的同时，也关注它们如何影响我们的身心健康、家庭生活和个人发展。

我们说了很多的方向，下面让我们通过一个实际的例子来探讨这个问题。

故事男主角的名字叫李明，他是一名拥有 5 年工作经验的软件工程师。在一轮积极的面试后，李明收到了三家公司的录取通知：公司 A、公司 B 和公司 C。每家公司都提供了不同的薪资和福利包裹，李明现在面临一个选择：他应该选择哪家公司？

公司 A 提供的年薪是 32 万元，但它提供的福利相对基础：基本的五险一金、年终奖和一些常见的员工活动。公司 B 提供的年薪稍低，为 28 万元，但它提供了一系列丰厚的福利：包括但不限于更多的年假、更灵活的工作时间、健身房福利、继续教育的机会等。而公司 C 提供的年薪是 26 万元，但它是一家快速发展的初创公司,提供的股票期权非常有吸引力。

如果由你来选择,你会怎么选呢?李明面对三个不同的选择,他知道单纯从数字上比较年薪是远远不够的,他需要深入地分析和比较这三个录取通知的每一个细节。他拿出了纸和笔,开始详细地列出每个录取通知的所有薪资和福利项目,然后尝试为这些福利项目赋予一个具体的价值,以便进行更为精确的比较。

对于公司 A,虽然年薪最高,但工作强度最大,工作时间最长。李明估算了一下,如果他选择这个录取通知,他几乎没有什么私人时间和休息时间。这意味着他无法花时间陪伴家人和朋友,也没有时间花在个人的兴趣和爱好上。这对李明来说是一个巨大的牺牲。

对于公司 B,虽然年薪稍低,但它提供的福利却非常吸引李明。例如,更多的年假意味着他可以有更多的时间和家人在一起,这对李明来说价值无法估量。灵活的工作时间意味着他可以更好地平衡工作和生活,减少工作带来的压力。而继续教育的机会也意味着他可以不断提升自己,保持职业竞争力。李明为这些福利分别估算了一个价值,然后将它们加到了年薪上,试图得到一个更为全面的薪资价值。

而对于公司 C,虽然它提供的薪资最低,但作为一家初创公司,它提供的股票期权有巨大的增值潜力。李明尝试估算了这部分股票期权的潜在价值,但他也意识到这是最不确定的一部分。初创公司的未来充满了不确定性,这部分价值可能最终变得非常高,也可能变得一文不值。

李明将这些分析和计算的结果放在一起,试图做一个更为全面和精确的比较。他发现,虽然公司 A 提供的年薪最高,但在考虑工作强度和工作时间后,它对自己的吸引力大大降低。而公司 B 虽然年薪不是最高的,但考虑了它提供的各种福利的价值后,它变得非常有吸引力。而公司 C 虽然有巨大的增长潜力，但也伴随着巨大的不确定性和风险。

在深入分析和比较后，李明最终选择了公司 B。他认为，公司 B 提供的薪资和福利最能满足他当前的需求和价值观，也最符合他的职业发展目标和生活目标。

这个故事告诉我们，在面临职业选择时，我们需要深入分析和比较，确保我们的选择是明智的。

回顾一下本章，我们深入探讨了薪资和福利期望的多个方面，包括理解薪资结构、进行市场行情研究、确定薪资期望、理解和比较不同的福利等。从中，我们明白了薪资不仅仅是一个数字，它背后反映了市场的需求、个人的价值和公司的认可。而福利，尤其是那些能够真正满足我们需求和价值观的福利，往往能够在无形中极大地提高我们的生活质量和工作满足感。在职场上，我们不仅要追求薪资的多少，更要关注薪资和福利背后的深层含义和价值。我们要学会在薪资和福利之间找到一个最佳的平衡点，确保我们的选择既能够满足我们的经济需求，也能够给我们带来职业和生活的满足感。

在面临职业选择和发展的道路上，我们要学会全面的分析和比较，不被表面的数字所迷惑，深入理解和权衡每一个选择的利弊和价值。我们要将眼光放得更远一些，不仅仅关注眼前的薪资数字，更要关注它们在我们的职业生涯和整体生活中的作用和影响。总之，这一章节，让我们真正明白作为一个打工人，应该获得什么，并且在面试前就知道自己应该获得什么，然后再去和面试官进行博弈，并且知道拿到录取通知之后该如何选择，再根据情况提前规划和拟定未来的生活。正如理查德·泰普勒（Richard Templar）所说："金钱不是一切，但它确实占据了生活的很大一部分。"在追求职业成功的同时，我们也要关注金钱在我们生活中的作用和价值，以确保我们的追求是全面和均衡的，能够在实现职业目标的同时，也能够带来真正的生活幸福感。

第 6 章
自我营销方式

本章概述

6.1 个人品牌定位

6.2 个人网络和社交媒体的使用

6.3 持续的职业发展和学习

6.1 个人品牌定位

在深入探讨了职场上的薪资和福利期望之后，本章将带领大家走进一个同样至关重要的领域——个人品牌定位。在这个日新月异、竞争激烈的社会中，个人品牌已经不再是名人或者公众人物的专利，它同样关乎到每一个职场工作者，尤其是程序员这一职业群体。个人品牌定位不仅仅是你在职场上的"名片"，更是你的能力、价值、特长和职业追求的综合体现。一个清晰、独特、正面的个人品牌定位，能够让你在众多的竞争者中脱颖而出，更能够帮助你在职场上找到符合你的价值和追求的机会。

在这一小节中，我们将一起探讨如何建立和优化你的个人品牌定位，如何通过你的个人品牌展现你独一无二的价值，以及如何利用你的个人品牌在职场上为你赢得更多的机会和可能。在这个过程中，我们将一起学习如何深入挖掘和展现你的核心竞争力，如何通过不同的渠道和方式传递你的个人品牌信息，以及如何通过你的个人品牌建立你的职业网络和影响力。

个人品牌定位的重要性在于它能够帮助你在职场上建立一个独特、积极的形象，从而在激烈的竞争中脱颖而出。一个明确且积极的个人品牌定位能够让你在众多求职者中突显自我，成为招聘者眼中的亮点。它不仅仅是你的技能和经验的展示，更是你的价值观、职业追求和个性特质的体现。这样的定位既能帮助你吸引到符合你职业发展方向的机会，也能让你在职业发展的道路上更加顺利。我们先来看看个人品牌定位的重要性。

个人品牌定位能够提高你的职场可见度。在你进入一个新的职场或者行业时，一个清晰的个人品牌定位能够帮助你快速建立起专业形象，让同行和潜在雇主更加关注你，也更容易记住你。这种可见度不仅能够帮助你在职场上建立影响力，也能够为你带来更多的职业机会和发展可能。

个人品牌定位能够帮助你更准确地传达价值观和职业追求。在职场上，我们不仅仅是在寻找一份工作，更是在寻找一份能够符合我们价值观和职业追求的工作。一个明确的个人品牌定位能够帮助你更准确地向雇主和同行传达你的价值观和职业追求，从而吸引到更符合你期望的机会。

个人品牌定位能够帮助你建立职业网络。在职场上，网络往往是我们获取机会和信息的重要渠道。一个积极的个人品牌定位能够帮助你吸引到那些与你有相似价值观和职业追求的人，从而建立一个强大的职业网络，为你的职业发展提供更多的支持和帮助。

所以我们可以看到，个人品牌定位在职场上的重要性不言而喻。它能够帮助你在职场上建立独特的形象，提高你的可见度，更准确地传达你的价值观和职业追求，也能够帮助你建立强大的职业网络。在这个竞争激烈的职场环境中，一个明确且积极的个人品牌定位将成为你职业发展的重要资产，那么如何创建一个个人品牌呢？创建个人品牌是一个系统性的过程，涉及多个方面的考虑和多个渠道的运用。在构建个人品牌时，我们需要深入挖掘自己的核心价值、特长和兴趣，明确自己的职业定位和发展方向，并通过不同的渠道展现和传递我们的个人品牌信息。以下是我的一些经验，大家可以参考。

1. 明确个人品牌定位

在创建个人品牌之前，首先要明确你的个人品牌定位。这包括你的核心价值、特长、兴趣、职业目标等。你需要深入了解自己，明确自己在职场上想要展现的形象和传达的信息。这一步通常需要你进行深入的自我反思和分析，确保你的个人品牌真实、独特，且与你的职业发展方向相一致。

2. 建立个人品牌形象

在明确了个人品牌定位之后，接下来你要着手建立你的个人品牌形象。这包括你在职场上的言行、你的职业形象、你的社交媒体形象等。你需要确保你在所有渠道上展现的形象都与你的个人品牌定位相一致，能够准确地传达你的个人品牌信息。

3. 利用社交媒体传递个人品牌

社交媒体是传递个人品牌的重要渠道。你可以通过知乎、抖音、GitHub、个人博客等平台展现你的专业能力和价值。例如，在知乎上，你可以分享你的工作经历、项目经验、专业技能等；在 GitHub 上，你可以展现你的技术实力和项目经验；在个人抖音上，你可以分享你的职业见解和专业知识。

4. 参与线上线下活动

参与线上线下的专业活动也是建立和传递个人品牌的重要渠道。你可以参与行业会议、线上 webinar、专业论坛等活动，与同行交流，分享你的见解和经验，建立你的职业网络。这不仅能够提高你的行业知名度，也能够为你的个人品牌增加更多的权威性和影响力。

5. 建立个人专业网络

你的个人网络也是你个人品牌的一部分。通过建立和维护你的个人专业网络，你可以获取更多的职业机会和信息，也能够通过你的网络传递你的个人品牌信息。你可以通过参与各种活动、加入专业组织、主动联系和交流等方式建立和拓展你的个人网络。

6. 持续优化个人品牌

个人品牌的建立不是一次性的活动,而是一个持续的过程。你需要不断地优化你的个人品牌,确保它能够准确地反映你的价值和特长。这包括定期更新你的社交媒体信息、持续参与各种活动、不断学习和提高等。

当然,在拥有个人品牌之后,你会发现做很多事情都会有一些"便捷性"。比如说我吧,大家可以通过百度百科查看我的资料(百度搜索:李游)。我的个人品牌不仅体现在我的技术专长和项目经验上,还体现在我的社交媒体活动、线上线下分享以及我在行业内的互动和贡献上。我的名字和个人品牌成为我的一个"无形资产",为我寻找工作和职业发展带来了许多便利和优势。你可以看一下这些优势在找工作时和工作后能带来哪些优势,如表6-1所示。

表6-1 个人品牌在工作时与工作后的优势对比

找工作时	有更多的机会主动找到你:由于你的知名度和专业影响力,招聘者或猎头可能主动联系你,为你提供更多的职业机会
	更具优势的谈判地位:你的个人品牌也是你的一张"名片",在进行薪资和职位谈判时,你拥有更多的筹码和更具优势的地位
	更快地建立信任:由于你的个人品牌已经在行业内建立了一定的信任和认可,你在进入新的工作环境时,同事和领导更容易信任你的能力和判断力
工作后	更快的职业发展:你的个人品牌不仅能够帮助你更快地融入新的工作环境,也能够为你职业发展提供更多的机会和平台
	更广阔的职业网络:你的个人品牌能够帮助你建立和拓展职业网络,为你的职业发展提供更多的信息和资源
	更大的影响力:你的言论和行为能够得到更多的关注和认可,你的影响力也会在职场上得到更大的体现
	更多的外部机会:你可能会收到更多的行业活动邀请,如做演讲、参与论坛等,从而进一步扩大你的影响力和网络
	更高的满意度:你能够更容易找到与你的价值观和职业追求相匹配的工作和项目,从而获得更高的职业满意度

所以，大家可以看到，在这个不断变化和发展的职场环境中，个人品牌的建立和维护已经成为每一个职场人士不可或缺的一部分。它不仅是你的专业能力和价值的体现，更是你在这个竞争激烈的市场中脱颖而出的关键。一个强大的个人品牌能够为你打开更多的门，带来更多的机会，也能够在你的职业道路上为你指明方向，帮助你在各种选择和决策中找到属于你的那条道路。正如理查德·布兰森所说："个人品牌是一种承诺。它向你的客户明确表达你所提供的价值。"在这个信息爆炸的时代，如何让自己在众多的声音中被听见，如何在无数的面孔中被看见，你的个人品牌将是你最强大的武器。它将你的价值、你的信仰，甚至你的故事传达给了这个世界，也让这个世界因为认识了你而成就你。

6.2　个人网络和社交媒体的使用

这一节我们将深入探讨自我营销的多个方面，其中一个不可忽视的部分便是个人网络和社交媒体的使用。在这个数字化、社交化的时代，社交媒体不仅仅是我们用来保持联系、分享生活的平台，更是一个展示自我、塑造个人品牌、拓展职业网络的重要舞台。个人网络的建立和维护，更是职业发展中不可或缺的一环。它们相辅相成，构成了现代职场人士自我营销的重要组成部分。在这一小节中，我们将一起探讨如何通过社交媒体展现你的专业形象，如何利用社交媒体拓展你的职业网络，以及如何通过个人网络为你的职业发展插上翅膀。在这个过程中，我们学习到的不仅仅是如何"被看见"，更是如何"被正确地看见"，如何在这个充满信息的虚拟世界中，让自己的声音被听见，让自己的价值被认可。在这个旅程中，我们将一起探索、学习并实践，如何在这个数字化的世界中，用智慧和策略打造一个独一无二的你。

当前，个人网络和社交媒体的使用已经渗透到了日常生活的方方面面，而且个人网络的粉丝也会成为个人能力的一个指标，其中一些平台因其特性和庞大的用户基础，成为职场人士展现自我、拓展网络的重要舞台。下面我们来分享几个主要的平台，如表6-2所示。

表6-2 个人网络和社交媒体之间的对比

平台名称		平台描述
微信公众号	特点	基于微信的综合性社交平台，功能丰富
	优点	用户基数大，具备变现能力，适用于多种社交和特殊专业场景
	缺点	主要相对于国内用户，用户量一开始基于微信，公众号需要认证并收费等
	积攒粉丝的方法	通过公众号在朋友圈分享有价值的内容，加入或创建行业群组
	推荐度	★★★★☆
微博	特点	开放的社交平台，信息传播迅速
	优点	能够快速关注和参与热门话题，提高个人影响力
	缺点	信息噪声大，需要花费较多时间筛选有价值的信息
	积攒粉丝的方法	定期发布行业见解和个人观点，互动参与热门话题
	推荐度	★★★☆☆
知乎	特点	知识分享平台，以问题解答为主
	优点	用户质量高，便于展现专业知识
	缺点	部分领域竞争激烈，需要花费较多时间积累影响力
	积攒粉丝的方法	主动回答问题，发布专业文章，参与话题讨论
	推荐度	★★★★☆
B站（Bilibili）	特点	以视频为主的社交媒体平台，强大的二次元文化基础
	优点	免费，年轻用户群体庞大，内容创作者友好，多元化的内容形式，里面也有特定学习的人群，具备变现能力
	缺点	需要一定的视频制作能力，部分领域竞争激烈，主要还是以娱乐为主，学习不是主流
	积攒粉丝的方法	发布高质量的专业视频内容，参与或发起话题讨论，互动评论区
	推荐度	★★★★☆

续表

平台名称		平台描述
抖音	特点	短视频平台，信息传播迅速
	优点	巨大的用户基础，具备变现能力，短视频形式易于消费和传播
	缺点	内容创新和差异化难度大，算法驱动，新手上手难度较大，主要以娱乐变现为主
	积攒粉丝的方法	创作独特且有趣味的专业内容，利用热门话题和挑战吸引关注
	推荐度	★★★★☆
今日头条	特点	基于算法推荐的新闻资讯平台
	优点	大量的信息流用户，多样化的内容形式，可以变现
	缺点	信息量大，用户分散，内容易淹没
	积攒粉丝的方法	持续发布高质量的专业文章或短视频，与其他平台联动推广
	推荐度	★★★☆☆
CSDN	特点	专业的IT技术社区和博客平台
	优点	聚集了大量的IT专业人士，便于技术交流和学习
	缺点	主要面向IT和技术领域，其他领域可能不太适用，粉丝积攒较慢，黏度不高
	积攒粉丝的方法	分享技术文章和项目经验，参与社区讨论和活动
	推荐度	★★★★★
掘金	特点	技术分享社区，内容主要为开发者服务
	优点	内容专业，便于技术交流和学习，专业度较高
	缺点	主要面向开发者和技术人员，非技术领域关注度较低
	积攒粉丝的方法	发布技术文章，分享开发经验和技术教程
	推荐度	★★★☆
快手	特点	短视频和直播平台，用户群体庞大且多元
	优点	可以变现，具有多样的内容形式、较低的内容生产门槛，可覆盖广泛的用户群体
	缺点	内容竞争激烈，算法驱动可能导致内容推广不稳定，粉丝偏娱乐化
	积攒粉丝的方法	创作接地气的内容，参与平台活动和挑战，与其他用户互动合作
	推荐度	★★★★☆

续表

平台名称	平台描述	
GitHub	特点	全球最大的社交编程及代码托管平台
	优点	聚焦全球开发者，便于展示技术实力和项目经验，是程序员比较认可的网站
	缺点	主要面向开发者，非技术人群可能不太关注
	积攒粉丝的方法	分享高质量的项目，积极参与开源项目和社区讨论
	推荐度	★★★★★
简书	特点	以文字为主的内容分享平台，注重内容质量
	优点	用户群体相对文艺，内容创作氛围浓厚
	缺点	平台推广能力有限，内容分发依赖个人影响力
	积攒粉丝的方法	连贯且深入的专题创作，与其他创作者互动和合作
	推荐度	★★★☆☆
小红书	特点	生活方式分享平台，结合短视频和图文形式，以购物分享和生活方式为主
	优点	可以变现，用户群体年轻化，对于生活方式、美妆、时尚、旅行等领域有很高的参与度
	缺点	内容竞争激烈，对于非生活方式领域的内容可能关注度较低
	积攒粉丝的方法	分享实用的购物经验、生活小技巧或旅行日记，与其他用户进行互动和合作
	推荐度	★★★★☆

在当今这个数字化的时代，社交媒体平台已经成为我们日常生活中不可或缺的一部分。对于我，这些平台不仅仅是分享生活、交流思想的地方，更是建立个人品牌、扩大影响力的重要工具。

以我为例，我在B站（B站：李游Leo）拥有4000名粉丝，在抖音上有6000名粉丝（抖音：IT老司机李游）。这些数字可能对于一些大V来说并不算多，但每一个粉丝都代表了一个真实的人，一个可能对我的内容感兴趣、对我有信任感的人。这些粉丝是我与外界沟通的桥梁，是我创作的内容传播的基石。每当我发布一个新的视频或者一篇新的文章，都有数千人会在第一时间看到，这是多么强大的影响力！

而这些粉丝，除了给我带来流量和关注度，更重要的是他们给我带来了信任度。在这个信息爆炸的时代，信任已经成为一种稀缺资源。当你有了一定的粉丝基数，意味着有这么多的人信任你、认可你，这是多么宝贵的资产。这种信任不仅可以转化为更多的商业机会，还可以帮助我们在职场上获得更多的认可和机会，并且可以变现。

所以，对于我来说，社交媒体平台上的粉丝数量不仅仅是一个数字，更是一种信任、一种认可、一种力量。这也是为什么我一直强调个人品牌建设的重要性，因为在这个数字化的时代，一个强大的个人品牌可以帮你打开更多的门，获得更多的机会。

在这个数字化、社交化的时代，个人网络和社交媒体的使用已经成为我们建立和展示个人品牌的重要途径。通过精心策划和运营，我们可以在这些平台上展示自己的专业能力、价值观、生活方式等多个维度，与志同道合的人建立联系，扩大自己的影响力。而这些平台上建立的个人品牌，将成为我们职业发展道路上的一盏明灯，照亮前方的道路，帮助我们在职场上获得更多的机会和可能。正如美国作家克里斯·安德森所说："你的品牌不是你说你是什么，而是别人说你是什么。"在社交媒体上，我们有更多的机会去塑造和展示自己的品牌，让更多的人了解我们、认可我们。在这个过程中，我们也将不断学习和成长，不断优化和提升自己的品牌，为自己的职业发展注入更多的动力和可能。

6.3 持续的职业发展和学习

在职业生涯的漫长道路上，持续的职业发展和学习不仅是一种选择，更是

第6章 自我营销方式

一种必要。对于程序员这一职业来说,这一点尤为重要。技术的快速迭代、新工具的不断涌现、编程语言的更新换代,都要求从业者保持一颗永不停歇的学习之心。在这一节中,我们将深入探讨如何在职业生涯中保持持续的发展和学习,如何在忙碌的工作中找到自我提升的空间,如何在不断的学习中找到方向和目标。我们将一起探讨如何通过持续学习来拓宽职业发展的道路,如何在学习中找到职业发展的新机会,以及如何将学习和发展融入我们的职业生涯中,使之成为推动我们前进的不竭动力。

职业发展和持续学习在任何一个专业领域都占有举足轻重的地位,尤其在技术日新月异的IT行业。我们先来聊一聊其重要性,从个体的职业生涯发展来看,持续学习是推动个人技能提升的关键动力。在一个快速变化的行业里,新的编程语言、工具和技术层出不穷,保持学习就意味着你能够站在技术的前沿,把握更多的职业机会,避免被行业淘汰。

从市场竞争的角度看,持续的职业发展和学习能够使你在竞争激烈的就业市场中脱颖而出。当你展现出不仅具备扎实的基础技能,还拥有不断自我更新和学习的能力时,你将更容易获得雇主的青睐。

从职业满足感和成就感的层面来看,持续学习能够帮助你不断超越自我,实现职业生涯中从小目标到大目标的跃升。每一次技能的提升和项目的成功,都将成为你职业道路上的一份宝贵财富,给你带来更多的自信和满足感。

从职业安全和稳定性的角度看,持续的职业发展和学习也至关重要。在这个快速变化的时代,唯一不变的就是变化本身。当公司和团队需要调整方向以适应市场的变化时,拥有多元技能和广泛知识的你,将更容易适应变化,把握新的机会,保持职业的稳定性。

从个人价值实现的角度来说,持续的职业发展和学习能够帮助你更好地实现自己的价值。当你能够通过不断的学习和发展，将自己的知识和技能转化为团队和公司的价值时，你也在实现着自己的价值。这不仅能够带给你物质上的回报，更能够给你带来精神上的满足和认同感。数据往往能够更直观地展示职业发展和学习的重要性。

（1）技能过时问题。根据一些行业报告，IT技能的半衰期通常为2—5年。这意味着，为了保持专业竞争力，IT从业者需要不断地更新自己的知识体系和技能树。

（2）薪资与技能的关系。多项调查显示，拥有更多技能证书的IT专业人士往往能获得更高的薪资。例如，根据Global Knowledge的一项调查，拥有解决方案架构师（AWS Certified Solutions Architect – Associate）的IT专业人士平均年薪可达到117 773美元。

（3）职业发展的机会。LinkedIn的一项调查显示，持续学习的员工更可能获得职业上的晋升机会。在调查的4000多名员工中，有94%的员工表示，如果公司投资于他们的职业发展，他们将更愿意在公司停留更长的时间。

（4）招聘难题。在多项招聘报告中，我们可以看到，招聘团队通常更倾向于招聘那些展现出持续学习能力的候选人。在LinkedIn的《2022工作趋势报告》中，全球招聘团队将"学习能力"列为候选人最重要的软技能之一。

（5）技能缺口问题。根据世界经济论坛的报告，2022年，全球已面临1290万人的技能缺口。这意味着，能够通过持续学习来填补这些技能缺口的人将更容易在职场中获得成功。

下面通过职友集和国外的招聘网站调研的数据来展示2023年前端工程师、Java工程师、UI设计师、安卓工程师、测试工程师和大数据工程师的薪资，如表6-3所示。

第6章 自我营销方式

表6-3 2023年相关行业的职位薪资对比

工作年限	前端工程师（元/月）	Java工程师（元/月）	UI设计师（元/月）	数据库工程师（元/月）	Android开发工程师（元/月）	测试工程师（元/月）	大数据工程师（元/月）
1年以下	8000	7000	6000	5000	6500	5500	6000
1—3年	17 500	15 500	13 500	12 500	17 500	14 500	17 500
3—5年	28 900	26 800	17 785	27 800	39 000	27 800	30 000

通过表6-3的数据我们可以了解到持续的职业发展带来的薪资涨幅是非常可观的。我列举一个身边同事的例子。

朱楠楠，她通过不懈的努力和持续学习，成功地提升了自己的职业地位和薪资水平。

朱楠楠在10年前进入IT行业，起初她的月薪只有4000元。这个薪资水平在当时的市场上并不算太低，但也远远无法满足她日益增长的生活需求和职业抱负。朱楠楠清楚地知道，如果她想要在这个竞争激烈的行业中脱颖而出，她必须不断地学习和提升自己。

于是，她开始投入大量的时间和精力提升技能。她参加了各种线上和线下的培训课程，考取了多项专业认证，并且在业余时间积极参与各种技术社区的活动和项目。她不仅学到了最新的技术知识，也拓宽了自己的职业网络，结识了许多业内的专家和同行。

几年的努力付出终于得到了回报。朱楠楠的技能和经验得到了市场的认可，她先后在几家公司担任了技术领导的职位，并且她的薪资也随之增长，从最初的月薪4000元提升到了现在的月薪3万元。这个数字不仅仅是一个简单的薪资增长，更是她多年来持续学习和职业发展的具体体现。

所以，大家能看到，持续的职业发展和学习不仅能够帮助我们提升自己的薪资和职位，还能够帮助我们在职业道路上走得更远。在这个过程中，我们不仅能够获得更多的物质回报，也能够实现自己的价值，获得更多的职业满足感和成就感。在这个快速发展的时代，我们必须不断地学习和进步，才能够把握住更多的机遇，实现自己的职业目标和理想。在这一小节中，我们深入探讨了持续的职业发展和学习的重要性，通过朱楠楠的故事，我们看到了一个普通人通过不懈努力和持续学习，如何逐步提升自己的职业地位和薪资水平的生动案例。这不仅是一个关于薪资增长的故事，更是一个关于职业成长和个人发展的故事。

在我们的职业生涯中，我们会遇到各种各样的挑战和机遇。正如美国作家奥里森·斯韦特·马登（Orison Swett Marden）所说："成功并不是关于未来的，而是从现在开始累积的。"我们每一个小小的努力，每一个看似微不足道的进步，都在为我们的未来铺路。我们的每一次学习和发展，都在为我们的职业生涯增添一笔宝贵的财富。

在这个信息爆炸的时代，学习的途径和资源比以往任何时候都要丰富。我们可以通过阅读书籍、参加线上课程、参与社交活动等多种方式来获取新的知识和技能。但是，真正能够推动我们前进的，是我们内心的那份坚持和毅力。正如拳击手穆罕默德·阿里（Muhammad Ali）所说："我讨厌每次的训练，但我说：'不要放弃，现在受苦，然后作为冠军度过余生。'"

第 7 章
心理准备

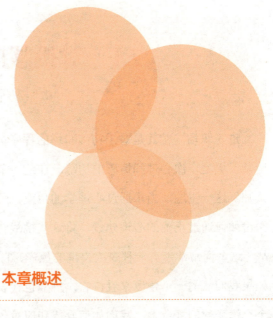

本章概述

7.1 对挑战的认知

7.2 阶段性消极情绪的策略应对

7.3 积极心态的培养

7.4 持续精神

7.5 职业咨询和心理支持

7.6 自我照顾

7.1 对挑战的认知

进入职场，尤其是对于初涉职场的程序员来说，不仅是一次技能和知识的检验，更是一次心理和情感的历练。在这一节中，我们将深入探讨"对挑战的认知"这一主题，力求通过心理学的角度，解析职场挑战背后的多重含义，并探讨如何通过正确的心理建设，将这些挑战转化为推动我们前进的动力。"挑战"这个词常常带有一种令人畏惧的色彩，它代表着未知、困难和变革。然而，如果我们从另一个角度来看待它，挑战也代表着机遇、成长和进步。在职场这个充满变数的舞台上，我们如何看待和应对各种挑战，往往直接关系到我们的职业发展和个人成长。在这个小节中，我们将一起探讨如何通过调整我们的心理预设和认知方式，将职场中的挑战转化为我们成长的阶梯，用以支撑我们走向更高更远的未来。

在职场中，尤其对于初入职场的程序员，将面临多种多样的挑战。这些挑战不仅仅是技能和知识层面的，更多的是心理和情感层面的。从心理学的角度来看，我们可以将这些挑战分为以下几大类。

适应性挑战：包括适应新的工作环境、新的团队成员、新的工作内容等。

社交挑战：如何与同事建立良好的关系，如何与上司沟通，如何在团队中给自己定位等。

压力挑战：工作中的压力管理，如何在高强度的工作压力下保持良好的心理状态。

职业发展挑战:如何规划自己的职业道路,如何在职场中不断提升自己。

让我们通过一个表格来具体了解这些挑战及其可能的解决策略,如表 7-1 所示。

表 7-1　不同类型的挑战对比及解决策略

挑 战 类 型	具 体 表 现	可能的影响	解 决 策 略
适应性挑战	对新环境的不适应	焦虑、不安	提前了解新环境,制订适应计划,积极参与团队活动
社交挑战	与同事的关系处理不当	孤立、冲突	学习社交技能,积极沟通,展现真实自我
压力挑战	工作压力过大	焦虑、抑郁、身体不适	学习压力管理技巧,合理安排工作,寻求支持
职业发展挑战	不清楚职业发展方向	迷茫、动力不足	制订职业规划,寻求职业发展指导,不断学习和提升自己

我们可以看到,每一种挑战都可能给我们带来一定的心理和情感影响。例如,根据腾讯职场研究中心的一项关于新员工适应工作的研究显示,超过 63.72% 的新员工在入职初期会感到一定的焦虑和不安。对这些不适的情感,如果不加以管理和调适,可能会影响他们的工作表现,甚至影响他们的职业生涯。

因此,如何面对这些挑战,如何将这些挑战转化为自己成长的动力,是我们每一个职场新人都需要思考的问题。通过深入探讨这些挑战背后的心理机制,我们可以从多个维度进行分析。首先,我们要理解的是,每个人在面对职场挑战时的心理反应可能是多元的,这背后受到个体差异、个体心理素质以及个体的应对策略等多方面因素的影响。

1. 适应性挑战的心理机制

适应性挑战通常涉及个体的"舒适区"问题。个体在被迫跳出自己的舒适区时,往往会感到不安、焦虑。这种不安和焦虑来自于对新环境的不熟悉、对新任务的不确定等。根据中国心理学会发布的一份报告，大约有 70% 的职场新人在前三个月内经历过由适应性问题引起的心理压力。

2. 社交挑战的心理机制

人是社会性动物，我们的情感和心理状态在很大程度上受到社交关系的影响。在社交挑战面前，人们通常会体验到归属感的问题。归属感是指个体对于被社会接纳、被他人理解和支持的需求。当这种需求得不到满足时，个体可能会感到孤独、沮丧。据《中国职场社交白皮书》显示，近 80% 的职场人士认为良好的同事关系对职业发展至关重要。

3. 压力挑战的心理机制

压力通常来源于工作任务的难度、工作环境的复杂性以及工作要求的多样性等。个体一旦感觉到工作要求超出了自己的能力范围，就会感到压力。根据中国心理健康网发布的数据，大约有 65% 的职场人士在工作中经历过不同程度的压力。

4. 职业发展挑战的心理机制

职业发展挑战通常涉及个体的职业价值观、职业目标以及职业满意度等。个体的职业发展若不如预期，就可能会产生挫败感、不满感。一项关于中国职场发展的调查显示，约有 60% 的职场人士对自己的职业发展感到不满。

我们可以看到，不同类型的职场挑战背后，往往隐藏着复杂的心理机制。理解这些心理机制，不仅可以帮助我们更好地理解自己在职场中的心理反应，也可以帮助我们找到更有效的应对策略。在接下来的内容中，我们将进一步探讨如何运用心理学的知识，更科学、更有效地应对职场中的各种挑战。

7.2 阶段性消极情绪的策略应对

在上一小节中，我们深入探讨了职场挑战背后的心理机制，理解了适应性、社交、压力以及职业发展等多方面挑战所带来的心理反应。我们认识到，职场不仅是技能的舞台，更是心理的试炼。在这个过程中，消极情绪的出现几乎是不可避免的。它可能源自对未知的恐惧、对失败的担忧、对人际关系的紧张或是对职业发展的迷茫。如焦虑、沮丧、恐惧、愤怒等，在我们的职业生涯中可能时常作伴。它们可能在我们最不希望它们出现的时候，如关键的项目交付、重要的职位晋升或是关系紧张的团队合作，悄无声息地侵入我们的心灵。这些情绪如果不加以理解和管理，可能会对我们的工作效率、团队协作以及职业发展产生不利的影响。因此，学会正确地认识和应对消极情绪，不仅是我们职业发展的必修课，也是我们职业生涯中的一项重要能力。在这一小节中，我们将一起探讨如何在面对消极情绪时，保持我们的职业定力，继续向前行进。

每个求职阶段的心理压力和挑战都是不同的，我们可以针对每个阶段提供不同的策略来帮助应对。在下文中，我用数据来说明使用策略前后的对比，当然，使用任何策略都应该针对不同的职业与个体，还有不同的就业环境，我展示的是我的就业班级的对比，大家也可以根据下面的对比来对自己进行调整，以达到一个最有效的情绪应对状态。

1. 简历准备阶段

在简历准备阶段，很多求职者可能会感到不安、焦虑和担忧，主要的情绪来源可能是对自己能力的不确定和对市场需求的不了解。

使用策略：信息收集和能力提升。

在这个阶段，求职者可以通过多渠道收集信息，了解市场对于求职者所在领域的需求和要求，比如熟悉招聘网站、行业报告等。同时，针对简历中的不足，可以通过学习和培训来提升自己的能力。

使用策略前后对比，如表 7-2 所示。

表 7-2　简历准备阶段使用策略前后对比

指标 / 策略	未使用策略	使用策略后
百份简历审查率	23.9%	37.2%
百份面试邀请率	3.1%	6.56%
自信程度	低	中

根据《中国求职者就业状况调查报告》，在简历投递阶段，超过 60% 的求职者表示感到焦虑和不安。而那些进行了充分的市场信息收集和能力提升的求职者，其简历的通过率和面试邀请率均有显著提升。

2. 面试准备阶段

面试准备阶段的压力主要来自于对面试的未知和对自己表现的不确定。

使用策略：模拟面试的反馈修正与公司调研。

在这个阶段，求职者可以通过模拟面试来减少对未知的恐惧，并通过不断地反馈和修正来提高自己的面试技能。这可以包括与职业辅导师的模拟面试，或是与同学和家人的模拟练习以及提前准备面试题等。对公司进行调研后求职者可以简单地规划未来要面试题目的范围，心理会有预期。

使用策略前后对比，如表 7-3 所示。

表 7-3　面试准备阶段使用策略前后对比

指标 / 策略	未使用策略	使用策略后
面试自信度	低	中上
单次面试通过率	7.6%	18.29%
单次面试反馈正面率	40%	75%

根据《中国大学生就业报告》，面试阶段是大多数求职者感到压力最大的阶段，超过 70% 的求职者表示在面试前感到极度紧张。而那些进行了充分的模拟面试和反馈修正的求职者，在面试中的表现更加自信，也更容易获得面试官的青睐。所以使用好策略可以极大程度地调整自信度，从而提升面试成功率。

3. 等待面试结果的阶段

这一阶段的压力主要来自于对结果的不确定和对未来的担忧。

使用策略：保持积极的生活态度和继续下一轮的求职准备。

在等待面试结果的阶段，求职者可以通过保持积极的生活态度并且继续下一轮的求职准备来减轻焦虑。例如，进行一些轻松的运动，参与社交活动，或者继续学习和提高自己的专业技能。不要总想着上一次的面试，应总结复盘自己的错误，准备下一次面试。

使用策略前后对比，如表 7-4 所示。

表 7-4 等待面试结果的阶段使用策略前后对比

指标 / 策略	未使用策略	使用策略后
焦虑程度	较高	中下
下一步的求职准备	缓慢	有序
心情状态	悲观、不安、担忧	积极

《中国求职者心理健康报告》指出，超过 50% 的求职者在等待面试结果的阶段感到极度焦虑和不安。而那些能够保持积极生活态度和继续下一轮求职准备的求职者，通常能够更快地进入下一个职位的面试，也更能够保持一颗平和的心面对求职的挑战。

4. 收到多个录取通知的阶段

在收到多个录取通知的阶段，求职者可能会感到困惑和不安，因为每个选择都可能影响到未来的职业发展和生活状态。

使用策略：理性分析，情感选择，入职优先级。

在这一阶段，求职者可以首先理性分析每个录取通知的优缺点，包括公司背景、职位发展前景、薪资福利等。然后，求职者可结合自己的情感和直觉，选择最符合自己内心期望的一个公司，对其余的公司进行入职时间差的优先级排序。这样，如果第一个入职的公司不符合预期或者无法胜任，可以退而求其次，因为其他公司的入职有时间差，可以再选择其他公司，不要直接选择一个公司而拒绝其他公司。

使用策略前后对比，如表 7-5 所示。

表 7-5 收到多个录取通知的阶段使用策略前后对比

指标 / 策略	未使用策略	使用策略后
决策时间	长	短
决策满意度	低	高
决策后悔感	高	低

根据《中国求职者心理健康报告》，超过 60% 的求职者在收到多个录取通知时感到困惑不安，而在做出决定后，有超过 40% 的人表示对决策不满意或有一定的后悔感。这种情况在没有进行充分分析和考虑自己真实感受的情况下尤为明显。

5. 面试失败的阶段

面试失败通常会带来一些负面情绪，如失望、挫败感、自卑等。这些情绪如果不加以管理，很可能会影响下一次的面试表现，甚至让求职者陷入一种消极的循环。

使用策略：正视失败，积极反馈。

在面试失败后，首先要正视失败，接受这一事实，不要钻牛角尖，然后从中寻找积极的反馈。理性分析失败的原因，是技能不足，还是面试技巧不到位，或者是其他原因。在分析的基础上，制订下一步的行动计划，比如提升某项技能、加强面试技巧的练习等。

使用策略前后对比，如表7-6所示。

表7-6　面试失败的阶段使用策略前后对比

指标/策略	未使用策略	使用策略后
情绪恢复时间	长	短
下次面试表现	差	好
自信心状态	低	中上

心理学研究显示，面对失败时，能够正视失败并从中寻找积极反馈的人，通常能够更快地从负面情绪中恢复出来，并且在下一次的类似情境中表现得更好。而那些回避失败、不愿面对的人，往往会在面对类似情境时表现得更加紧张和不自信。

6. 入职前准备阶段

入职前准备阶段通常涉及对新工作环境的适应准备、对新工作角色的理解、对新团队的了解等。在这一阶段，求职者可能会体验到期待、焦虑、不确定等多种情绪。

使用策略：深入了解和提前适应。

在入职前，求职者可以通过多种渠道深入了解即将进入的公司的文化、团队氛围、工作内容等，以减少未知带来的焦虑。同时，求职者可以通过阅读、培训、咨询等方式，提前了解和准备自己即将扮演的角色，以便更快地适应新的工作环境。

使用策略前后对比,如表 7-7 所示。

表 7-7 入职前准备阶段使用策略前后对比

指标/策略	未使用策略	使用策略后
入职初期适应度	低	中上
新环境焦虑程度	高	中下
初期工作表现	一般	中

在实际应用中,对于即将入职的新员工来说,提前了解和准备通常能够帮助他们更快地适应新的工作环境,减少新环境带来的焦虑感,以及在初始阶段工作表现较好。例如,通过提前了解公司文化和团队氛围,新员工可以更快地融入团队;通过提前了解工作内容和角色要求,新员工可以更有针对性地准备自己的技能和知识,从而在初始阶段有较好的工作表现。

在本节中,我们深入探讨了求职过程中可能遇到的各种心理挑战和消极情绪,并通过具体的策略和实例,探讨了如何更好地应对这些挑战和情绪。我们通过各阶段的详细对比,展示了不同策略在心理和情绪管理上的具体效果。值得注意的是,这些数据和策略主要来源于我带的班级和实际案例,具有一定的参考价值。然而,每个人的情况都是独特的,因此在实际应用中,大家还需要根据自己的具体情况,灵活选择和调整策略。

在求职的道路上,我们不仅要学会应对各种挑战和管理自己的情绪,还要学会培养一种积极的心态。积极的心态能够帮助我们更好地面对困难,更快地适应新环境,也更容易获得他人的认可和支持。在下一小节中,我们将深入探讨如何在求职过程中培养和保持一种积极的心态,以及积极心态对我们的职业发展和个人成长的积极影响。希望大家在阅读下一小节的内容时,能够进一步加深对积极心态重要性的理解,并在实际行动中不断培养和强化自己的积极心态。

7.3 积极心态的培养

在上一小节中,我们深入探讨了求职过程中可能遇到的各种消极情绪和心理挑战,并提供了一系列实用的策略和方法来帮助求职者更好地应对这些情绪和挑战。我们了解到,合理的情绪管理不仅能够帮助求职者更加顺利地度过求职的各个阶段,也是求职者建立积极心态的基础。而在这一小节中,我们将进一步探讨如何在求职的道路上培养和保持一种积极的心态。

积极的心态不仅是一种乐观的情绪状态,更是一种积极面对生活和工作中的各种挑战的心理品质。它能够帮助我们更好地应对生活中的困难和挑战,也能够帮助我们在职场上更好地与他人沟通和合作,更有效地实现我们的职业目标。在求职的过程中,我们可能会遇到各种各样的困难和挑战,如何在这些困难面前保持一种积极的心态,不被困难和挫折打倒,是我们成功踏入职场的关键。在这一小节中,我们将一起探讨如何在求职过程中培养这种积极的心态,以及如何将这种心态运用到我们的职业生涯中,帮助我们实现更高的职业发展。

我们先要知道,培养积极心态是一个系统的过程,涵盖了认知、情感、行为等多个方面。在中国,尤其是在高压的职场环境中,积极的心态往往成为决定一个人能够成功的关键因素。根据中国心理健康研究中心的一项调查,近60%的职场人士表示工作压力较大,而其中超过70%的人认为积极的心态是缓解工作压力、提高工作效率的重要因素。

那么,如何在求职的过程中培养积极的心态呢?我从四个方面深入分析。

1. 认知的调整

认知的调整主要关注我们如何理解和解释面临的挑战和压力。它涉及我们的信念、价值观、自我评价和对环境的解释。在职场中，尤其是在求职阶段，我们的认知方式直接影响我们的情感体验和行为反应，如表 7-8 所示。

表 7-8 认知调整影响情感体验和行为反应

关键点	描述	数据显示	应用策略
认识到挑战的价值	将问题和挑战视为成长的机会，而非威胁	哈佛大学的研究发现，将挑战视为机会的人在面对压力时能够保持更加冷静和理智	在面对问题时，尝试从中找到学习和成长的机会，而非将其视为纯粹的困境
正确认识自我	理解自己的能力和价值，不过分夸大或低估	清华大学的研究指出，正确认识自我能够减少不必要的焦虑和压力	客观评估自己的能力和价值，设定合理的目标和期望

（1）认识到挑战的价值。在求职过程中，我们可能会遇到各种各样的挑战和困难，比如面试失败、找不到合适的职位等。这些挑战往往会带来压力和焦虑。然而，如果我们能够从中看到学习和成长的机会，比如提升自己的面试技巧、更好地了解自己的职业兴趣和价值观，那么这些挑战就转变成了推动我们前进的动力。这样的认知方式能够帮助我们更加积极和主动地面对问题，而非被问题压垮。

（2）正确认识自我。在求职过程中，我们需要清晰地了解自己的能力和价值，设定合理的职业目标和期望。如果我们过分夸大自己的能力，可能会导致目标设定过高，面临更大的压力和风险；反之，如果我们低估自己的价值，可能会错过很多好的机会。因此，正确认识自我，既不过分自信，也不过分自卑，是实现职业发展的关键。

在这个阶段，我们可以通过各种方式（如职业测评、咨询、反馈等）来更加准确地了解自己，找到符合自己能力和兴趣的职业方向，设定合适的职业目标。

2. 情感的管理

情感的管理是指我们如何识别、理解、表达和调整自己的情感，以适应不同的环境和达到预期的目标。在求职过程中，我们可能会经历各种情感，如焦虑、失落、挫败、兴奋、自信等。正确地管理这些情感，不仅可以帮助我们保持良好的心态，还可以提高我们的求职效果和职业满意度，如表7-9所示。

表7-9 情感管理可以帮助人们保持良好的心态

关键点	描述	数据显示	应用策略
情感识别	了解并识别自己的情感，知道自己在感受什么	中山大学的研究发现，情感识别能力与求职成功率呈正相关	当感到不适或情感波动时，停下来问自己："我现在感受到了什么？"
情感表达	适当地、健康地表达自己的情感，而不是压抑或过度放纵	华东师范大学的研究指出，适当的情感表达可以减少心理压力和身体不适	找到合适的方式和时间，如与朋友聊天、写日记、运动等，来表达和释放情感
情感调整	调整自己的情感，使其适应当前的环境和目标	北京大学的研究发现，情感调整能力与职业满意度和工作绩效呈正相关	当面对挑战或压力时，尝试换个角度看问题，或采用放松、冥想等技巧来调整情感

（1）情感识别。在求职过程中，我们可能会遭遇各种情感波动。例如，当我们收到面试邀请时，可能会感到兴奋和自信；而当面试失败时，可能会感到失落和挫败。这时，正确地识别自己的情感非常重要，因为只有知道自己在感受什么，我们才能采取适当的措施来应对。

（2）情感表达。适当地表达情感是维持心理健康的关键。如果我们长时间压抑情感，可能会导致心理压力和身体不适。反之，如果我们过度放纵情感，可能会影响我们的决策和行为。因此，找到合适的方式和时间来表达情感，既可以帮助我们释放压力，也可以保持清晰的头脑。

（3）情感调整。在求职过程中，我们可能会遇到各种挑战和压力，这时，非常关键的是,如何调整自己的情感,使其适应当前的环境和目标。例如,当我们面试失败时,我们可以尝试换个角度看问题,把它视作一个学习和成长的机会,而不是一个失败。这样,我们就可以更加积极和主动地面对问题,而不是被问题压垮。

别小看情感管理,情感管理不但是求职成功的关键,还会影响我们的选择,如果管理不当,我们会经常做出错误的决定。只有正确地管理自己的情感,我们才能保持良好的心态,应对各种挑战。

3. 行为的引导

行为的引导是指我们如何通过自我认知、情感管理和目标设定,来引导自己的行为,使其与我们的职业目标和价值观相一致。在求职过程中,我们的行为决定了我们的求职效果和职业发展。因此,正确地引导自己的行为,不仅可以提高我们的求职成功率,还可以帮助我们实现长远的职业目标,如表 7-10 所示。

表 7-10 正确地引导行为可提高求职成功率

关键点	描述	数据显示	应用策略
自我认知	了解自己的优点、缺点、兴趣和价值观,以便做出正确的职业选择	清华大学的研究发现,自我认知与职业满意度和工作绩效呈正相关	定期进行自我反思,了解自己的职业兴趣和价值观,选择与之相匹配的工作
目标设定	设定明确、可实现的职业目标,以便有针对性地准备和求职	南京大学的研究指出,明确的目标设定可以提高求职成功率和工作绩效	设定短期和长期的职业目标,制订实际的行动计划,持续跟进和调整
行为习惯	培养良好的行为习惯,如时间管理、团队合作、持续学习等,以提高求职和工作效果	北京师范大学的研究发现,良好的行为习惯与职业成功呈正相关	定期评估自己的行为习惯,找出需要改进的地方,采取措施进行改进

（1）自我认知。在求职的过程中，了解自己是非常重要的。只有知道自己的优点、缺点、兴趣和价值观，我们才能做出正确的职业选择。例如，如果你热爱编程，那么你可能更适合做软件工程师；如果你善于与人沟通，那么你可能更适合做项目经理。通过自我认知，你可以更加明确自己的职业方向，提高求职成功率。

（2）目标设定。设定明确、可实现的职业目标，可以帮助我们有针对性地准备和求职。例如，如果你的目标是成为一名前端工程师，那么你就可以专注于学习前端相关的技术和知识，提高自己的求职竞争力。通过目标设定，你可以更加专注，提高工作效率和效果。

（3）行为习惯。在职场中，良好的行为习惯非常重要。例如，时间管理能力可以帮助我们高效地完成工作；团队合作能力可以帮助我们与同事建立良好的工作关系；持续学习能力可以帮助我们不断更新知识和技能，应对职业发展中的挑战。通过培养良好的行为习惯，你可以提高自己的职业竞争力，实现长远的职业目标。

行为的引导是求职成功的关键。只有正确地引导自己的行为，我们才能实现职业目标，获得职业成功。

4. 社交的支持

社交的支持是指我们在求职和职业发展过程中，从家人、朋友、同事和其他社交网络中获得的支持和帮助。这种支持不仅可以帮助我们应对求职过程中的压力和挑战，还可以为我们提供更多的职业机会和资源。在当今的职场中，社交的支持已经成为求职成功和职业发展的关键因素，如表7-11所示。

表 7-11　社交支持可以帮助人们应对求职过程中的压力和挑战

关 键 点	描　　述	数 据 显 示	应 用 策 略
家人支持	家人是我们最亲近的支持者，他们可以为我们提供情感支持、建议和帮助	中山大学的研究发现，家人支持与求职满意度和工作绩效呈正相关	与家人保持良好的沟通，分享自己的职业规划和困惑，听取他们的建议和意见
朋友支持	朋友大多是同龄人，他们可以为我们提供职业建议、资源和机会	华东师范大学的研究发现，朋友支持可以提高求职成功率和工作满意度	建立和维护与朋友的关系，分享自己的职业经验和资源，互相帮助和支持
同事支持	同事是我们的工作伙伴，他们可以为我们提供工作建议、资源和机会	北京大学的研究发现，同事支持与工作绩效和职业满意度呈正相关	与同事建立良好的工作关系，互相帮助和支持，分享工作经验和资源
社交网络	社交网络是我们的扩展社交圈，它可以为我们提供更多的职业机会和资源	清华大学的研究发现，社交网络与职业机会和资源呈正相关	积极参与社交活动，建立和维护自己的社交网络，利用网络资源寻找职业机会

（1）家人支持。家人是我们最亲近的支持者，他们关心我们的职业选择和发展。在求职过程中，家人的支持可以为我们提供情感上的安慰和鼓励，帮助我们应对压力和挑战。此外，家人还可以为我们提供职业建议和资源，帮助我们做出正确的职业选择。

（2）朋友支持。朋友大多与我们是同龄人，他们与我们有着相似的职业背景和经验。在求职过程中，朋友的支持可以为我们提供职业建议和资源，帮助我们提高求职竞争力。此外，朋友还可以为我们提供职业机会和资源，帮助我们实现职业目标。

（3）同事支持。同事是我们的工作伙伴，他们与我们有着密切的工作合作关系。在职场中，同事的支持可以为我们提供工作建议和资源，帮助我们提高工作效率和效果。此外，同事还可以为我们提供职业机会和资源，帮助我们实现职业目标。

（4）社交网络。社交网络是我们的扩展社交圈，它包括了我们的家人、朋友、同事和其他社交联系人。在求职过程中，社交网络的支持可以为我们提供更多的职业机会和资源，帮助我们提高求职成功率。此外，社交网络还可以为我们提供职业建议和资源，帮助我们做出正确的职业选择。

要记住，人是一种社交动物，当得到别人的肯定与支持，自信心肯定会得到相应的提升，而家人、朋友、同事还有社交的支持都可以让自己得到不同程度的自信心提升，让我们的心态更健康，使我们更好地应对求职过程中的压力和挑战，实现职业目标。

在这一小节中，我们深入探讨了社交的支持在求职和职业发展中的重要性。无论是行为、情感还是认知或者社交的支持，它们都为我们提供了宝贵的情感支持、职业建议和资源。这种支持不仅可以帮助我们应对求职过程中的压力和挑战，还可以帮助我们培养良好的心态。然而，得到社交的支持只是成功的其中一环。在职场中，我们还需要持续地培养和维护自己的精神状态，确保自己始终保持积极、健康和高效的工作状态。在下一小节中，我们将深入探讨如何持续地培养和维护自己的精神状态，确保自己在职场中始终保持最佳状态。

7.4 持续精神

在上一小节中，我们探讨了社交的支持对于求职者的重要性，强调了在职场中，除了技术和专业知识，情感和社交支持、自我调节等同样是成功的关键。然而，仅仅依赖外部的支持是不够的。为了在职场中长久地保持竞争力和活力，我们还需要关注自己的内在精神状态，确保自己始终保持清晰、积极和有动力。

这就是本小节要探讨的主题——持续精神。持续精神不仅仅是指持续地工作和学习，更重要的是持续地关注和培养自己的内在精神状态，确保自己始终保持最佳状态。这不仅可以帮助我们更好地应对职场中的各种挑战，还可以为我们提供更多的职业机会和发展空间。在这一小节中，我们将深入探讨如何培养和维护自己的持续精神，确保自己在职场中始终保持最佳状态。

简单地说，持续精神就是在面对职场的种种挑战时，始终保持清晰、积极和有动力的状态。这听起来似乎很简单，但实际上，要做到这一点并不容易。根据国内的一项调查，近60%的应届毕业生在入职前都会面临各种心理压力，其中最常见的是对未知工作环境的担忧、对自己能力的怀疑以及对人际关系的担心。

那么，如何持续地关注和培养自己的内在精神状态呢？我给大家分享几个技巧。

1. 精神信仰

在我们的生活中，精神信仰起到了至关重要的作用。它可以是宗教、文化、家庭传统或者个人的价值观。对于许多人来说，精神信仰是他们在面对困难和压力时的精神支柱。例如，王小亮是一名软件工程师，他在工作中经常面临巨大的压力。但他坚信，只要努力工作，总会有回报。这种信仰给了他前进的动力，使他在面对困难时不轻言放弃。

根据国内的一项调查，有超过70%的受访者表示，他们的精神信仰在职业生涯中起到了积极的作用。精神信仰不仅可以帮助我们建立积极的人生观，还可以提供心灵的慰藉，帮助我们更好地应对生活中的挑战。就像很多励志漫主角一样，他们都拥有很强烈的精神信仰，这种精神信仰能帮助他们每次被困难击倒后又迅速站起来，这非常重要。

2. 健康的生活方式

健康的生活方式对于我们的职业生涯也是至关重要的。根据国内的一项调查，有超过80%的受访者表示，他们的工作效率和工作状态与他们的生活方式密切相关。

为了保持良好的工作状态，我们需要注意饮食、锻炼和休息。例如，李小明是一名前端开发工程师，他每天都会坚持锻炼半小时，这不仅可以帮助他保持身体健康，还可以提高他的工作效率。

3. 自我调节

自我调节是指个体对自己的情感、认知和行为进行调控的能力。在职业生涯中，我们经常会遇到各种各样的挑战，如何有效地调节自己的情绪和行为，是每个人都需要掌握的一项基本技能。

例如，赵小红是一名产品经理，她在工作中经常需要与各个部门进行沟通和协调。面对各种各样的人和事，她学会了如何控制自己的情绪，不让外界的干扰影响自己的工作。这种自我调节的能力，使她在职场中获得了很高的评价。

4. 社交的支持

社交是我们与外部世界建立联系的方式，它可以为我们提供大量的资源和机会，同时也是我们维持精神的重要手段。例如，赵小蓉是一名人力资源经理，她每天都压力很大，于是她在抖音上分享自己的一些见闻与生活，当她压力很大时，就看看评论，粉丝量的增长使她信心大增。从这件事中，我们能看到社交的重要性。当然，社交不只存在于互联网上，与家人、朋友、亲戚的关系都是我们的社交网络。

5. 认知的调整

认知是我们对外部世界的理解和解释。在职业生涯中，我们的认知方式会直接影响我们的行为和决策。例如，张小华是一名初出茅庐的程序员，他曾因为害怕公司需要多种技能，不敢开口谈薪资。他通过调研后才知道原来大家水平都很一般，并且自己水平也不差，只是总认为自己不够完美才不敢开口谈薪资。之后，他逐渐找到自信，持续攻克了公司的很多项目，能力得到进一步提升，也涨了工资。

根据国内的一项调查，超过65%的受访者表示，他们的职业成功与他们的认知方式密切相关。通过积极地调整认知，我们不仅可以更好地应对职场的挑战，还可以找到更多的职业机会。

6. 行为的引导

行为是我们对外部世界的反应，它是我们的认知和情感或能力的直接体现。在职业生涯中，我们的行为会直接影响我们的职业发展和机会。我们的不自信是因为陌生，比如，第一次去完成一个项目，第一次去参加一个会议并发言，等等。当你更顺利地去做一些熟悉的事情时，你会发现你更自信。所以，这个时候我们就需要学会如何引导自己的行为，让自己快速适应未知的挑战。引导的方法包括模仿、自我练习等，在挑战成功后，你会发现你能持续地保持精神自信，这是因为你完成了对自己的挑战。

例如，小李需要一周后在公司大会上做报告，而他之前没有这方面的经验，于是他就问了同事一些注意事项，并且自己回到家后多次练习。一周后，他完成了大会报告。之后，他非常自信，因为他突破了自己。

本节中，我们深入探讨了持续精神的重要性，以及如何在职前阶段培养和维持一个健康的心理状态。我们了解到，认知的调整、情感的管理、行为的引导以及社交的支持都是构建一个积极、健康心态的关键要素。这些要素不仅能帮助我们更好地应对职场的挑战，还能为我们打开更多的职业机会和发展空间。记住，想要持续，最重要的就是自信，而能让你自信的手段，就是持续精神的策略。

然而，有时即使我们已经做好了充分的心理准备，仍然可能会遇到一些我们无法独自应对的职业难题。这时，寻求外部的职业咨询和支持就显得尤为重要。在下一小节中，我们将详细探讨如何有效地利用职业咨询和支持，以帮助我们更好地应对职场的挑战，实现职业生涯的成功。

7.5 职业咨询和心理支持

在前面的小节中，我们探讨了如何通过认知调整、情感管理、行为引导和社交支持等来培养和维持一个健康的心理状态。可是，即使我们已经做好了充分的心理准备，仍然可能会遇到一些难以独自应对的职业难题。这些难题可能源于内部的心理障碍，也可能是外部环境带来的压力。在这种情况下，寻求专业的职业咨询和心理支持就显得尤为重要。

专业职业咨询与心理支持不仅可以帮助我们识别和解决这些障碍，还可以为我们提供一个安全、无压力的环境，让我们更加深入地了解自己，明确自己的职业目标和发展方向。在这一小节中，我们将详细探讨如何有效地利用职业咨询和心理支持，以帮助我们更好地应对职场的挑战，实现职业生涯的成功。

1. 职业咨询

简单地说，职业咨询就是一个帮助你了解自己、明确职业目标并为之制定策略的过程。国内的职业咨询偏向低端的中介服务,其中也有专业的职业咨询师,他们类似于就业老师。如果你想获益更多,不妨选择更高端的职业咨询师,在这个过程中,咨询师会使用各种工具和方法,如职业兴趣测试、性格评估和模拟面试,来帮助你更好地了解自己的优势和劣势,从而为你提供更为个性化的职业建议。

那么,职业咨询到底有多重要呢?根据中国职业指导协会的数据,近70%的求职者表示,通过职业咨询,他们更加明确了自己的职业方向,而且在求职过程中更加自信。此外,还有近60%的求职者表示,职业咨询帮助他们避免了一些常见的求职陷阱,如盲目跟风、只看薪资不注重公司文化等。

国外的情况也是如此。根据美国职业发展协会的数据,那些接受过职业咨询的求职者,其求职成功率比没有接受过咨询的求职者高出近30%。这主要是因为,职业咨询不仅帮助求职者明确了自己的职业目标,还为他们提供了一套有效的求职策略。

那么,职业咨询能为我们带来哪些优势呢?如表7-12所示。

表 7-12 职业咨询的优势

维　　度	接受职业咨询的求职者	未接受职业咨询的求职者
职业方向明确度	超过70%	45%左右
避免求职陷阱的能力	超过60%	35%左右
求职成功率	超过80%	50%左右

(数据来源:2022年美国职业发展协会)

首先,职业咨询可以帮助我们更加深入地了解自己。很多人在求职时,都会遇到这样的问题:我到底适合做什么?我真正的兴趣是什么?擅长什么?通过职业咨询,你可以更加清晰地了解自己的兴趣、性格和能力,从而为自己找到一个更加合适的职业方向。

其次，职业咨询可以帮助我们避免一些常见的求职陷阱。很多求职者在求职时，都会受到各种外部因素的影响。而职业咨询师凭借其丰富的经验，可以为你提供一些建议，帮助你避开这些陷阱。

最后，职业咨询还可以为我们提供一套有效的求职策略。在求职过程中，我们不仅要面对各种外部竞争，还要面对自己的内心挣扎。而职业咨询师可以为我们提供一些实用的方法和建议，帮助我们更加顺利地应对这些挑战。

简单地说，职业咨询师可以帮我们规划好从面试到入职的所有流程，我们只需要照做即可。

2. 心理咨询

心理咨询其实就是当我们的心情、情绪或者思绪乱成一团时，找个懂行的人帮我们理理。就像我们的房间乱七八糟时，需要有人帮我们整理一样。人的心理和情绪有时候也会像房间一样乱，需要有人帮忙整理。

为什么会出现心理咨询这一行业呢？其实，生活中有很多事情都可能让我们感到困惑、失落或者焦虑。比如，工作上遇到了难题，感情上出现了问题，或者面对人生的某个重大选择时感到迷茫。面对这些情况，我们可能会觉得自己一个人处理不了，需要找人倾诉、寻求帮助。这时候，心理咨询师就像是一个专业的"心灵导游"。他们通过聆听、提问和反馈，帮助我们看清问题的本质，找到解决问题的方法。他们不会告诉我们该怎么做，但会帮助我们找到自己的答案。

心理咨询师能帮我们解决什么问题呢？首先，他们可以帮我们处理各种心理和情绪上的问题。比如，帮我们缓解焦虑、抑郁，处理人际关系中的冲突，或者帮助我们找到人生的方向。总之，只要是关于心理和情绪的问题，心理咨询师都可以帮我们。

此外，大家一定要注意心理支持在职业发展中的作用不容忽视。特别是在面对工作障碍时，一个专业的心理咨询师可以帮助我们看清问题的本质，找到解决问题的方法，从而让我们更好地应对职业生涯中的各种挑战。

想象一下，你正在为一个重要的项目工作，突然遇到了一个一时无法解决的问题。你可能会感到焦虑、沮丧，甚至开始怀疑自己的能力。这时，如果有一个心理咨询师在旁边，他就可以帮助你理清思路，找到问题的根源，从而帮助你更好地应对这个挑战。

再举个例子，小王是一个程序员，他在工作中遇到了一个非常棘手的技术问题。他尝试了各种方法，但都无法解决。这让他感到非常沮丧，甚至开始怀疑自己是否适合这个行业。这时，他决定寻求心理咨询师的帮助。经过几次咨询，他意识到自己其实并不是不适合这个行业，只是暂时遇到了一个难题。在心理咨询师的帮助下，他找到了解决问题的方法，并成功完成了项目。

这就是心理咨询师的魔力。心理咨询师可以帮助我们在精神迷茫的十字路口看清本质并指点方向，还可以帮助我们找到解决问题的方法。所以，当你在职业生涯中遇到障碍时，如果自己尝试了很多方式也解决不了，开始质疑自己时，不妨寻求心理咨询师的帮助，相信他们会给你带来意想不到的帮助。

在这一小节中，我们探讨了职业咨询和心理支持的重要性。无论在职业发展的路上还是在日常生活中，我们都可能遇到各种挑战和困惑。有时，我们可能会觉得自己无法独自面对，需要外部的帮助和支持。这时，职业咨询和心理支持就显得尤为重要。他们不仅可以帮助我们看清问题，找到解决之道，还可以帮助我们建立积极的心态，更好地面对生活的挑战。

然而，除了寻求外部的帮助和支持，我们还需要学会自我照顾。只有当我们真正关心和照顾好自己，才能更好地面对生活的挑战，实现自己的职业目标。在下一小节中，我们将深入探讨自我照顾的重要性，以及如何做到真正的自我照顾。让我们一起学习，如何更好地关心和照顾自己，为自己的职业生涯和人生打下坚实的基础。

7.6 自我照顾

在前一小节中，我们探讨了职业咨询和心理支持的重要性，强调了在职业发展的道路上，外部的指导和心理援助对于我们的成长和稳定至关重要。但是，除了外部的支持，我们自己的态度和行为也同样关键。这就引出了本小节的主题——自我照顾。

自我照顾是一个全方位的概念，涉及身体、心理、情感和社交等多个层面，而且既然是自我照顾，讲究一个"自我"，在不涉及其他人的情况下，我们如何让自己的身体和心灵得到舒缓。在职业发展的过程中，我们不仅要关注自己的技能和知识，还要关注自己的健康和情感。接下来，我们将从身体和心理两个方面介绍自我照顾的方法。

1. 身体层面的自我照顾

（1）放松与休闲：在紧张的工作之余，找个咖啡店，带上一本喜欢的书，静静地坐下来，享受一段属于自己的时光，这对于放松心情、减轻压力都有很好的效果。据中国心理健康研究中心的数据显示，每周安排 1—2 次的短暂休闲时间，可以有效降低职业疲劳感。

（2）按摩与舒缓：定期去按摩店进行全身按摩或者足浴，可以帮助放松紧张的肌肉，促进血液循环，减轻身体的疲劳。根据中国按摩与康复协会的数据，每月进行 1—2 次的专业按摩，可以有效提高睡眠质量，增强身体的免疫力。

（3）兴趣与爱好：培养一两项兴趣爱好，如绘画、摄影、烹饪等，不仅可以丰富业余生活，还可以帮助我们转移注意力，减轻工作带来的压力。研究发现，有兴趣爱好的人，其工作满意度和生活满意度都明显高于普通人。

（4）与大自然亲近：周末或者休假时，可以选择到郊外、山区或者海边进行短暂的旅行。与大自然亲近，呼吸新鲜的空气，享受大自然的宁静，对于放松心情、恢复体力都有很好的效果。

（5）健康的饮食：根据中国营养学会的数据，近 70% 的职场人士饮食结构不均衡。健康的饮食可以提供充足的能量，支持我们的工作和生活。

（6）有规律的锻炼：锻炼不仅可以保持身体健康，还可以帮助我们释放压力。数据显示，每周进行 2—3 次的中等强度锻炼，可以有效降低工作压力。

（7）足够的休息：休息和睡眠对于身体和心理的恢复至关重要。研究发现，每天保证 7—8 小时的睡眠，可以将工作效率提高 15% 以上。

上述内容都是身体层面的，其实心理层面的照顾同样重要，它涉及我们的情感、认知和社交等多个方面，再和大家分享一些心理层面的自我照顾方法。

2. 心理层面的自我照顾

（1）情感释放。当我们遇到挫折或者压力时，找一个安静的地方，允许自己哭泣或者大声呼喊，这是一种非常直接的情感释放方式。据中国心理健康研究中心数据显示，定期的情感释放可以有效降低抑郁和焦虑的风险。说实话，这个方法虽然感觉很丢人，但是真的很有效。

（2）冥想与放松。每天花 10—20 分钟进行冥想或者深呼吸练习，可以帮助我们放松心情，提高注意力和集中力。研究发现，定期冥想的人，其应对压力的能力明显高于普通人。

（3）读书与学习。读一些励志或者心理健康方面的书籍，可以帮助我们获得新的知识和视角，提高自己的心理素质。研究发现，定期阅读的人，其心理适应能力和应对压力的能力都明显高于不读书的人。多给自己的头脑充电，多给自己希望。

（4）艺术疗法。通过绘画、音乐、舞蹈等艺术形式来表达自己的情感和想法，这不仅可以帮助我们释放情感，还可以提高我们的创造力和审美能力。

（5）自然疗法。定期到户外散步、徒步或者野营，与大自然亲密接触，这可以帮助我们放松心情，减轻压力。据研究，与大自然的接触可以有效降低焦虑和抑郁的风险。

（6）锻炼身体。定期锻炼身体，如练习瑜伽、太极或者简单地跑步，这不仅可以帮助我们保持身体健康，还可以提高我们的心理素质。研究发现，定期锻炼的人，其心理健康状况明显好于不锻炼的人。所以，你只要行动起来，就会发现，锻炼确实是让身心都健康的秘诀。

（7）游戏、音乐等。适当地玩一下游戏，看看电影或者听听音乐会让人身心放松，或者可以去解压馆放松一下。

自我照顾其实就是好好对待自己，给自己充电，让自己在这快节奏的生活中能够找到一个舒适的角落。就像你的手机每天都需要充电，不然第二天就没电了。人也一样，需要定期给自己充充电。这不仅仅是身体上的需要，更重要的是心灵上的需要。通过上面提到的一些方法，无论是身体锻炼、冥想，还是与大自然的亲密接触，都能帮助我们找到那个舒适的角落，让我们得到真正的放松和休息。

你知道吗？自我照顾不仅是为了自己，也是为了身边的人。一个心情好、精神饱满的人，无论在工作还是生活中，都能给身边的人带来正能量，让大家都感受到那份快乐和幸福。所以，不要觉得自我照顾是一种奢侈，其实它是一种必要。只有好好对待自己，才能更好地对待这个世界，才能在职场上走得更远，生活得更好。如老话所说："爱自己，是终身浪漫的开始。"所以，开始自我照顾，让自己的生活更加精彩吧！

著名心理学家卡尔·罗杰斯说过："What I am is good enough if I would only be it openly."（我是谁就是谁，只要我真实地展现自己，那就足够好了。）这句话提醒我们，真实地面对自己，关心自己的心理健康，是每一个即将步入职场的人都应该重视的事情。

第 8 章
职前"硬件"内容准备

本章概述

8.1 学历的重要程度与区别

8.2 社保对面试的重要性

8.3 离职证明

8.4 银行流水

8.1 学历的重要程度与区别

在职业生涯的起始阶段，许多应届毕业生和求职者都会面临一个普遍而又关键的问题：学历真的那么重要吗？对于程序员这一特定行业，答案是肯定的。学历，尤其是在技术领域，往往是求职者首次进入职场的敲门砖。它不仅代表了你在学术上的成就，更是你所学知识、技能和潜力的直接证明。当然，随着工作经验和能力的积累，学历的重要性可能会逐渐降低，但对于初入职场的你，它无疑是一个强有力的支撑。

随便打开一个招聘网站，你就会发现学历是一个基础内容，是找工作的一个基本条件，如图 8-1 和图 8-2 所示。

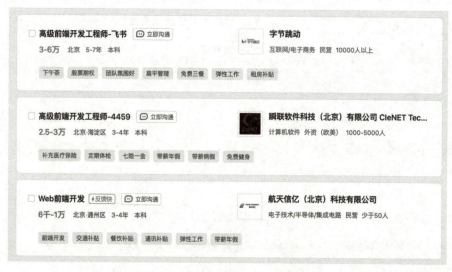

图 8-1　前程无忧招聘网站上的学历界面

图 8-2　智联招聘网站上的学历界面

我们能看到，除了技能，学历与工作年限就是找工作的最基本要求。而学历与学位是求职者在职场中的两张重要"身份证"。它们不仅代表了个人的学术成就，还在很大程度上影响了求职者的职业发展。那么，学历和学位到底是什么？它们之间有什么区别和联系？为什么它们在职场中如此重要？下面，我们将对此进行一个简单介绍。

1. 学历的阶段

初等教育：通常指小学教育，为期六年。

中等教育：包括初中和高中，通常为期六年。

高等教育：分为本科、硕士和博士三个阶段。本科通常为四年，硕士两到三年，博士三到五年。

2. 学位的作用

学士学位：通常在完成本科教育后获得，它代表了个人在某一学科领域的基本学术造诣和应用能力。

硕士学位：在完成硕士研究生教育后获得，它代表了更高层次的学术研究和专业能力。

博士学位：它是学术界的最高学位，代表了在某一学科领域的深入研究和创新能力。

3. 学历与学位在工作中的重要性

学历和学位在职场中的重要性不言而喻。首先，它们是求职者能力和知识的直接证明。许多公司在招聘时都会明确规定学历和学位要求，尤其是一些技术性很强或需要深入研究的岗位。其次，高学历和学位往往意味着更高的薪酬和更好的职业发展机会。据统计，硕士和博士学位的持有者的平均薪酬要高于本科学位的持有者。

表8-1是几个常见职位在不同学历下的薪资范围示例，这些数据来源于近几年学校入职的同学，工作经验都是在0—2年。

表8-1　常见职位在不同学历下的薪资范围

职　　位	学　　历	平均薪资（元/月）
行政助理	高中/中专	5000—8000
行政助理	大专	5500—9000
行政助理	本科	6000—10 000
前端开发工程师	高中/中专	6000—10 000
前端开发工程师	大专	7000—12 000
前端开发工程师	本科	8000—15 000
前端开发工程师	硕士	10 000—20 000
后端开发工程师	高中/中专	6500—11 000
后端开发工程师	大专	7500—13 000
后端开发工程师	本科	8500—16 000
后端开发工程师	硕士	11 000—22 000
软件工程师	高中/中专	7000—12 000
软件工程师	大专	8000—14 000
软件工程师	本科	9000—17 000
软件工程师	硕士	12 000—23 000

表 8-1 中的数据表明，在相同的工作年限下，由于学历的差异，不同职位的薪资范围存在一定差异。随着学历的提升，薪资通常会有所增加。然而，对于某些职位，高学历可能并不一定会带来更高的薪资，例如，行政助理可能由于工作内容的限制，薪资增长相对缓慢。因此，除了学历因素，薪资还可能受到其他因素的影响，不过学历依然是一个影响工作的主要因素。而且对于许多人来说，学历不是一张纸，而是一个人能力、知识和经验的综合体现。在职场上，学历常常被视为一个人潜在能力的标志，尤其是某些传统行业和大型企业。学历不仅影响一个人的起薪，还可能影响其职业生涯的上限。下面通过一个案例来具体说明这一点。

张华，一个"985"大学的计算机科学专业本科毕业生，刚刚进入一家知名互联网公司工作。他的同事李明和他同龄，但是只有一个三本大学的学历。在工作中，两人的能力和表现都非常出色，但在晋升和加薪时，张华总是比李明更受到青睐。

几年后，公司有一个项目经理的位置空缺，尽管李明的工作经验和业绩都非常出色，但由于他的学历限制，这个机会最终还是落在了张华身上。李明感到非常沮丧，他开始意识到，尽管他的能力和经验都很丰富，但学历在某种程度上限制了他的职业发展。

并不是说学历就是一切，或者说只有高学历的人才能在职场上取得成功。但在某些情况下，学历确实会成为一个人晋升和发展的"加速器"，尤其是在那些重视学历和背景的公司和行业中，高学历往往意味着更多的机会和更高的上升空间。

学历分几种，我来科普一下，如表 8-2 所示。

表 8-2　学历的分类

学 历 类 型	学 历 描 述
学信网学历	学信网是中国教育部主管的全国高等教育学生信息咨询与就业指导中心网站，提供学历查询服务。学信网上的学历是国家认可的，基本上所有企业都是认可的。这种学历通常是在经教育部认可的高等教育机构获得的，包括本科、硕士和博士等。这种学历在职场上的认可度是最高的，也是大多数人追求的
民办教育学历（民教学历）	民办教育学历是指在非公有制高等教育机构获得的学历。这些机构可能没有得到教育部的正式批准，但它们可能得到了地方政府的批准。因此，这种学历的认可度可能会因地而异。在某些地方和行业，民办教育学历可能得到一定的认可，但在其他地方和行业，其认可度可能会较低
党校学历	党校是党的培训机构，提供党的理论和实践教育。党校学历在政府和党的机关中得到高度认可

一般情况下，我们要追求的就是学信网学历，而且我们在说学历的时候也一般指的就是学信网学历。学信网学历主要涵盖了我国的各种正规学历类型。这些学历类型有着不同的教学模式、招生对象和学习方式，因此，它们的含金量和认可度也有所不同。以下是对这些学历类型的简要介绍，如表 8-3 所示。

表 8-3　不同学历的含金量和认可度对比

学 历 类 型	学 历 描 述
全日制学历	这是最传统、最被广泛认可的学历类型，也叫统招学历。学生需要在学校全日制学习，通常是四年本科或两年研究生教育。这种学历的含金量最高，因为它代表了学生经过了完整的教育和培训
自考学历	自学考试是指学生通过自学，然后参加统一的国家考试来获得学历的方式。这种学历的含金量较高，因为它同样代表了学生掌握了所学专业的核心知识。但由于是自学，所以在实践能力上略逊色于全日制学历
成人高等教育学历	这是为了适应社会主义现代化建设的需要，满足广大青年、中年人继续接受高等教育的愿望而设立的。它的教学时间和方式都比较灵活，但其含金量低于全日制学历
高等学历继续教育（非脱产）	自2025年秋季起，高等学历继续教育不再使用"函授""业余"的名称，统一为"非脱产"，主办高校可根据专业特点和学生需求等，灵活采取线上线下相结合形式教学

第 8 章 职前"硬件"内容准备

所以总的来说,全日制学历的含金量最高,是最被广泛认可的学历类型。而自考、成人、非脱产等非全日制学历,其含金量和认可度会因地、行业和领域而异。但随着社会的进步和教育方式的多样化,非全日制学历的认可度也在逐渐提高。

8.2 社保对面试的重要性

职场中,每一份工作都像是一个战场,而求职者则是这场战争中的勇士。他们带着自己的武器——学历、经验、技能,向雇主展示自己的价值。然而,在这场"战争"中,有一个经常被忽视却至关重要的"盾牌"——社保。对于许多公司来说,社保不仅仅是一种法定的福利,更是一个验证求职者工作经历真实性的重要标准。在众多的求职者中,有些人可能会为了更好地展示自己而对简历进行"包装",但社保记录却是一个难以篡改的真实证明。这使社保在面试中的重要性日益凸显,成为求职者的又一张"通行证"。

如果我们之前已参加工作,通常情况下,公司会给我们开户,会给我们缴纳社保。这个时候我们就有社保证明了,而且现在社保证明在面试中的重要性逐渐被众多雇主所重视。首先,社保证明是求职者工作经历的真实性的有力证明。在当今的职场中,不少求职者为了提高自己的竞争力,可能会对自己的简历进行一些"美化"或"包装"。而社保证明则是一个难以伪造的真实记录,它详细记录了求职者的工作经历和缴纳社保的情况,为雇主提供了一个判断求职者真实工作经历的依据。

社保证明也是评估求职者稳定性的一个标准,因为上面可以显示在公司上社保的时间,长期稳定地缴纳社保意味着求职者在之前的工作中有稳定的表现,不是频繁跳槽的"跳槽族"。这对于许多雇主来说是一个非常重要的参考因素,因为他们更倾向于招聘那些能够长期稳定工作的员工。

那么,如何查看自己的社保证明呢?这里我们以支付宝为例进行说明。用户只需要登录支付宝,找到"城市服务"功能,然后选择"社保查询",输入相关的个人信息,就可以查看到自己的社保缴纳记录。此外,许多城市的社保局也提供了在线查询服务,求职者可以通过社保局的官方网站进行查询。

那么,对于想写有工作经验,但由于某种原因没有上过社保的求职者来说,怎么办呢?一个可行的方法是找一个公司,哪怕只是上一个月的社保,也好过完全没有。这样至少可以证明你有过正式的工作经历,而不是完全的空白。当然,这样做也需要一些成本,包括社保的缴纳费用和与公司的协商等。

另外,开设一个社保账户也是非常必要的。这不仅仅是为了求职,更是为了自己未来的稳定和保障。有了社保账户,即使你目前没有工作,也可以自己缴纳社保,为自己的未来做好准备。而且,有了社保账户,即使你换工作或者跳槽,也可以保持社保的连续性,这对于未来的养老、医疗等都是非常有利的。

我再给大家说个小故事来说明社保的重要性。

李明是一个刚毕业的学生,他在学校的时候成绩一般,但是他非常擅长与人交往,有着出色的沟通能力。毕业后,该找工作了,我当时建议他先找个能上社保的公司干一段时间再说,但是他比较执拗,没有这样做,直接对简历进行"包装",声称自己在一家小公司实习过半年。

他的简历很快得到了一家大公司的青睐,面试官对他的沟通能力和所谓的"实习经验"都很满意。经过几轮面试,李明顺利地拿到了录取通知,于是就上班了,不过这也留下了隐患。

第8章 职前"硬件"内容准备

上班的第一天，李明兴高采烈地来到公司，他觉得自己的未来一片光明。然而，当他到人事部门办理入职手续的时候问题出现了。人事部门的小张在为他开设社保账户时发现，李明之前从未有过社保记录。

小张很疑惑，她问李明："你在简历上写的实习经验是真的吗？为什么我在系统里查不到你的社保记录？"李明心虚地回答："那家公司很小，没有为我缴纳社保，都是发的现金。"

小张并不满意这个回答，她决定进一步调查。经过一番核实，她发现李明的所谓"实习经验"完全是虚构的。公司对此非常重视，认为李明的行为严重损害了公司的信任。经过内部讨论，公司决定解雇李明，并且在李明的网上简历上标记了"欺骗"标签，这个标记对面试者是非常不利的，因为面试官都可以看到这个标记。

李明之后非常后悔，他意识到自己的错误不仅仅是虚构简历，更重要的是忽视了社保的重要性。如果他当初真的去实习，或者至少自己缴纳过社保，也许结果会完全不同。

本节中，我们深入探讨了社保在求职过程中的重要性。社保不仅是一个员工的权益保障，更是一个证明工作经验的实体记录。正如李明的故事带来的启示，一个简单的社保记录可能会影响一个人的职业生涯。因此，对于求职者来说，真实、准确地展现自己的经验和能力，避免虚假包装是赢得雇主信任的关键。

在职场中，除了社保证明，还有一个同样重要的证明——离职证明。离职证明不仅是证明你曾在某公司工作过，更是一个关于你工作表现、职责和职位的官方记录。在下一小节中，我们将深入探讨离职证明的重要性，以及如何正确地获取和使用它。

8.3 离职证明

在职场中,每一份文件、证明和记录都承载着特定的意义和价值。离职证明(如图 8-3 所示),这一看似简单的纸质文件,其实是一个员工与公司之间的"结缘纪念"。它不仅仅是一个证明你曾在某家公司工作过的证据,更是一个关于你的工作态度、职责和表现的官方记录。对于许多求职者来说,离职证明几乎成了求职的"敲门砖"。在这个竞争激烈的职场环境中,每一个细节都可能影响你的求职成功率,而离职证明,正是这些细节中的一个关键点。

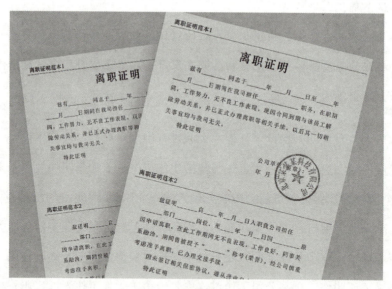

图 8-3 离职证明样板

我们先要知晓离职证明在职场中的重要性绝对不容忽视。首先,它是一个官方的、法律上的证明,证实某员工已经正式结束与某公司的劳动合同关系。这对于公司来说,是一个法律上的保障,确保员工不会因为与前雇主的某些未了事宜而产生法律纠纷。其次，离职证明也是对员工在前公司工作表现的一个简要描述，它中间一般会包含员工的职位、工作时长、工作表现等关键信息。而招聘公司一般会通过这些信息来定位应聘者的能力。

对于招聘公司来说，离职证明的另一个重要作用是验证求职者的工作经历。在当今的职场中，不少求职者为了提高自己的竞争力，可能会对自己的简历进行"包装"。而离职证明则为招聘公司提供了一个相对真实、可靠的验证手段，确保求职者所提供的工作经历是真实的。因为上面会有上一家离职公司的印章，一般来说，只要招聘公司通过印章号码去确认和背调真伪，即可了解应聘者在上一家公司的真实表现。

此外，离职证明还能为招聘公司提供一个了解求职者工作态度、职责和表现的途径。一个正面的离职证明可能会增加求职者的录用机会，而一个负面的离职证明则可能会影响求职者的求职成功率。

下面，再和大家说一个没有离职证明最后导致无法入职的真实案例。我的学生小张是一个有着三年工作经验的程序员。在一次面试中，他凭借出色的技能和经验得到了面试官的青睐。然而，在面试结束后，人事部门要求小张提供前公司的离职证明。小张因为与前公司有一些矛盾，没有及时拿到离职证明。尽管他的技能和经验都很出色，但由于没有离职证明，公司最终决定不予录用。这也提醒了所有的求职者，离职证明的重要性不容忽视。

那我们该如何获取离职证明呢？当我们正常离职时，离职证明的获取通常遵循以下步骤：

（1）提前通知。当你决定离职时，首先需要按照公司的规定提前通知你的上级或人事部门。这通常是为了确保你完成所有的工作职责并进行交接。

（2）办理离职手续。在最后工作日或离职前，你需要与人事部门联系，办理相关的离职手续。这可能包括退还公司物品、结算工资等。

（3）申请离职证明。在办理离职手续时，你可以向人事部门申请离职证明。大多数公司会在你离职时主动为你提供离职证明；如果没有，你需要主动提出。

（4）核实内容。在收到离职证明后，务必核实其中的内容，确保所有信息都是准确的，特别是关于你的工作职责和表现的描述。

（5）保存证明。离职证明是证明你工作经历的重要文件，因此需要妥善保存。建议你保存原件，并制作几份复印件以备不时之需。

对于实习生来说，实习通常被视为一种短期的、学习性质的工作，因此大多数公司在招聘时不要求实习生提供离职证明。但这并不意味着实习经历不重要。实际上，对于许多初入职场的年轻人来说，实习经历可能是他们简历上最有价值的部分。它不仅证明了求职者的工作能力，还表现了他们的职业态度和热情。但是，由于实习的性质和期限与正式工作不同，所以大多数公司在考虑录用实习生时，更多地依赖面试和其他评估方式，而不是离职证明。

对于那些"包装"简历的同学，没有离职证明确实是一个棘手的问题。面对这种情况，下面的一些策略和建议可供考虑：

（1）诚实面对。如果你在简历中虚构了工作经历，又无法提供相应的离职证明，最好的策略是诚实面对。在面试中，如果被面试官问及此事，你便坦诚地解释你为什么这样做，并表示你已经意识到这是一个错误，并愿意为此承担后果。

（2）提供其他证明。虽然你可能没有离职证明，但你可以考虑提供其他相关的资料来证明你的工作经历，如工资条、工作邮件、项目报告等。这些文件可以部分证明你的工作经历，但前提是它们必须是真实的。

（3）寻求推荐人支持。如果你在某个公司真的有过工作经历，但由于某种原因无法获得离职证明，你就可以考虑找到该公司的同事或上级作为你的推荐人。他们可以为你的工作经历和能力提供口头或书面的证明。

（4）不要"包装"简历。这是最根本的建议。虽然有时候"包装"简历可能会帮助你获得面试的机会，但从长远来看，它可能会给你带来更多的麻烦和风险。诚实和真实是职业生涯的基石。

（5）准备好解释。如果你因为某种原因确实没有离职证明，那么在面试中，你应该准备好解释这一点。例如，你可以说："我在那家公司签的是短期合同，所以没有正式的离职证明，但我可以提供其他证据来证明我的工作经历。"

虽然离职证明在求职过程中确实是一个重要的证明文件，但如果你没有，也不必过于担忧。关键是要诚实、真实地展示自己，用你的能力和态度赢得雇主的信任。

8.4 银行流水

在求职的道路上，除了简历、离职证明等常规材料，还有一些不太为人知晓但同样重要的证明材料，其中之一就是银行流水（如图8-4所示）。对于许多人来说，银行流水可能只是日常生活中的一个小细节，记录着我们的收入和支出，但在求职过程中，它可能成为决定你是否能够成功入职的关键因素。尤其是在一些高薪职位或者金融行业，银行流水可能会被用作评估你的财务状况、生活习惯，甚至是工作稳定性的参考。而对于那些"包装"简历的同学，银行流水可能会成为你真实工作经验的见证。因此，了解银行流水在求职中的作用，以及如何准备和使用它，对于每一个求职者都是至关重要的。

下面先来科普一下银行流水的作用。简单地说，银行流水是你银行账户的交易记录，它详细地列出了你的收入和支出情况。在求职过程中，银行流水可能起到以下几个作用。

图 8-4 银行流水

（1）证明收入情况。对于一些高薪职位或者特定的行业，雇主可能会要求你提供银行流水来证明你之前的收入情况。这不仅可以验证你简历上所写的薪资水平，还可以作为给你提供薪资的参考。

（2）评估财务稳定性。银行流水可以显示你的财务状况是否稳定，是否有定期的收入，以及你的支出习惯。这对于一些涉及金融信任的职位，如金融、房地产等行业，尤为重要，甚至出国都会用到。

（3）验证工作经验。对于那些声称在某公司工作过但无法提供证明的求职者，银行流水中的工资收入可以作为工作经验的一个证明。

（4）信用评估。在一些特定的职位，如金融行业的信贷岗位，雇主可能会查看你的银行流水来评估你的信用状况，看你是否逾期贷款、是否经常透支等。

（5）生活习惯分析。虽然这在大多数职位中不常见，但在某些特定的职位，如健康顾问或高级管理职位，雇主可能会通过你的支出习惯来分析你的生活方式和习惯。

在实际应用中，除了求职，银行流水还经常用于租房、贷款、签证申请等场合，作为评估个人经济状况和信用的重要依据。

下面，我们来梳理一下银行流水上可以看到的一些信息，它算是一个银行账户中的所有交易记录的详细清单。它为我们提供了一个全面的、按时间顺序排列的交易概览。表8-4是银行流水上常见的信息类别。

表8-4　银行流水信息类别

银行流水信息	信　息　描　述
工资收入	这是大多数人的主要收入来源。流水上会显示工资的到账日期、金额以及付款方，通常是你的雇主的名称或其他标志
转账收入/支出	当你向其他账户转账或从其他账户接收转账时，这些记录都会在流水上显示，包括转账的日期、金额和对方账户的部分信息
消费支出	每当你使用银行卡进行消费，无论是线上还是线下，这些交易都会被记录。流水会显示消费的日期、金额以及商家的名称或标志
定期存款与取款	如果你有定期存款或进行了大额取款，这些也会在流水上有所体现
利息收入	如果你的账户有积蓄，银行会定期支付利息。这些利息收入也会在流水上显示
贷款还款	如果你有贷款，每次还款的记录也会出现在流水上，包括还款的日期、金额以及贷款的相关信息
自动扣款	一些固定的费用，如水电费、房租、信用卡还款等，如果你设置了"自动扣款"，这些扣款记录也会在流水上显示
服务费与手续费	银行可能会对某些服务收取费用，如跨行转账、外汇交易等。这些费用也会在流水上有所体现
投资收益与支出	如果你通过银行进行了投资，如购买基金、股票等，这些交易记录也会在流水上显示
其他	除了上述常见的交易类型，银行流水还可能显示其他类型的交易，如赠款、奖金、退款等

如何正常获取银行流水呢？银行流水的获取方式多种多样，随着科技的进步，获取方式也变得更加便捷。表8-5所示是常见的几种获取方式。

表 8-5　银行流水单获取方式

获 取 方 式	具 体 描 述
银行柜台打印	这是最传统的方式。你可以直接去银行的柜台，提供相关的身份证明和银行卡，要求柜员为你打印指定日期范围内的流水。这种方式获取的流水通常是正式的，有银行的印章，广泛适用于各种正式场合
ATM机打印	部分银行的ATM机具备打印近期流水的功能。你只需插入银行卡，按照提示操作即可。但这种方式打印的流水时间跨度可能较短，且没有银行印章
电子账单	大多数银行会提供电子账单服务。你可以在银行的官方网站或手机银行App上查询并下载电子格式（如PDF格式）的流水。这种方式方便快捷，但在某些正式场合，电子账单可能需要打印并加盖银行印章才会被接受
短信通知	部分银行提供短信通知服务，每当账户有交易时，银行会发送短信通知。虽然短信通知不是完整的流水，但对于追踪近期的重要交易还是很有帮助的
邮寄账单	某些银行为客户提供邮寄账单服务，定期将纸质的账单邮寄到客户指定的地址。这种方式适合不经常查看电子账户的客户
第三方平台查询	随着金融科技的发展，一些第三方平台也提供查询银行流水的服务，如支付宝、微信等。但这种方式获取的流水在某些正式场合可能不被接受

公司要求应聘者提供银行流水的原因多种多样。首先，银行流水上的工资入账可以作为应聘者之前工作经验的一个证明。如果应聘者在简历上声称在某公司工作过，那么其银行流水上应该能看到这家公司的工资支付记录。其次，对于某些职位，特别是涉及金融或需要处理大额资金的职位，公司可能会希望了解应聘者的经济状况是否稳定，是否存在巨大的经济压力，从而评估其是否有潜在的经济风险。最后，如果应聘者声称有其他来源的收入，如兼职、投资等，银行流水可以作为这些收入的一个证明。

对于"包装"简历的应聘者，如果没有提供银行流水，或提供的流水与简历上的信息不符，可能会导致公司对其产生怀疑。公司可能会认为应聘者在简历上提供了虚假信息，从而对应聘者其他的能力和经历产生怀疑。这种情况下，即使应聘者具备真实的能力和经验，也可能因为简历上的不实信息而失去这次工作机会。更糟糕的是，即使应聘者成功入职，但如果后来公司发现其简历上的信息不真实，其也可能会被解雇。

伪造银行流水的行为可能带来的后果更为严重。首先，伪造银行流水可能涉及刑事责任，如果被查实，可能会面临法律的制裁。其次，一旦被揭露伪造银行流水，应聘者的职业声誉可能会受到严重损害，影响其未来的职业发展。其他潜在雇主可能会因为应聘者的这一不诚实行为而拒绝其入职。诚实是每个求职者应该遵循的原则，伪造或"包装"简历可能会带来短暂的利益，但从长远来看，可能会对求职者的职业生涯造成无法挽回的负面影响。

第 9 章
求职时间与资源前期管理准备

本章概述

9.1 了解求职周期

9.2 制订求职计划

9.3 时间管理

9.4 资源的收集和整理

9.5 维持日常生活

9.6 休息与放松

9.1　了解求职周期

在求职的旅程中，时间管理和资源的合理利用是至关重要的。每一个求职者都希望自己能够在最短的时间内找到满意的工作，但现实中的求职周期往往受到多种因素的影响，如市场环境、个人经验、求职策略等。这一章将为大家深入剖析这些影响因素，并提供实用的建议和策略。在本节中，我们首先要明确一个问题：求职周期应该多久才算合适？如果你设定了一个薪资目标，比如每月 10 000 元，但在一个周期内没有找到满意的工作，你又该如何调整策略？这些是每一个求职者都可能面临的实际问题，我们将在本小节为大家提供深入的分析和建议。

求职周期的合适长度可以根据个人情况而异，但通常来说，合理的求职周期应该为 2—8 周。表 9-1 展示了不同求职周期的优缺点。

表 9-1　不同求职周期的优缺点

求职周期	优　　点	缺　　点	适用学生类型
2—4周	快速找到工作，节约时间成本	可能错过更合适的机会，缺乏充分的准备	适合急需找工作的同学，如急需填补实习或短期职位的空缺，或急需找到一份工作来满足生活需求
5—8周	有足够的时间了解市场和自身需求，充分准备面试	存在一定的时间成本，需要耐心等待	适合大多数同学，有足够的时间进行市场调研、简历修改、投递和准备面试。能够较为充分地了解自身需求和职业发展方向，同时也不会花费过多的时间和精力

续表

求职周期	优　点	缺　点	适用学生类型
8周以上	有足够的时间深入了解市场和自身需求，充分地准备面试和规划职业	时间成本较高，存在较高的离职风险	适合对职业发展有较高要求，需要更深入地了解行业和职位的同学。如果有转换行业或职位的需求，需要更长时间来研究目标行业或职位，制订详细的职业规划

在选择合适的求职周期时，我们可以根据以下几点进行考虑。

（1）求职目标：如果只是为了找一份短期工作或实习，那么较短的求职周期可能更合适。如果目标是寻找一份长期稳定的工作，那么需要更多的时间来了解市场和自身需求。

（2）市场需求：在不同的行业和时期，求职市场的供需关系也会不同。如果市场需求高，则求职周期相对较短；反之，则较长。

（3）个人情况：如果个人经验、技能和背景较为优秀，那么求职周期相对较短；反之，则需要更多的时间和努力来提高自身竞争力。

（4）经济情况：在某些地区或行业，经济发展较为缓慢，这可能导致求职周期变长。

我们也可以用数据来说明一下，正常情况下在编程行业找工作的时间周期是多久，如表9-2所示。

表9-2　编程行业找工作的时间周期

行业岗位	初级工程师	中级工程师	高级工程师
技术岗位（Tech）	4—6周	6—8周	8—12周
数据科学岗位（Data Science）	5—7周	8—10周	10—16周
前端开发岗位（Frontend Development）	3—5周	7—9周	12—18周
后端开发岗位（Backend Development）	4—6周	8—10周	12—20周
全栈开发岗位（Full Stack Development）	5—7周	9—12周	14—22周

（以上数据摘自2022年拉勾网，以周为时间单位）

大家也可以从表 9-2 的数据了解到，初级工程师找工作的周期都偏短，中、高级工程师找工作的周期偏长，其实这也取决于公司提供的工资与面试周期，因为有的公司安排多轮复试，而且提供高工资，我们考虑与对比的周期也会相应加长，这就会导致总周期加长。比如买菜，我们可能不会特意对比，一般差不多就下单了，但是如果我们去买一件特别贵的电子产品，比如手机，我们就会对比很多平台，找个性价比最高的下单。

求职周期超过预期而仍未找到合适的工作，可能会让我们感到沮丧和焦虑，但这也是一个重新评估和调整策略的好时机。表 9-3 所列内容是一些推荐策略，可以帮助我们更好地应对这种情况，大家也可以参考一下。

表 9-3 调整策略

策略类型	策略描述
调整求职策略	重新审视自己的求职目标、简历、求职技巧和渠道，以及职业规划方向。根据市场需求和自身情况，重新进行市场调研和职业定位，并调整求职策略
调整预期薪资	调整预期薪资也很关键，如果我们在预期的薪资范围内找不到工作，那么降低薪资要求，提高自己的竞争力也是非常积极的策略
调整简历和求职信	重新审视你的简历和求职信，确保它们真实反映了你的能力和经验，并针对你申请的职位进行调整与定制
拓展社交网络	通过社交媒体、行业活动、志愿者工作等方式拓展社交网络，增加与他人的联系和互动。这有助于扩大人脉圈，获取更多的职业机会和信息
提升自身技能	利用空闲时间，可以进一步提升自身的技能和知识水平，例如，参加培训课程、学习新技能、参与开源项目等。这可以提高自身的竞争力，增加被聘用的机会
考虑远程工作	随着远程工作的普及，一些公司或团队可能会提供远程工作的机会。可以考虑这种工作方式，以扩大工作机会、灵活规划时间
考虑实习或兼职	如果长时间找不到全职工作，可以考虑接受实习或兼职工作。这不仅可以增加工作经验，还可能为你提供一个转为全职的机会。当然这不是最佳策略

续表

策略类型	策略描述
保持积极的心态	求职过程中可能会遇到挫折和困难，但一定要保持积极的心态和乐观的态度。相信自己的能力和价值，坚持不懈地追求自己的职业目标
寻求职业咨询	考虑寻找职业咨询师或心理咨询师的帮助。他们可以为你提供有关求职策略的建议或帮助你处理求职过程中的情绪问题

在求职的过程中，了解自己的求职周期并根据实际情况调整策略至关重要。其实，每个人的经历和背景都是独特的，因此没有固定的"标准"周期。但是，通过对市场的了解、自我评估和采取适当的策略，我们可以更加高效地找到合适的工作。当然，仅仅了解求职周期并不足够，更重要的是如何制订一个切实可行的求职计划。一个明确、结构化的计划不仅可以帮助我们更有针对性地寻找工作，还可以提高我们的求职效率和成功率。在下一小节中，我们将深入探讨如何制订一个有效的求职计划，以及如何根据实际情况进行调整。

9.2 制订求职计划

在求职的道路上，制订一个明确、结构化的求职计划就如同航海者拥有一张详尽的地图。没有地图，航海者可能会迷失方向，漂泊在茫茫大海中；同样，没有求职计划，求职者可能会在众多的职位和公司中迷失，浪费宝贵的时间和精力。特别是在当今这个信息爆炸的时代，每天都有大量的职位信息涌现，如何在其中找到最适合自己的职位，成为每个求职者面临的挑战。因此，制订求职计划不仅是为了提高求职的效率，更是为了确保在这个过程中，我们始终沿着正确的方向前进，不偏离自己的职业目标。在这一小节中，我们将探讨如何制订一个切实可行的求职计划，以及如何根据市场变化和个人情况进行调整。

如何制订求职计划呢？制订求职计划是一个系统的过程，需要考虑多个因素并结合自己的实际情况。表9-4列出的是一些推荐步骤，可帮助你根据自己的情况制订求职计划。

表9-4 制订求职计划的步骤

步骤	步骤描述
自我评估	首先，你需要了解自己，思考你的兴趣、技能、价值观和职业目标。这可以帮助你确定你想要追求的职业方向和工作类型
市场研究	了解当前的就业市场。哪些行业和职位正在招聘？哪些技能和经验最受欢迎？这可以帮助你确定自己的竞争优势和可能的目标职位
设定目标	基于自我评估和市场研究，设定明确的职业目标。例如，你希望在六个月内找到一个前端开发的职位
制定策略	确定如何达到这些目标。这可能包括：完善简历和求职信、网络拓展、参加职业培训课程等
时间管理	为求职活动设定时间表。例如，你可以决定每天投递20份简历，每周参加2次面试，每月参加1次行业活动
持续学习	根据市场需求，不断更新和提高自己的技能。这可能意味着参加职业培训、在线课程或自学
网络拓展	与行业内的人建立联系，参加行业活动和研讨会。这不仅可以帮助你了解行业动态，还可以为你提供更多的求职机会
反馈与调整	定期评估你的求职进度。如果某些策略不奏效，不妨调整你的计划
心态调整	求职过程中可能会遇到挫折，因此保持积极的心态非常重要。每次失败都是一个学习的机会，相信自己最终会找到合适的工作
准备面试	一旦你得到面试的机会，要确保为面试做好充分的准备。可以研究公司背景、准备常见面试问题的答案，并准备一些自己的问题

下面是我给大家分享的一个8周计划表格。当然每个人都是一个独立的个体，根据自己的情况制订一个属于自己的计划即可，不要想到哪干到哪，那样太盲目，需要有计划地一步一步推进，如表9-5所示。

第9章 求职时间与资源前期管理准备

表9-5　8周计划表格

时　间	措　施	详细内容及目标	预期结果	备选方案
第1周	自我评估、市场研究	列出自己的技能、兴趣、优势和劣势；确定求职方向。浏览招聘网站，了解热门职位和行业趋势；列出目标公司	明确自己的职业定位，列出5—10家目标公司	寻求职业咨询师的意见；扩大研究范围，考虑其他行业
第2周	完善简历、网络拓展	根据市场研究结果，调整简历内容；准备求职信。加入行业相关的社交媒体群组，参与讨论；更新求职简历资料	有一份针对性强的简历，扩大人脉	请人帮忙审查和提建议；参加线下活动，如招聘会
第3—7周	投递简历	每天至少投递50份简历到目标公司；跟进之前的申请	收到5—8个面试邀请	考虑投递其他公司或职位
第3—8周	面试准备	模拟面试，准备面试问题和答案；研究目标公司背景	对即将面试的公司有充分了解	收集面试经验分享内容，了解面试流程
第3—8周	参加面试	根据面试反馈，调整求职策略；保持正面态度	获得2—3个工作机会	考虑二次面试或调整面试策略
第3—8周	反馈与调整	评估求职进度，根据实际情况调整计划；持续学习和网络拓展	确订下一步行动计划	重新评估自己的职业定位，考虑其他求职策略

这个8周求职计划表格是一个高度结构化和系统化的工具，旨在为求职者提供一个明确、有条理的路径，以确保他们在求职过程中的每一步都有明确的方向和目标。如果我们制订计划，应该包含什么内容，起什么作用呢？

（1）明确的时间线与目标。通过为每个阶段设定具体的时间和目标，求职者可以更加有目的地进行准备，避免因为缺乏方向而浪费时间。这种明确性可以帮助求职者保持动力，确保他们始终知道下一步要做什么。

（2）全面性。该计划涵盖了求职过程中的所有关键阶段，从自我评估到面试准备，再到实际的面试和后续的调整。这确保了求职者不会遗漏任何关键步骤，从而增加了成功找到工作的机会。

（3）灵活性与备选方案。尽管计划为求职者提供了一个基本框架，但它也考虑到了可能的变数，为每个阶段提供了备选方案。这意味着，即使在面对挑战或遭遇意外时，求职者也可以迅速调整策略，继续前进。

（4）持续的学习与调整。该计划不仅仅是一个静态的工具，它鼓励求职者在整个过程中持续学习和调整。这种持续的反思和学习可以帮助求职者更好地了解自己，更快地适应市场的变化，从而提高他们的竞争力。

（5）明确的期望与现实检查。通过设定明确的目标和预期结果，该计划可以帮助求职者进行现实的检查，确保他们的期望与市场的实际情况相匹配。这可以避免过高或过低的期望，从而减少可能的失望和挫败感。

在求职的道路上，没有一种"一刀切"的方法适用于每个人。正如我们在本小节中所讨论的，制订一个针对自己的求职计划至关重要。这不仅可以帮助你更有目的性地进行准备，还可以确保你在每个阶段都有明确的方向和目标。一个量身定制的计划可以让你更加高效，避免在求职过程中徘徊和迷茫。

当然，仅仅拥有一个计划还不够，关键在于如何执行这个计划。这就涉及时间管理，一个我们即将在下一小节深入探讨的关键技能。有效的时间管理不仅可以帮助你更好地执行你的求职计划，还可以确保你在求职过程中保持平衡，避免过度压力和疲劳。因此，让我们继续深入，探索如何更好地管理我们的时间，从而更接近我们的职业目标。

9.3 时间管理

在求职过程中，时间管理是一种至关重要的技能。对于即将入职的程序员来说，有效地管理时间不仅意味着能够更高效地准备技术面试、编写简历和申请职位，还包括平衡学习新技能、参加网络活动和处理日常生活中的其他责任。一个良好的时间管理策略可以帮助求职者保持清晰的头脑，减少压力，确保在求职的每个阶段都能保持最佳状态。在这一小节中，我们将探讨时间管理的重要性，并提供一些实用的技巧和策略，以帮助求职者更有效地利用自己的时间，从而提高求职成功率。

时间管理好了，能给我们带来诸多好处，尤其对于求职者而言，主要可以带来以下显著优势。

1. 提高工作效率

时间管理可以帮助我们更加高效地安排和利用时间，避免时间的浪费。通过合理地安排工作时间和生活时间，可以提高工作效率，减少加班和延误的情况。一项发表在《管理评论》杂志上的研究表明，与没有时间管理技能的人相比，有时间管理技能的人工作效率高出 25.5%。[①]

2. 减少压力和焦虑

时间管理可以帮助我们更好地规划和掌控时间，减少因为时间紧迫而产生的压力和焦虑。我们能够更好地管理时间，就可以避免因为时间不足而产生的紧张感和不安，从而减少心理压力。一项由中国科学院心理研究所发布的调查显示，在经常感到工作压力的人群中，超过 75% 的人表示他们经常因为时间紧迫而感到焦虑和压力，而通过时间管理，这些人的压力和焦虑水平分别降低了 30% 和 28%。[②]

---

① 数据来源：Smith, K. "Time Management: Boost Your Productivity with These Tips." Forbes, 2021。
② 数据来源：中国科学院心理研究所，《中国职场人群压力状况研究报告》，2021 年。

3. 提升生活质量

时间管理可以帮助我们更好地平衡工作和生活，从而提升生活质量。我们能够更好地掌控时间，就可以更好地安排自己的生活，包括休息、娱乐、照顾家庭和陪伴朋友等。一项由上海交通大学进行的生活质量研究显示，在经常对生活不满意的人群中，超过 63% 的人表示他们经常因为时间分配不合理而无法顾及生活的各个方面，而通过时间管理，这些人的生活质量提高了 41%。①

4. 促进个人成长

时间管理可以帮助我们更好地学习和成长，从而提升自己的能力和素质。我们能够更好地利用时间，就可以更好地安排自己的学习和成长计划，从而不断进步和提高自己的能力水平。一项由北京大学进行的能力提升研究显示，在经常感到自己能力不足的人群中，超过 85% 的人表示他们经常因为时间分配不合理而无法充分学习和提升自己，而通过时间管理，这些人的个人成长速度提高了 35%。②

那么我们在入职前该如何管理时间呢？入职前，有效管理时间的关键在于制定明确的目标、明确优先级排序以及合理安排每天的任务。表 9-6 是我分享给大家的一些具体经验和技巧。

表 9-6 时间管理方法

时间管理方法	方法说明
设定清晰的目标	明确你的求职目标，比如确定想要申请的职位类型、行业和理想的公司。这有助于你集中精力和时间在最重要的任务上
建立时间管理工具	使用时间管理工具，如日程表、提醒、待办事项清单等，可以帮助你更好地掌控时间，安排任务和优先级，避免漏掉重要事项

---

① 数据来源：上海交通大学，《时间管理对生活质量的影响研究》，2021 年。
② 数据来源：北京大学，《时间管理与个人成长的关系研究》，2021 年。

续表

时间管理方法	方法说明
优先级排序	根据任务的重要性和紧急性来安排你的时间。使用像艾森豪威尔矩阵这样的工具可以帮助你更好地理解和划分任务的优先级
避免拖延	设定具体的截止日期,并遵守它们。使用像番茄工作法这样的方法可以帮助你保持专注,减少拖延
休息与放松	确保在忙碌的求职过程中留出时间休息和放松。这不仅有助于避免疲劳,还能提高你的整体效率
反思与调整	定期回顾你的时间管理计划,并根据实际情况进行调整。这有助于你发现并改进时间管理中的不足之处
学会说"不"	在入职前,可能会面临各种会议、培训、活动等,学会合理地拒绝一些不必要的活动或者任务,可以避免浪费时间和精力
养成良好的习惯	养成良好的工作习惯,如定时休息、规律饮食、保持充足的睡眠等,可以帮助你保持精力和专注力,提高工作效率

如果我们有效地掌握时间管理技能,就能够极大地提高自己的工作效率和生活质量。良好的时间管理不仅能使我们更快地完成任务,还能确保我们有足够的时间来关注个人发展、休息和娱乐。简而言之,掌握了时间管理技能,我们可以使一天的时间发挥出比未掌握时间管理技能时更大的效用。接下来,我们将进入下一小节,探讨资源的收集和整理,这是另一个关键的步骤,可帮助我们在求职过程中更加有序和高效。

9.4 资源的收集和整理

入职前期,资源的收集和整理是一个关键的步骤,这对于程序员的求职尤为重要。资源的收集不仅涉及对目标公司的深入了解,还包括行业动态、技术趋势、职位要求等多个方面的信息。有效的资源收集能够帮助求职者更准确地定位自己的求职方向，提高面试的成功率。接下来，我们将详细讨论如何系统地收集这些资源，包括利用渠道、方法和技巧，以确保求职者能够全面、高效地铺设自己的求职之路。

收集面试公司的资源和信息对于求职者来说至关重要，这不仅能帮助求职者在面试中更加自信和准备得更充分，还能让求职者更好地评估这个职位是否适合自己。表 9-7 是我制作的一个表格，展示了信息收集前后的对比，以及它能带来的便利，大家也可以通过表 9-7 来评估一下信息收集后的好处。

表 9-7 收集、整理资源前后优势对比

项　　目	收集前的状态	收集后的状态	带来的便利
面试准备	可能对公司背景、文化、产品知之甚少	对公司有深入的了解，包括其发展历程、企业文化、主要产品和服务	增加面试时的自信，能够更有针对性地回答和提问
职位匹配度	对职位的具体要求和工作内容不够清晰	清楚职位的具体要求、工作内容和预期成果	能更好地评估自己是否适合这个职位
公司文化适应度	对公司的文化和价值观了解不多	理解公司的核心价值观和文化特点	判断自己是否能融入这样的工作环境
薪资和福利期望	对公司的薪资水平和福利待遇缺乏了解	了解公司的薪资范围和福利政策	在谈判薪资时有更好的准备和期望设定
发展前景	对公司的市场地位和发展潜力不明确	了解公司在行业中的地位和未来发展方向	评估职业发展的潜力和稳定性

下面来看一个案例。

张伟是我指导过的一名毕业生。他在求职过程中的两次不同经历，生动地展示了资源收集和整理对求职成功的重要性。

第一次经历是他在一家知名互联网公司的面试。张伟对这家公司的了解仅限于其在行业中的地位和一些基本的公司信息，并没有做其他的准备，只是背了行业的面试题。面试时，他能回答一些技术问题，但当面试官问及公司的最新项目和市场策略时，他显得有些措手不及。面试官对他的回答并不满意，认

第9章 求职时间与资源前期管理准备

为他对公司的了解不够深入,最终张伟未能获得这个职位。

这次失败的经历让张伟深刻意识到了深入了解目标公司的重要性。于是,在下一次面试准备中,他采取了完全不同的策略。他选择的下一家公司是一家正在崛起的初创企业。这次,他不仅仅关注公司的基本信息,还深入研究了公司的发展历程、核心产品、竞争对手、市场定位以及近期的业务动态。他甚至还通过社交媒体和行业论坛,了解了公司员工的工作体验和公司文化。

面试当天,张伟的准备工作让他显得格外自信。当面试官提问时,他不仅能够流畅地回答,还能结合公司的实际情况提出一些创新的见解和建议。他对公司文化和价值观的理解,展示出他与公司高度契合。面试官也被他的专业知识和对公司的深刻理解所打动。

最终,张伟不仅顺利通过了面试,还因为展现出的潜力和对公司的深刻理解,获得了一个优于市场平均水平的职位。这次成功的经历,成为一个鲜活的例子,说明了资源收集和整理在求职过程中的重要作用,对于初入职场的毕业生来说,这一点尤为关键。

全面了解一家公司,可以从多个渠道收集信息。表9-8所示内容是一些关键渠道及其可以提供的信息类型,当然信息的收集不限于表格内容。

表9-8 信息渠道以及可收集的信息内容

信息渠道	可收集的信息内容
公司官网	公司历史、愿景、使命、核心团队、最新新闻、产品/服务
社交媒体	公司文化、员工分享、活动、行业动态
行业报告/新闻	公司在行业中的地位、竞争对手、市场趋势
职业社交平台(如领英)	员工背景、公司规模、招聘动态、员工评价
招聘网站	职位要求、公司福利、工作地点、薪资水平、技术要求
问答社区(如知乎)	公司评价、行业见解、员工体验
公司产品/服务用户评价	产品/服务质量、市场反馈、用户满意度
行业论坛/会议	行业趋势、公司在行业中的影响力、技术动态

一旦收集到了关于公司的各种信息，我们可以通过以下步骤进行规划：

第一步，整理和分析。将收集到的信息分类整理。例如，将公司文化、产品/服务、市场地位等信息分别归类，以便快速查找和理解。

第二步，制定面试策略。根据收集的信息，制定面试时的应对策略。比如，了解到公司非常重视创新，就可以在面试中强调自己的创新能力和相关经验。

第三步，准备针对性问题。根据公司的具体情况准备一些问题，例如，关于公司未来发展方向、团队合作方式等，表现出你对公司的深入了解和兴趣。

第四步，模拟面试。根据收集到的信息进行模拟面试练习，尤其是针对公司文化、业务领域的问题，以提高应对实际面试的能力。

第五步，准备案例/故事。根据公司的需求和你的经验，准备一些具体案例或故事在面试中分享，以证明你的能力和经验与公司需求相匹配。

第六步，持续关注。即使在面试前夕，也要持续关注公司的最新动态，比如最近的新闻发布或社交媒体更新，以便在面试中能够谈及最新信息。

通过这些步骤，可以更有效地利用收集到的信息，提高面试的成功率。

通过本节介绍的方法，求职者不仅能更深入地了解目标公司，还能更有针对性地准备面试，从而大大增加获得心仪职位的可能性。正如俗语所说："知己知彼，百战不殆。"对于求职者来说，深入了解目标公司就是在职场的战场上赢得优势的关键。接下来，我们将讨论在求职过程中如何维持日常生活，确保在追求职业目标的同时，也能保持生活的平衡和质量。

9.5　维持日常生活

在求职的过程中，特别是对于那些在外地或者在大城市（如北京）"北漂"

着的求职者来说，如何有效地维持日常生活，成为一个不容忽视的问题。面试本身就是一个资源和精力消耗巨大的过程，尤其是在陌生的城市。这不仅涉及经济成本，如住宿、交通和日常开销，还包括心理和情感上的压力管理。在这个小节中，我们将探讨一些实用的策略和建议，帮助求职者在面试期间能够有效地管理自己的资源，保持生活的稳定和心态的平和，从而更专注和有效地应对求职挑战。

以北京为例，如果你是一名住校生或者有一些朋友可以帮助你解决住宿问题，那么你是幸运的，因为你如果处于面试周期，实际上大部分的钱都花在住宿上。我简单地总结了一个表，大家可以参考一下，如果在北京面试，我们参加面试需要支付的费用都有哪些，如表9-9所示。

表9-9 参加面试需要支付的费用

费用类别	详细项目	单次/日均费用
交通	地铁费	5—10元
	出租车/网约车	20—100元（根据距离）
餐饮	早餐	10—20元
	午餐	20—30元
	晚餐	20—30元
住宿	酒店/民宿	150—400元/晚
	长租公寓	3000—7000元/月
日常其他开销	水果零食、打印简历等	5—10元

表9-9中，我只列出了比较基础的开销。在北京，基础的开销包括吃饭、交通和住宿，每天至少需要200元。因此，在面试时，我们需权衡是快速找到工作，还是花时间寻找理想工作，因为每延迟一个月找到工作，就会增加6000元的生活成本，并少赚一个月的工资。例如，面对"8000元月薪立即入职"和"9000元月薪但需等待一个月"两个条件，该如何选择呢？尽管9000

元月薪的工资看似更高,但考虑到成本,选择工资 8000 元月薪的工作更划算,因为等待一个月将损失 14 000 元。选择工资 9000 元月薪的工作,需要至少 14 个月才能填平差距。因此,求职者在选择时需要认真计算成本。

为了有效维持日常生活,尤其在求职期间,可以采取以下策略来控制成本,同时保持生活质量。我们可以通过对比来展示不同策略的成本效益,如表 9-10 所示。

表 9-10 节省生活成本的策略

策　略	节省前日均成本	节省后日均成本	日均节省金额	文 字 说 明
共享长期住宿	100元	50元	50元	选择合租或寻找更经济的住宿选项
公共交通	26.7元	10元	16.7元	利用月票或优惠交通卡减少交通费用
自制餐食	50元	25元	25元	减少外出就餐,自己烹饪节省开支
二手市场	16.7元	10元	6.7元	购买二手物品或出售不用的物品
利用免费资源	10元	3.3元	6.7元	利用免费网络资源、公共设施等
时间管理	26.7元	13.3元	13.4元	合理规划时间,减少不必要的外出
网络求职资源	20元	0元	20元	利用网络求职平台,减少实地求职成本,不选择网络会员等一些内容
简易生活方式	20元	5元	15元	简化生活方式,减少娱乐消费

一些求职者在求职期间为维持日常生活,也会去做一些兼职或临时工作。表 9-11 列出了一些常见的求职者赚钱方式及其日均收入,大家也可以作为参考。

第 9 章　求职时间与资源前期管理准备

表 9-11　求职期间的临时赚钱方式

赚 钱 方 式	日均可能赚取的金额	说　　明
网络兼职	100元左右	如在线调查、数据录入、远程助理、up主（上传者）等
教育类兼职	150元左右	如家教、在线教育平台授课等
快递/外卖配送	100元左右	根据订单数量和配送距离而定
手工艺品制作与销售	50—100元	制作并在线销售手工艺品
写作/翻译	100元左右	提供写作、翻译服务，如自由撰稿人、翻译等
视频剪辑等	70元左右	帮助一些公司或需要视频剪辑的人剪辑视频
摆摊	50—100元	晚上摆摊去卖一些小商品
临时演出/模特	50—200元	参与临时凑人数演出、模特工作等

在求职期间，维持日常生活的重要性不容忽视。很多时候，我们可能会被高额的兼职收入所吸引，但这并不总是最佳选择。重要的是要找到工作和生活的平衡点，确保既能覆盖日常开销，又不至于耗尽我们宝贵的时间和精力。

我们要认识到求职本身就是一项重要且耗时的工作，需要我们投入大量的精力去准备面试、学习新技能，甚至参加网络课程来提升自己。如果兼职工作占用了大部分时间，我们可能就会错失学习和准备的最佳时机。因此，在选择兼职工作时，我们需要考虑这些工作是否会影响我们的主要目标——找到一份满意的全职工作。

保持良好的身心状态对求职同样至关重要。长时间地找工作或兼职，压力和疲劳会影响我们的身体健康和心理状态，进而影响我们的面试表现和工作效率。选择那些既能带来一定收入，又能保证充足的休息时间和个人时间的工作，会更有利于我们在求职过程中保持最佳状态。

我们也要考虑到财务管理的重要性。合理规划日常开销，避免不必要的支出，可以帮助我们更好地控制预算，减小经济压力。例如，选择经济实惠的餐饮、使用公共交通而不是打车，或者选择在家烹饪而不是外出就餐，都是减轻财务负担的有效方法。

所以说，求职期间的时间管理和资源管理是一门艺术，需要我们在保证生活质量和追求职业目标之间找到一个平衡点。通过合理安排时间、选择适合的兼职工作以及有效的财务规划，我们可以在这个关键时期保持最佳状态，迎接每一个面试和机遇。

9.6　休息与放松

面试过程中，尤其是程序员的面试，往往伴随着高度的精神集中和体力消耗。无论是技术面试的准备，还是实际的面试过程，都可能让求职者感到疲惫。因此，有效的休息和放松不仅有助于恢复体力和精神状态，还能提高整体的面试表现和求职成功率。

在本节中，我们将探讨如何在面试后或在高强度的精神集中之后快速缓解疲劳。此外，我们还将讨论在周末或其他非面试日如何有效利用时间进行休息和放松，以确保在整个求职过程中保持最佳状态。这不仅包括身体的休息，也涉及心理层面的放松，可帮助求职者在面对职场竞争和压力时，能够保持清晰的头脑和积极的态度。

休息与放松在求职过程中的重要性确实不容忽视。面试，尤其是技术面试，不仅需要扎实的专业知识，还需要强大的精神力和良好的情绪状态。研究表明，充足的休息对于提高认知功能、决策能力和情绪管理至关重要。一项研究发现，睡眠不足会严重影响人的判断力和决策能力，这对于面试时的表现可能有着直接的负面影响。

具体到面试表现，缺乏休息的求职者可能会遇到注意力不集中、思维迟钝、应对问题不够灵活等问题。这些状况不仅会影响面试的表现，还可能降低面试官对求职者整体印象的评价。据《哈佛商业评论》报道，充足的睡眠能提高工作效率和创造力，而这些都是面试官在候选人身上寻找的关键素质。因此，确保在面试前充足地休息和放松，对于提高面试成功率具有不可忽视的作用。

很多正在找工作的朋友可能都有小张这样的经历。

小张是我教的一个学生，特别能吃苦，为了找到好工作，他每天都熬夜到凌晨两三点复习面试题，早上六七点钟又得起床，每天面试2—3家。他心里想的是："只要我够努力，肯定能找到好工作。"他太努力了，全班的学生当时都能看得到。

但是，问题来了。小张因为睡眠不足，白天总是昏昏欲睡，精神状态差到不行。有一次，他去面试，因为太累了，在地铁上睡着了，结果直接睡过头，错过了面试。这下小张急了，感觉自己的努力全白费了。加上换季的影响，这种休息少、干活多的生活模式导致他的抵抗力下降。

小张这才意识到，他这种"拼命三郎"的做法可能不太对。他找到我，跟我说了他的情况。我劝他一定要保证充足的睡眠。我说："你这样子，身体吃不消，头脑也不清楚，怎么能在面试中表现好呢？哪怕每天少面试一家，保持百分之百的状态，而不是百分之五十的状态，都能提高面试通过率。"

小张听了我的建议，开始保证每天至少睡七个小时。慢慢地，他发现自己虽然学习的时间少了点，但精神好了，学东西反而更有效率了，面试时也能清醒、自信地回答问题。没过多久，小张就拿到了一家大公司的录取通知，他对这家公司非常满意。

这件事给小张，也给我们所有人一个教训：努力固然重要，但身体和精神状态更是关键。只有休息好了，才能有更好的表现。别忽视了休息，那可是充电的时候，可以让自己的状态更好，能够迎接更大的挑战！

在面试期间，确保充足的休息非常关键。下面和大家分享一些方法和技巧，帮助大家更好地休息，然后去更好地战斗。

1. 保证合理的睡眠时间

（1）目标。每晚至少保持7—8小时的睡眠。

（2）技巧。尽量在同一时间上床睡觉和起床，培养有规律的睡眠模式，晚上上床睡觉的时间建议不要超过晚上12点。

2. 掌握放松方法

瑜伽/冥想：每天花15—30分钟进行瑜伽或冥想，有助于放松身心，也可以在冥想时复盘，在脑海中模拟第二天面试的情景。

轻松阅读：睡前阅读一些轻松的书籍，避免过于刺激的内容。

3. 不摄取咖啡因，不看电子屏幕

（1）晚上不要摄取咖啡因。下午2点后不喝咖啡、茶等含咖啡因的饮料。

（2）睡前减少看电子屏幕的时间。睡前1小时不看手机、电脑和电视，以减少蓝光对睡眠的影响。

4. 适度运动，晚上少吃

（1）运动的时间安排。周末至少进行30分钟的中等强度运动，如快走、慢跑。

（2）运动的注意事项。避免在睡前进行高强度运动。

（3）晚上少吃。晚上吃得太多，会影响休息并给身体造成负担。

5. 环境调整

（1）要求。确保睡眠环境安静、黑暗和适度凉爽。

（2）舒适的床具。使用舒适的床垫和枕头，有助于提高睡眠质量。

通过这些方法和技巧，你可以在面试期间保持良好的睡眠和精神状态，从而在面试中表现出最佳状态。记住，休息好了，才能好好战斗！

回顾一下本章，我们深入探讨了如何高效地利用时间和资源，以确保求职过程的顺利进行。我们讨论了了解求职周期的重要性，强调了制订合理的求职计划对于成功找到工作的关键作用。同时，我们也探讨了时间管理的技巧，如何在求职期间有效地收集和整理信息，以及如何维持日常生活，以确保在面试期间的精神和体力处于最佳状态。

我们了解到，合理规划求职周期、制订详细的求职计划、高效管理时间、精心收集关于目标公司的信息、保持日常生活的平衡以及确保充足的休息和放松，都是求职成功的重要因素，每一个因素都不容忽视，它们共同构成了求职过程中的"硬件"，可以帮助我们在竞争激烈的求职市场中脱颖而出。

美国前总统艾森豪威尔曾说："计划是无用的，但计划过程是不可或缺的。"这句话在我们的求职过程中同样适用。虽然实际情况可能会让我们的计划发生变化，但制订计划的过程本身就是一种准备，可以帮助我们思考、预测可能的挑战，并为应对这些挑战做好准备。在求职这条路上，我们不仅需要计划，更重要的是，要有应对变化的能力和灵活性。

第 10 章
市场目标公司前期定位与研究

本章概述

10.1　目标公司定位

10.2　目标公司研究

10.3　网络和信息采集

10.4　制定申请策略

10.5　内容预判与准备

10.1 目标公司定位

在本章中,我们将专注于市场目标公司的前期定位与研究。这一章的关键在于帮助已经确定目标或收到面试邀请的求职者,如何更深入地了解和定位这些公司,以便在面试和未来的工作中更加得心应手。

一旦你已经有了目标公司或收到了面试邀请,下一步就是对这些公司进行深入的研究和定位。这个过程包括了解公司的历史背景、核心业务、市场地位、企业文化以及它们的愿景和使命。这些信息对于准备面试和评估这家公司是否符合你的职业发展至关重要。

求职者可以通过多种渠道获取公司的相关信息,下面跟大家分享一些主要的信息来源渠道及其关于公司的相关内容,如表 10-1 所示。

表 10-1 公司的主要信息来源渠道及其关于公司的相关内容

信息来源	内容描述
官方网站	公司历史、愿景、使命、核心价值观、产品/服务、新闻发布、投资者关系等
社交媒体	公司的Facebook、抖音、快手等账号,了解公司文化、最新动态和员工互动
行业报告	行业分析报告、市场研究、竞争对手分析等,了解公司在行业中的地位和市场趋势
财务报告	年报、季报、盈利报告等,分析公司的财务状况、盈利能力和长期发展潜力

续表

信息来源	内容描述
新闻报道	主流媒体和行业专业媒体的报道,了解公司的公众形象、行业影响力以及面临的挑战和机遇
员工评价	Glassdoor、职友集等职场评价网站,了解员工对公司的评价、工作环境和管理风格
专业论坛和博客	行业专家、分析师和员工的博客或论坛帖子,获取更深入的见解和非正式的公司评价
招聘信息	公司发布的招聘广告、职位描述等,了解公司需要的技能和经验,以及未来的发展方向
网络研讨会和会议	公司参与的行业研讨会、会议或网络研讨会,了解公司在行业中的立场和未来的计划

拥有关于目标公司的详细信息,对求职者来说具有多方面的优势。

(1)更精准地职业定位。了解公司的业务方向、文化和价值观可以帮助求职者判断自己是否适合该公司,从而更精准地定位自己的职业发展方向。

(2)提高面试成功率。在面试中,能够展示对公司的深入了解,如业务模式、行业地位、最近的重大新闻或项目等,表现出你的积极性和对职位的认真态度,会给面试官留下深刻印象。

(3)进行有效的职业规划。通过分析公司的财务状况、市场趋势和发展潜力,求职者可以更好地评估该公司的稳定性和长期职业发展机会。

(4)准备面试问题。了解公司的最新动态、挑战和机遇可以帮助求职者在面试中提出有深度的问题,展示自己的洞察力和兴趣。

(5)调整求职策略。对公司文化和员工评价的了解可以帮助求职者在准备简历和面试时更好地突出自己的优势和适应性,以符合公司的期望和需求。

(6)制定谈判策略。了解公司的财务状况和行业地位可以在薪酬谈判中为求职者提供有力的信息支持,帮助他们更有信心地谈判。

(7)减少职业风险。对公司的全面了解可以帮助求职者避免加入那些可能存在财务问题或管理问题的公司，从而减少职业风险。

下面，我通过一个案例说明了解公司的定位会给我们带来哪些优势。

小张是一个刚毕业的大学生，在求职过程中，他非常明确自己想要加入的是一家专注于云计算和大数据的科技公司。他的目标公司是"云智科技"——一家在云服务领域迅速崛起的创新型企业。

小张首先通过公司的官网、行业报告、社交媒体和员工分享，对"云智科技"的业务范围、技术优势、市场地位和企业文化进行了全面的了解。他发现，公司不仅在云计算技术上有显著的创新，而且在大数据处理方面也有深入的研究和应用。了解了这些信息后，小张对公司的面试充满了信心。

在面试的过程中，面试官对小张提出了一系列深入的问题，从公司的技术路线、市场策略到最近的一次重大产品更新。由于有了之前的深入研究，小张不仅能流畅地回答这些问题，还能结合自己的理解和看法，展示出他对公司业务的深刻理解和个人的独到见解。

特别是当面试官询问关于公司最近推出的一款基于大数据分析的云服务产品时，小张不仅详细介绍了该产品的技术特点和市场定位，还提出了自己对产品未来发展方向的思考和建议。他的回答不仅展示了他对"云智科技"深入的了解，还体现了他对行业趋势的敏锐洞察力和创新思维。这些表现让面试官觉得小张的能力特别符合公司的定位。

面试官对小张的表现印象深刻，认为他不仅具备扎实的专业知识，而且能够快速融入公司文化，为团队带来新的视角和思考。最终，小张顺利通过面试，获得了心仪的工作岗位。

小张的故事充分展示了对目标公司的深入了解能创造的优势：不仅能在面试中准确、有深度地回答问题，还能展示出个人的思考能力和对公司未来发展的贡献潜力，最主要的是让面试官觉得他特别符合公司的发展。这种深入的了解和准备，可以让求职者在众多竞争者中脱颖而出，大幅度提升成功获得心仪职位的可能性，但是也会付出一些时间成本，这是我们需要考虑的。

在本节中，我们探讨了如何定位目标公司，并通过小张的故事证明了对公司深入了解的重要性。这种深入的了解不仅能帮助求职者在面试中更加自信和准确地回答问题，还能展示出他们对公司业务的深刻理解和个人的独到见解。这样的准备使求职者在众多竞争者中脱颖而出，大大提高了获得心仪职位的机会。

接下来的小节，我们将进一步深入探讨如何更精准地研究目标公司。这包括了解公司的面试流程，比如面试通常包括多少轮、每轮的具体内容是什么，以及面试官通常会问哪些类型的问题。这些信息将帮助求职者更好地准备面试，理解面试官的期望和偏好，从而更有针对性地展示自己的能力和潜力。通过这种精准的研究和准备，求职者可以更有效地展示自己，提高成功率。

10.2 目标公司研究

在上一小节中，我们讨论了如何定位目标公司，这为我们提供了一个宏观的视角来理解和选择潜在的雇主。而在这一小节中，我们将更深入地研究目标公司，聚焦于更细致、更具体的信息，以便为面试和最终的职位选择做出更明智的决策。

深入研究目标公司意味着不仅要了解公司的总体情况，还要掌握公司的具体面试流程、面试官的风格和偏好，以及可能被问到的具体问题。例如，了解面试通常包括多少轮，每一轮的重点是什么，以及面试官倾向于提出哪些类型的问题。了解面试可以帮助求职者更好地准备，从而在面试中表现出色。

此外，了解面试官的背景和工作风格也非常重要。例如，如果面试官喜欢提出开放性问题来考察应聘者的思维方式和解决问题的能力，那么求职者就可以提前准备一些相关的案例和答案。同样，如果面试官更注重技术细节，那么求职者就需要确保自己在这些领域的知识扎实并充分准备，毕竟细节决定成败。

表10-2展示了可以研究的细节和作用，还有相应的获取方式。

表10-2 公司细节及对应的获取方式

细节内容	作用	获取方式
面试官的背景信息	了解面试官的专业领域、工作经历，为建立良好的沟通和互动做准备	一些网站会有分享（B站、抖音等），或来源于公司网站、行业会议资料、前员工、相关面试人员
面试官的兴趣和专业背景	尽量与面试官有共同话题，准备针对性的问题并讨论	一些网站会有分享（B站、抖音等），或来源于公司网站、前员工、相关面试人员
部门结构和关键人物	了解公司内部结构和决策者，为面试和工作沟通做准备	公司员工、公司网站、前员工
公司的最新动态和未来规划	了解公司的发展方向和行业地位，评估职业发展机会	公司官方网站、新闻稿、行业分析报告、公司官方号（公众号、抖音等）
公司产品/服务的用户反馈	了解产品或服务的市场表现和用户满意度，为产品相关讨论做准备	在线论坛、社交媒体、评价网站
公司文化和价值观	判断个人价值观是否与公司文化相符，为关于文化契合度的问题做准备	公司官方网站、员工评价、抖音、前员工等
面试题型和风格	了解面试的具体形式和内容，为面试做针对性准备	网络论坛（如Glassdoor、Blind、CSDN、抖音等）、前员工或行业内人士
面试流程细节	了解面试的具体流程和步骤，减少面试中的不确定性	公司招聘页面、人力资源部门提供的面试指南、与人力资源部门的邮件沟通、相关面试人员、员工或前员工等

第10章 市场目标公司前期定位与研究

续表

细节内容	作　用	获取方式
笔试/技术测试样题	了解可能的笔试或技术测试内容，为技术面试做准备	在线资源（如LeetCode、HackerRank等）、行业相关书籍和出版物、前员工、B站或抖音等
深度了解目标公司的文化	深入了解公司文化，为判断公司的工作环境和文化氛围是否适合自己做准备	公司组织的公开活动、社交媒体上的公司动态、员工分享的博客或视频
项目案例研究	了解公司的具体项目和业务案例，为讨论公司业务和项目做准备	公司网站的案例研究、行业报告、新闻稿件和媒体报道

大家千万不要小看这些细节，如果我们拿捏住了这些细节，可以大幅度提升入职成功率。比如，如果你想入职华为，那么你肯定需要知道华为的面试流程，甚至需要知道哪些证书更有价值，而不是面试时展示一些不相关的证书，精准的信息可以帮助我们在面试时更符合面试官的要求。

之前我带毕业班的时候，都是让学生去填写面试的公司。这样当B同学去面试的时候，碰巧是A同学已面试过的公司，那么B同学完全可以请教A同学面试的流程以及注意事项和面试题。你已知道考试内容，还怕考不好吗？这即是对目标公司的精准研究。

有些同学可能会说："我已经毕业了，没有在毕业班级中，现在已经收到面试邀请了，如何得到面试公司的面试信息呢？"这时候，你可以查看表10-2的获取方式。但需注意，应进行针对性研究，避免在无用内容上浪费时间。例如，某些项目案例可能在面试中并不需要，因此无须做深入研究。每项内容都需投入时间，如同高考需逐科攻克。

接下来，我将分享一个关于"细节怪"的故事，你会发现其可怕之处。

小张是一名刚毕业的大学生，他在积极寻找程序员的工作。一天，他收到了一家心仪公司的面试邀请。小张知道，这不仅是一个机会，也是一次挑战。

为了充分准备，他决定深入研究这家公司，不过面试时间还是很紧张的。

小张首先在 B 站搜索关于这家公司的视频，幸运的是，他找到了几个面试过该公司的人分享的视频，视频中详细介绍了面试流程和一些注意事项。这些视频不仅让小张对即将到来的面试有了初步的了解，还帮助他缓解了一些紧张情绪。

接着，他在 CSDN 上找到了一些以前的面试题。小张认真地研究这些题目，试图理解公司在技术上的重点和偏好。他还在抖音上找到了一些在职员工分享的视频，了解到公司的工作氛围相对轻松，团队合作氛围良好，这让他更加期待能加入这样的团队。他还在视频上偶然发现了即将面试他的部门经理的名字，发现这位经理曾经出版过一本关于编程的书。小张在网上简单地拜读了此书。通过阅读，他大概知道了经理的阅历和编程水平，还对经理的工作风格有了一定的了解。

面试当天，小张感到既紧张又兴奋。面试过程中，他凭借之前的准备，对公司的文化、项目和技术要求都能做出精准的回答。当面试官问他最近读过什么书时，小张提到了那位经理的书，并简要分享了自己的一些观点和感悟。面试官对小张的准备和对公司的了解印象深刻。

最终，小张顺利通过了面试，成功获得了工作机会。他深刻体会到，对目标公司的深入研究不仅帮助他在面试中脱颖而出，更让他对自己的职业选择更加自信和明确。这次经历也让他明白，充分的准备和对细节的关注，往往能在竞争激烈的求职过程中占据重要的优势。

小张的经历告诉我们，深入了解目标公司的文化、项目、技术要求，甚至面试官的个人喜好和专业背景，都能显著提升面试的成功率。这种细节研究虽然耗时，但其带来的好处是显而易见的。

然而，值得注意的是，这种细节定制的研究需要投入大量的时间和精力。求职者需要根据自己的实际情况和时间管理能力，合理安排研究的深度和广度。不是每个人都有足够的时间像小张那样深入研究每一家公司，因此，选择最关键和最有价值的信息进行收集和分析显得尤为重要。

接下来，在下一小节中，我们将探讨网络和信息采集的技巧和方法。在数字时代，网络是获取信息的重要渠道，有效地利用网络资源，可以帮助求职者更快、更准确地收集到所需的信息，为求职铺平道路。

10.3　网络和信息采集

在这个数字化时代，网络成为我们获取信息的重要工具，尤其是在求职过程中。本节将重点讨论网络和信息采集的重要性以及如何有效利用网络资源来为我们的求职之路增添砝码。网络不仅提供了广泛的信息来源，还能帮助我们更快地了解行业动态、公司背景、职位要求等关键信息。这些信息对于定位目标公司、准备面试乃至谈判薪资都至关重要。

在本小节中，我们将探索不同的网络平台和工具，以及它们如何帮助我们收集到有关目标公司的详细信息。我们会讨论如何从公司官网、社交媒体、行业论坛、职业社交网站等多个角度获取信息，并学习如何筛选和整理这些信息，使其成为我们求职过程中的有力支持。通过这些网络资源，我们可以构建一个全面的公司和行业知识库，为面试和职业规划提供坚实的基础。

我们先从最基础的开始，比如，我们要面试的公司在招聘网站的信息界面，如图 10-1 所示。

前端研发工程师

1.5–2.5万

苏州–苏州工业园区 | 5-7年经验 | 本科

五险一金　餐饮补贴　交通补贴　专业培训　股票期权　绩效奖金　弹性工作

职位信息

工作职责：

1. 支持医生、患者、药师、药房、商城订单、线上课堂等相关客户端及用户端的功能H5/VUE前端开发
2. 负责Web站点/后台、程序内嵌、移动端项目的前端脚本开发
3. 负责前端技术预研、功能模块/组件/框架/工具开发
4. 配合后端开发人员，参与项目技术方案的制订
5. 独立完成软件的开发、验证和修正测试中或产线发现的问题
6. 持续关注优化前端体验和页面响应速度，并保证兼容性和执行效率
7. 重视安全性，常用安全问题可以识别和防范

任职资格：

1. 计算机或相关专业本科以上学历，5年以上Web前端或跨平台开发经验
2. 精通H5/微信H5/微信小程序的开发技术，精通Vue、uni-app框架应用，并能运用uni-app框架完成移动端及小程序开发
3. 精通各种Web前端技术（HTML5/CSS3/ES6/NodeJs等）
4. 了解并能运用webpack等至少一种前端构建工具，有持续集成应用经验优先
5. 熟悉 HTTP 1/2 协议，了解B/S架构、浏览器渲染过程
6. 熟悉 WebSocket、LocalStorage、IndexedDB、Performance、ServiceWorker、Canvas等相关HTML 5 新增 API 使用；有地图（百度/谷歌/高德）使用经验，有声网实时音视频RTC和腾讯TRTC使用经验
7. 熟悉 Web 安全相关知识，熟悉常见安全问题和对策，并能使用相关技术防范安全漏洞
8. 前端工程化、工具建设、监控、性能优化，有很深的思考，并有靠谱的实践
9. 有nodejs全栈开发能力的优先
10. 有调试工具或者抓包工具postman、charles的使用经验的优先
11. 熟练掌握git等版本控制工具的使用

职能类别：Web前端开发

关键字：　计算机　html　vue　html5　git　软件开发　postman　webpack　es6
　　　　　技术方案

图 10-1　招聘网站的信息界面

根据图 10-1 提供的前端职位信息，不知道大家可以整理出来什么。下面

我给大家分享一下整理出来的表格，比如我通过整理职位信息，获得延伸内容和准备内容，如表 10-3 所示。

表 10-3 招聘网站信息内容整理表格

职位信息	延伸内容	准备内容
职位：前端研发工程师	了解公司的产品和服务，特别是涉及的技术领域	研究公司网站，了解其主要产品和服务，特别是与医疗相关的客户端和用户端功能
工作地点：苏州工业园区	考虑通勤路线和生活便利性	规划通勤路线，查找附近的住宿和生活设施
经验要求：5—7年	准备展示相关工作经验和项目	准备工作经历的详细描述，特别是与职位相关的项目案例
学历要求：本科	突出教育背景和相关课程	准备学历证明和相关课程的描述
技能要求：H5/Vue/uni-app等	突出这些技能的应用经验	准备相关技能的使用案例，特别是在移动端和小程序开发中的应用
工作职责：前端开发、技术预研等	显示对前端技术的深入理解和实践经验	准备讨论前端技术的趋势、自己的技术预研成果和项目经验
薪资：1.5万—2.5万元	考虑薪资谈判策略	准备市场薪资数据以及个人薪资期望和谈判策略
福利：五险一金、补贴等	评估福利对个人的实际价值	对比行业标准，评估福利的吸引力和个人需求

有了这个内容详细的表格之后，我们就可以采取以下步骤来充分利用这些信息，为面试和职位评估做好准备。

（1）深入研究公司背景和产品：首先，要对公司的历史、文化、产品和服务进行深入研究。这不仅能帮助你在面试中展示你对公司的了解和兴趣，还能帮你评估这个职位是否符合你的职业目标和价值观。例如，如果职位涉及与医疗相关的客户端和用户端功能，那么了解公司在这些领域的具体产品和服务，以及它们在市场上的地位和竞争力，将非常重要。

（2）准备展示技能和经验：根据职位描述中提到的技能和经验要求，准备具体的案例和故事来展示你在这些领域的专长。例如，如果要求具备 Vue 和 uni-app 框架的应用经验，你可以准备一些具体项目案例，展示你如何成功使用这些技术解决问题或提升产品性能。

（3）规划面试策略：根据职位的具体要求和公司的背景，制定你的面试策略。这包括准备回答常见的面试问题，以及如何有效地展示你的技能、经验和对公司的了解。同时，你也要准备一些针对性的问题来向面试官询问，例如，询问公司的未来发展方向、团队文化等。

（4）薪资和福利谈判的准备：基于提供的薪资范围和福利待遇，进行市场薪资调研，准备你的薪资谈判策略。根据你的经验、技能以及市场标准，确定一个合理的薪资范围。同时，你还要评估公司提供的福利是否符合你的个人需求，例如，五险一金、餐饮补贴等是否满足你的期望。

（5）逻辑和情感准备：除了技术和专业方面的准备，你还要注意逻辑思维和情感智力的培养。面试不仅是展示技能的机会，同时也展示你的思维方式、解决问题的能力和与人沟通协作的能力。练习清晰地表达你的想法，可展示你的团队合作精神和领导潜力。

招聘网站上的信息，在许多其他网站也能看到。下面我给大家列了个表格，大家可以根据表格的内容去查找目标公司的网络资源，然后结合上文，进行内容延伸，再进行内容准备即可，如表 10-4 所示。

表 10-4 在其他网站可以收集到的信息类型

网 站 名 称	可收集的信息类型
招聘网站（智联招聘、前程无忧、猎聘网、BOSS直聘等）	职位描述、公司规模、行业地位、薪资范围、公司文化、员工评价、工作地点、员工福利、高级职位信息、公司环境、公司背景、发展前景、职位要求

第10章 市场目标公司前期定位与研究

续表

网 站 名 称	可收集的信息类型
抖音、快手	公司文化展示、员工日常分享、行业趋势、职位介绍、员工生活状态、公司活动、公司相关内容分享
百度贴吧	行业讨论、公司评价、员工经验分享、求职建议
职友集	公司评价、面试经验、薪资水平、员工福利、工作环境
微博	公司新闻、行业动态、名人观点、员工见解
看准网	公司评价、面试经验分享、薪酬福利透明度、工作环境
豆瓣	公司评价、文化氛围、员工分享、行业讨论
知识星球	行业专家交流、专业知识分享、职业规划、行业洞察
知乎	公司行业趋势分析、专业人士见解、公司口碑、职业发展建议

这些平台提供了更加多元和生动的信息来源。例如，通过抖音和快手上的短视频，你可以直观地了解公司的日常环境和员工的真实感受；在百度贴吧和微博上，你可以找到更多用户生成的内容和实时的行业动态；而在豆瓣和红圈等社区，你可以深入探讨公司文化和行业趋势。这些信息有助于求职者全面了解目标公司，从而更好地准备面试和评估职业机会。

在本节中，我们探讨了如何通过多元化的网络渠道收集关于目标公司的详细信息。这种细致的信息收集虽然耗时，但对于求职者来说非常有价值。通过这些信息，求职者不仅能更深入地了解公司的文化、环境和业务，还能根据公司的特点和需求，制定出更加精准和个性化的申请策略。这样的准备不仅能提高面试的成功率，也能帮助求职者找到更符合自己期望，和自己能力匹配的工作。

接下来，我们将进入下一小节——制定申请策略。在下一节中，我们将讨论如何根据收集到的信息，制定出一套有效的求职申请策略，以提高求职的成功率和效率。

10.4　制定申请策略

在本节中，我们将深入探讨如何制定有效的申请策略。在前面的章节中，我们已经学习了如何收集目标公司的信息，包括公司文化、业务方向、招聘需求等。现在，我们将利用这些信息来制定我们的申请策略。

首先，我们需要明确自己的职业目标和职业规划，确保所申请的公司和职位与自己的长远发展相符合。接着，我们要根据收集到的公司信息，精心准备申请材料，包括简历、求职信等，确保这些材料能够准确地反映出我们的技能和经验，并与公司的需求相符合。此外，我们还需要考虑申请的时机和方式，比如，通过公司官网的"关于我们"栏目直接申请，或是利用多个招聘平台来寻找和申请这个公司的职位。

在制定申请策略时，我们还需要考虑到竞争对手的情况，思考如何在众多求职者中脱颖而出。这可能包括突出自己的独特技能、经验或者是对公司文化的深刻理解等。通过这样全面而细致的准备，我们可以大大提高自己的求职成功率。

每个公司都有其特点。比如，一个中型公司在招聘信息中重点描述了一些技术要求，这时，我们可以通过网络信息搜集以及抖音、快手等渠道了解到该公司内部的一些文化。基于这些信息，我们可以专门制定针对该公司的策略。举个例子，如果我们了解到该公司员工分享了一些证书或公司培训的内容，我们就可以专门记录下来，并以这些为突破口准备面试。首先，我们要确保技术达标；其次，对公司要求的相关证书，如果还没有，可以说自己正在考取；最后，可以谈论公司之前的培训主题，这样既能展现我们的专业性，也能更好地

第 10 章 市场目标公司前期定位与研究

与招聘方进行交流。不过,采取这种策略时,通常需要根据公司的不同环境和特点而适当变化。这里只是给大家举了个例子。我们还需要通过调研来记录公司的特点,并根据这些特点制定合适的策略。此外,我还为大家总结了一个比较通用的表格,方便大家针对不同规模的公司使用不同的策略,如表 10-5 所示。

表 10-5　不同规模的公司应该使用申请策略的方向

公司类型	申请策略	原因
大型公司	（1）突出专业技能和团队合作能力 （2）强调对公司产品和服务的深刻理解 （3）展示对大型项目的管理和参与经验	大型公司通常注重候选人的专业能力和在大团队中的协作能力,同时也看重候选人对公司业务的理解和大项目的处理能力
中型公司	（1）突出多样化技能和快速学习能力 （2）展示对业务发展的贡献和创新思维 （3）强调适应性和灵活性	中型公司往往处于快速发展阶段,需要能够快速适应变化并对业务发展做出贡献的员工
小型公司	（1）展示创新能力和自我驱动 （2）强调多任务处理能力和独立工作能力 （3）突出个人对公司文化的契合	小型公司通常需要能够独立工作、处理多种任务并契合公司文化的员工
微型公司/ 初创公司	（1）突出创业精神和风险承担能力 （2）表现对公司愿景的共鸣和个人成长潜力 （3）强调灵活多变的工作环境适应能力	初创公司或微型公司通常寻找愿意与公司共同成长、适应快速变化环境并能承担一定风险的员工

我给大家举个例子来说明策略制定的重要性。

李明是一个充满激情的年轻软件工程师,一直梦想着加入一家名为"未来科技"的创新型科技公司。这家公司因其前沿的产品和开放的工作文化而闻名,深深吸引了他。

在决定全力以赴加入这家公司后,李明开始了他的精准求职之旅。他首先在公司官网提交了简历,同时也在智联上联系上了公司负责招聘的人和一些关键员工,通过邮件和抖音、快手社交媒体与他们联系。他还通过猎头和多个招聘网站投递简历，确保他的申请能覆盖到所有可能的渠道，所以很快他就迎来了面试机会。

在对公司进行深入研究的过程中，李明发现"未来科技"正在开发一款颠覆性的 AI 产品，并且公司文化鼓励创新和团队合作。他注意到公司最近在积极招聘具有 AI 和机器学习背景的工程师。这个发现促使李明调整了他的求职策略。他原本打算强调他的前端开发技能，但在了解到公司当前的需求后，他决定更多地展示他在 AI 和机器学习方面的知识和项目经验，并且在面试的时候说自己正在考华为的一些关于 AI 的证书等。

面试那天，李明的这一策略发挥了巨大的作用。他不仅详细讨论了他在 AI 项目上的具体贡献，还展示了他对"未来科技"AI 产品潜在发展方向的深刻理解，并且说了自己正在考 AI 方向的证书。面试官对李明的专业知识和对公司愿景的共鸣印象深刻。最终，李明成功获得了工作机会。

李明的成功在于他对目标公司的深入了解，以及他能根据这些信息调整自己的求职策略。他的故事证明了对目标公司的深入研究和运用策略求职的重要性，以及如何将这些知识转化为面试中的优势。

在本小节中，我们探讨了如何为特定公司制定精准的申请策略。其关键在于深入研究目标公司的业务方向、文化和当前的需求，然后根据这些信息调整个人的简历和面试策略。这种方法虽然非常有效，但也需要投入大量的时间和精力，因此并不适合广泛的海投策略。每个公司都有其独特性，因此需要针对每个公司制定专门的策略。这种方法更适合那些已经明确了目标公司并且希望提高成功率的求职者。

下一小节将讨论如何预判和准备面试内容。我们将深入探讨面试中可能出现的问题，以及如何根据公司的特点和职位要求来准备回答，从而在面试中脱颖而出。这一部分可帮助求职者更好地理解面试官的期望，并提前准备有针对性的答案，以提高面试的成功率。

10.5 内容预判与准备

面试不仅是展示技术能力的机会，也是展示个人素质、思维方式和解决问题能力的舞台。在这一小节中，我们将重点讨论如何根据公司的特点和职位要求，预判面试官可能提出的问题，并准备相应的答案。

成功的面试准备需要对公司的文化、价值观、业务方向以及所申请职位的具体要求有深入的了解。这不仅包括技术知识和技能的准备，还涉及对公司最新动态、行业趋势、竞争对手等方面的了解。此外，对于面试流程的了解也同样重要，比如面试的轮次、每轮的重点、不同面试官的风格等。这些准备工作将帮助求职者在面试中更加自信、应对自如，从而大大增加获得心仪工作的机会。

在面试中，面试官通常会问一些标准问题来更好地了解求职者。我按照初试、复试的一些重点给大家总结，先来说一下面试官初试的一般内容。

（1）基础资格审查。确认候选人的基本技能、经验和资格是否符合职位要求。

（2）技能和知识评估。评估候选人的专业技能、行业知识和与职位相关的技术能力。

（3）动机和兴趣。了解候选人对职位和公司的兴趣，以及他们的职业动机。

（4）文化适应性。初步评估候选人是否适合公司文化和团队环境。

（5）沟通能力。评估候选人的沟通和表达能力。

表10-6列出了求职者在初试时常见的一些问题，以及应对这些问题的回复技巧。

表10-6　初试常见问题集合及应对技巧和建议

初试常见问题	应对技巧和建议
自我介绍	简洁明了地介绍自己的教育背景、工作经验和专业技能。强调与职位相关的经历和成就。一般面试必问问题，需要提前3—5分钟准备
你平时都看什么书？	提及与专业相关的书籍，展示自己的专业兴趣和持续学习的态度。也可以提到一些自己感兴趣的书籍，展现个人多样性
职业规划	描述自己的短期和长期职业目标，确保这些目标与申请的职位和公司的发展方向相符合
为什么选择我们公司？	强调公司的文化、价值观、发展潜力等吸引你的方面。展示你对公司的了解和对职位的热情，需要提前对公司有一定了解
你在工作中都遇到过什么（技术）问题？并且是如何解决的？	通过具体的例子展示你解决问题的能力和方法。强调团队合作、创新思维和压力下的决策能力。注意，问题别太低级
你的优点和缺点各是什么？	分享自己的优点和缺点。谈及优点时别太张扬；在谈及缺点时，可以强调你正在努力改进
描述一次团队合作的经历	选择一个具体的例子，强调你在团队中的角色、所面临的挑战以及最终的成果
面对冲突或压力，你如何应对？	通过具体的例子展示你的冲突解决能力和压力管理能力，可强调积极的态度和有效的沟通技巧
你为什么辞掉上一份工作？	保持积极的态度，专注于职业发展的需要或者被动离职，注意对前雇主不要有负面评论
你如何看待加班？	表明你理解工作需求的重要性，同时强调有效的时间管理和工作与生活平衡的重要性
你感到最自豪的职业成就是什么？	选择一个与申请职位相关的成就，强调你的专业技能和对业务的贡献

续表

初试常见问题	应对技巧和建议
你怎样看待团队工作？	强调团队合作的重要性，分享你在团队中有效沟通和协作的经验
你对这个行业有什么看法？	展示你对行业的了解和见解，包括行业趋势、挑战和发展机会
你有什么问题要问我们吗？	准备一些关于公司文化、团队结构、工作职责等方面的问题，显示你对职位的兴趣和对公司的了解，建议问1—2个问题
你是如何系统地学习的？	不要只说在学校的学习情况，因为在校学习与实践脱钩，也不要只说在培训班接受培训，因为培训班显得不太专业，建议说是以"学校+培训班"的形式接受培训

上述问题都比较普通，关于技术性问题，大家还是看一下前几章我们如何通过公司的招聘要求来进行押题。接下来，我们再来看看复试时面试官会对面试者有哪些针对性的评估。

（1）深入的技能评估：更深层次地评估候选人的专业技能和解决复杂问题的能力。

（2）团队和管理适应性：对候选人与团队成员或管理层的互动和适应性进行评估。

（3）综合素质评估：评估候选人的综合素质，如领导力、决策能力、压力下的表现等。

（4）详细的职业规划和期望：深入了解候选人的长期职业目标和对职位的期望。

（5）决策者评估：高级管理层对候选人的最终评估，通常是决定是否录用的关键。

表10-7是我给大家总结的复试常见问题，以及对这些问题的回复技巧（根据不同公司的要求，有的公司就没有复试环节）。

表 10-7 复试常见问题集合及应对技巧和建议

复试常见问题	应对技巧和建议
描述一个你失败的经历及其教训	选择一个真实的失败案例，重点讲述从中学到的教训和如何避免类似错误，展现你的学习和成长能力
你如何处理与上级意见不一致的情况？	强调有效的沟通和尊重不同观点的重要性，分享具体的处理经验和最终达成共识的方法
你如何管理多个截止日期紧迫的项目？	描述你的时间管理和优先级设定技巧，以及如何有效地平衡多个任务和项目
你在工作中遇到的最大的挑战是什么？	选择一个具体的挑战，讲述你如何应对并克服它，展现你的解决问题能力和适应变化的能力
你如何看待工作中的变化和不确定性？	表达你对变化的积极态度，分享你适应变化和处理不确定性的策略和经验
描述一个需要你发挥领导力的情境	选择一个展现你的领导力的例子，包括如何激励团队、解决冲突和达成目标
你如何看待团队中的多样性？	强调多样性的重要性，分享你如何在多元化的团队中有效合作和促进包容性的经验
你如何处理客户的投诉或不满？	描述你的客户服务技巧，包括如何倾听、理解问题、提供解决方案和确保客户满意
你如何评估自己的工作表现？	描述你如何进行自我评估，包括设定目标、跟踪进度和寻求反馈的方法
你入职后的职业发展计划是什么？	描述你的职业目标和计划，包括你打算如何通过学习和技能提升来实现这些目标，主要讲述如何帮助公司提高业绩，注意减少野心的展示

在本节中，我们探讨了求职过程中的初试和复试阶段的主要内容，强调了它们各自的重点和目的。初试主要评估候选人的基本资格、技能、动机和文化适应性，而复试则更深入地探讨候选人的综合素质、团队适应性和长期职业规划。理解这两个阶段的不同焦点对于准备面试至关重要，可以帮助候选人更有效地展示自己的优势和适应性，从而提高获得心仪职位的概率。

第 11 章
应届毕业生的职业方向与定位

本章概述

11.1　自我认知

11.2　学历与职业的研究

11.3　行业与职位的研究

11.4　人脉与职业的研究

11.5　应届毕业生须应对的挑战

11.1 自我认知

这一章将聚焦于应届毕业生在职场上的起步和定位。对于刚刚步入职场的应届生来说，确定自己的职业方向和定位是一项至关重要的任务。这不仅关系到他们的职业起步，而且影响着未来职业生涯的发展轨迹。

对于应届毕业生而言，自我认知是职业规划的第一步。这包括对自己的技能、兴趣、价值观以及职业目标的深入理解。自我认知不仅能帮助他们明确自己在职场上的定位，还能指导他们从众多职业选择中找到最适合自己的那一条路。自我认知的过程一般包括反思自己在大学期间的学习和实践经历，评估自己的技术能力和软技能，以及思考自己对工作、生活的期望和职业发展的长远规划。通过这一过程，应届毕业生可以更清晰地了解自己，为职业生涯的起步打下坚实的基础。

评估自己的能力并理解它们在职场中的应用，对于应届毕业生来说非常重要。表11-1是一个简单的能力表格，展示了如何评估个人能力、这些能力在公司中的用处、这些能力对未来工作的潜在影响，以及提升这些能力的方法。

表 11-1 自我能力综合评估

能力类型	评估方法	在公司中的用处	对未来工作的影响	提升方法
技术技能	通过实际项目或测试来评估自己的编程、软件开发等技能水平	技术能力是完成日常工作的基础，对于解决复杂问题和创新至关重要	强大的技术技能可以帮助职场人快速成长，提升职业竞争力	参加在线课程、实践项目、技术研讨会等

续表

能力类型	评估方法	在公司中的用处	对未来工作的影响	提升方法
沟通能力	通过小组讨论、演讲或写作来评估	有效的沟通能力有助于团队协作、项目管理和领导力的展现	良好的沟通技巧有助于职业发展，这对管理者至关重要	参加公共演讲课程、加入辩论俱乐部、写博客等
解决问题的能力	通过解决实际或模拟的工作中出现的问题来评估	解决问题的能力对于处理工作中的挑战和意外情况至关重要	这种能力有助于个人在职场中脱颖而出，成为可靠的团队成员	参与头脑风暴会议、进行案例研究、批判性思维训练
团队合作	通过团队项目和活动来评估自己的团队合作精神	团队合作对于完成大型项目和实现公司目标至关重要	能够有效地在团队中工作，有助于职业生涯的发展和职位晋升	加入团队活动、参与志愿者活动、团队建设训练
兴趣爱好	通过探索不同的活动和主题来识别自己的兴趣	兴趣可以引导职业选择，激发创造力和工作热情	选择与兴趣相关的工作可以提高工作满意度和效率	尝试新的活动、加入兴趣小组、阅读相关书籍
价值观	通过自我反思和价值观测试来识别个人信念和优先事项	价值观与公司文化的契合度影响工作满意度和团队合作	与个人价值观一致的工作环境能提高工作动力和忠诚度	参与研讨会、阅读相关书籍、与导师交流
自学能力	通过学习新技能或知识来测试自己的学习效率	自学能力使个人能够适应新技术和行业变化	在快速变化的工作环境中，自学能力是持续成长的关键	制订学习计划、参加在线课程、阅读专业书籍
时间管理	通过日常任务和项目的管理来评估自己的时间管理能力	高效的时间管理能力有助于提高工作效率和质量	良好的时间管理能力是职业发展和个人生活平衡的关键	使用时间管理工具、制定日程安排、学习时间管理技巧
适应性	通过面对新环境和挑战的反应来评估	在快速变化的工作环境中，适应能力是必不可少的	强大的适应能力有助于在职业生涯中应对不确定性和变化	尝试新任务和新角色、学习变革管理技巧、保持开放心态

在自我认知的过程中，除了上述能力，还有一种实际的能力——经济能力。生活需要经济基础，考虑经济状况和未来的生活成本至关重要。对于即将入职的应届毕业生来说，了解自己的经济状况和预计生活费用有助于更好地规划未

来。表 11-2 展示了北京预估生活成本，可供参考。

表 11-2 北京预估生活成本

消费项目	月均费用（元）
住房租金	3000—7000
水电费	200—400
上网费用	10—200
吃饭费用	1500—3000
交通费	200—500
手机费	50—200
日常杂费	100—500
健康保险	50—500
娱乐休闲	200—1000（电影、聚会等）
衣物购买	200—1000（季节性购买）
购买书籍	100—500
健身费用	100—1000（健身房会员费等）
急难预备金	100—1000（应对突发事件，比如看病等）
总计	5810—16 800

每个城市的生活成本都不一样，而且有一些开支可以节省，比如合租可以降低租房成本等，所以我们也可以提前规划和调研。

本小节中，我们探讨了应届毕业生在职场初期的自我认知的重要性，包括评估自己的技能、兴趣、价值观和经济状况。明确这些方面对于制订职业规划和生活安排至关重要。特别是对于刚刚步入职场的应届毕业生来说，理解自己的经济状况和预算规划对确保在新的生活环境中能够稳定发展至关重要。

11.2 学历与职业的研究

在本节中，我们将探讨学历与职业之间的关系，特别是对于应届毕业生

第 11 章 应届毕业生的职业方向与定位

来说,这一关系尤为重要。虽然学历并非决定职业成功的唯一因素,但它在求职市场上无疑扮演着重要角色。一方面,学历往往影响着求职者能够申请的职位类型和级别。例如,某些技术或管理岗位可能要求具有本科或更高学历。另一方面,学历的"向下兼容性"意味着具有更高学历的求职者通常也能申请那些对学历要求较低的职位。

在这一小节中,我们将使用大数据来展示不同学历水平的应届毕业生在就业市场上的表现,以及学历如何影响职业选择和职业发展路径。此外,我们也会探讨那些对学历要求不高或不具备学历限制的职业,这些职业往往更注重技能和实际经验。

我们先来通过数据看一下目前互联网行业相关工作要求的学历水平,表 11-3 展示的是互联网行业相关工作一般最低学历要求及薪资数据统计,数据来源于招聘网站。

表 11-3 互联网行业相关工作一般最低学历要求及薪资数据统计

工 作 类 型	学 历 要 求	平均薪资范围(元)
初级前端开发者	大专	4000—8000
UI/UX 设计师	大专	5000—10 000
初级后端开发者	本科	10 000—20 000
产品经理	本科	8000—15 000
数据科学家	硕士及以上	15 000—30 000
运营专员	大专	4000—9000
项目经理	本科	10 000—18 000
软件测试工程师	大专	6000—12 000
系统架构师	本科	12 000—25 000
网络营销专员	大专	5000—10 000
移动应用开发者	本科	8000—16 000
IT 技术支持	高中及同等学力	4000—8000

虽然学历在求职过程中扮演着重要角色，但它并非决定性因素。特别是在技术驱动的行业，如 IT 和编程领域，有些时候，实际技能和经验往往比学历更重要。例如，如果你是一个大专生，想从事后端开发工作，那么你也可以通过以下方式来增强自己的竞争力。

（1）技能和项目经验。积极参与相关的实践项目，比如，开源项目贡献、个人项目或实习经验，可以展示你的技术能力和实际工作经验。

（2）专业认证和在线课程。完成相关的在线课程和获得专业认证（如 Oracle Java 认证、AWS 认证等）可以证明你的专业技能和学习能力。

（3）特殊贡献或成就。如果你在某个领域有特殊贡献，如积极参与技术论坛、发表技术文章或在某个技术领域获奖，这些都能展示你的专业能力和对行业的热情。

（4）软技能。良好的沟通能力、团队合作精神和解决问题的能力也是求职时的优势。尤其是沟通能力，在面试中能快速地发挥优势。

（5）目标公司的选择。中小型企业通常对学历的要求低于大型企业，他们更看重的是候选人的技能和适应能力。因此，选择这些企业可以增加就业机会。

有的同学会有疑问，工作是否一定要与所学专业对口？其实所学专业并不代表未来的职业轨迹。许多人在大学期间选择的专业，可能只是基于当时的兴趣、家庭建议或当时的就业形势。但随着时间的推移，人们的兴趣和目标可能会发生变化，或者对某个新兴行业产生浓厚的兴趣。

因此，跨行业就业是完全可行的，只要你愿意为此付出努力。例如，一个文学专业的学生，后来成了一名优秀的市场营销人员；一个学习历史的学生，可能转行成了数据分析师。关键在于，你是否愿意学习新的技能，适应新的环境，并努力证明自己在新领域的价值。

当然，跨行业转型可能会面临一些挑战，如需要补充相关知识、技能，或者在新领域的起薪可能会比较低。但随着经验的积累，你完全有可能在新领域取得更大的成功。最重要的是，选择一个真正喜欢并对其充满热情的行业，这样不仅能带来经济收入，还能带来职业满足感。

有的同学也会疑惑：目前已经毕业了，不具备编程技能，但是想找相关工作，想通过工作提升编程能力，有没有适合自己的工作呢？答案是肯定的。在编程行业，即使对于那些没有正规学历或专业技能的人，也有一些职位可以作为起点，这些职位不仅能提供就业机会，还能帮助他们逐渐接触和学习与编程相关的知识。表 11-4 展示的是编程行业相关职位及其特点，这些职位不是特别看重学历和专业技术，想通过工作学习编程的同学可以参考，表格内容对应北京编程行业相关情况，注意不同的城市，工资会略有不同。

表 11-4 编程行业相关职位

职 位	描 述	未来对编程的益处	工资范围（元）	学 历 要 求
数据录入员	负责输入、更新数据，确保数据的准确性	增强对数据处理和数据库的理解	3000—6000	高中/中专以上
IT支持助理	提供基础的技术支持，如设备维护、软件安装等	学习基础的技术知识和问题解决技能	4000—8000	大专以上
网站内容管理员	管理和更新网站内容，确保信息的准确性和及时性	了解网站结构和内容管理系统	4500—9000	大专以上
办公室助理	执行日常办公室任务，可能包括使用电脑和其他技术设备	增强计算机操作技能和组织能力	3500—7000	高中/中专以上
QA测试助理	协助进行软件测试，记录和报告问题	了解软件开发周期和质量保证过程	5000—10 000	大专以上
客户服务代表	处理客户咨询，提供产品或服务信息，解决问题	提升沟通技能，了解用户需求	4000—8000	高中/中专以上

续表

职　位	描　述	未来对编程的益处	工资范围(元)	学历要求
技术文档编写员	编写和维护技术文档，如用户手册、产品说明	学习技术文档的写作和产品知识	5000—10 000	大专以上

在本节中，我们探讨了互联网行业中不同职位的学历要求和大致工资水平，为应届毕业生提供了一个关于互联网行业就业的基本概览。我们强调了即使非互联网行业的毕业生也有机会转行进入这个充满活力的领域。此外，我们还介绍了一些非主流但与互联网行业相关的职位选择，这些职位可以作为毕业生职业生涯的跳板或者发展方向。

11.3　行业与职位的研究

在本节中，我们将深入探讨互联网行业及其相关职位。互联网行业作为当今世界最活跃和发展最迅速的领域之一，不仅为应届毕业生提供了广阔的就业机会，而且不断地推动技术和社会的进步。在这一小节中，我们将详细介绍互联网行业的主要领域，如前端开发、数据分析、人工智能、网络安全等，以及这些领域的核心工作内容和所需技能。

我们的目标是帮助毕业生更好地理解这些行业的特点，以及如何根据自己的兴趣和能力选择最适合自己的职业路径。通过对互联网行业不同职位的深入研究，我们会发现每个职位都有其独特的技术要求和工作方式，这些知识将对毕业生未来的职业选择和发展有着重要的指导意义。

在深入探讨互联网行业的不同领域时，我们可以通过表 11-5 更直观地理解各个领域在公司中的作用以及它们要求的主要技术,然后选择想从事的领域。

表 11-5　互联网行业各个领域主要使用技术与其在公司中的作用

领　　域	在公司中的作用	主要使用的技术
软件开发	开发和维护公司的软件产品和服务	Java，Python，C#，.NET
数据分析	分析数据以支持制定决策，优化业务流程	SQL，Python，R
人工智能	创造智能系统以提高效率和创新	Python，TensorFlow，AI算法
网络安全	保护公司的数据和系统不受网络攻击和数据泄露的威胁	加密技术，防火墙，网络监控
前端开发	开发和优化用户界面和用户体验	HTML，CSS，JavaScript
后端开发	管理服务器、应用程序和数据库，确保网站和服务的后端运行	Node.js，Ruby，PHP
云计算	提供可扩展的云基础设施服务和解决方案	AWS，Azure，Docker
移动应用开发	开发适用于移动设备的应用程序	Swift，Kotlin，React Native
UI/UX设计	设计直观、吸引人的用户界面和体验	Sketch，Adobe XD，Figma
软件测试	确保软件产品的质量和性能符合要求	Selenium，JUnit，Postman
项目管理	协调团队，确保项目按时按预算完成	Jira，Trello，MS Project
运营管理	管理日常运营，优化用户增长和留存	Google Analytics，CRM软件
大数据开发	分析大规模数据集以提取有价值的业务洞察	Hadoop，Spark，Python
数据库管理	管理、维护和优化公司的数据库系统	SQL，MongoDB，Oracle
运维工程师	确保系统稳定运行，优化性能，处理系统故障	Linux，Shell，DevOps工具
游戏开发	设计、开发和发布电子游戏	Unity，Unreal Engine，C++

续表

领　　域	在公司中的作用	主要使用的技术
内容创作	创作、编辑和发布高质量的内容，以吸引和保留用户	WordPress，SEO，Adobe Creative Suite
社交媒体营销	利用社交媒体平台推广品牌和产品	Facebook Ads，Instagram Marketing，Hootsuite
虚拟现实/增强现实	创造沉浸式的虚拟或增强的现实体验	ARKit，ARCore，VRML
产品经理	规划和指导产品的开发和迭代	敏捷开发，用户研究，项目管理
插画师	创作视觉吸引力强的插图，增强品牌或产品的视觉表现	AdobeIllustrator，Photoshop，绘画技巧

其实，作为应届毕业生，了解这些互联网领域是非常重要的，若在早期了解则更合适，因为我们可以更早地规划。了解这些领域有以下几点好处。

（1）职业规划。了解不同领域，可以帮助毕业生根据自己的兴趣、技能和职业目标做出更明智的职业选择。

（2）技能匹配。通过了解各行业所需的技能和技术，毕业生可以更有针对性地提升自己的技能，增加就业机会。

（3）市场需求认识。了解各个领域的市场需求和发展趋势，可以帮助毕业生选择一个有长期发展潜力的领域。

（4）强化适应性。对多个领域有基本了解，可以提高毕业生的适应性和灵活性，在面对职业生涯中的变化和挑战时更加从容。

（5）跨领域机会。了解不同领域，可以为毕业生提供跨领域工作或项目合作的机会，拓宽职业视野。

（6）个人兴趣探索。有时候，毕业生对自己真正感兴趣的领域并不是很清楚，了解多个领域可以帮助他们发现自己的真正兴趣所在。

我给大家再讲个案例来说明行业研究的重要性。

小张，是一个计算机专业的应届毕业生。他从小对游戏设计充满热情，梦想成为一名游戏开发者。然而，他很快发现这个领域的竞争很激烈，而且通常要求高学历和强大的艺术设计能力，这让他感到有些沮丧，因为他的专业更偏向于编程，而不是设计。

在大学的最后一年，小张开始深入研究互联网行业的各个领域。他参加了职业规划研讨会，浏览了无数行业报告，甚至在社交媒体上关注了多位行业专家。在这个过程中，他对数据分析产生了浓厚的兴趣。他发现数据分析不仅需求量大，而且与他的计算机背景和逻辑思维能力高度契合。

小张决定转变方向，他开始自学Python、R语言以及与数据处理相关的技能。他利用网络资源和大学提供的课程，逐步建立自己的数据分析技能库。同时，他还积极参加校内外的数据分析比赛和实习机会，以增强实战经验。

毕业时，小张已经具备了扎实的数据分析技能。他的简历上填写满了各种项目经验和竞赛奖项，这让他在求职过程中脱颖而出。最终，他成功获得了一家知名互联网公司的数据分析师职位。

这个故事告诉我们，及时的行业研究和灵活的职业规划对于应届毕业生至关重要。通过了解互联网的不同领域，小张不仅找到了与自己学历和兴趣相匹配的新方向，还成功地为自己的职业生涯开启了崭新的篇章。

在本节中，我们探讨了互联网领域的多样性和它为应届毕业生提供的各种职业路径。了解这些领域不仅可以帮助毕业生发现与自己学历和兴趣相匹配的职业，还能提前规划未来的职业生涯，避免毕业后陷入迷茫和无方向的困境。通过早期的行业研究，毕业生可以更有针对性地选择实习、参加相关的课外活动，甚至调整自己的课程学习方向，以更好地适应未来的工作。

11.4 人脉与职业的研究

在当今这个高度互联网化和信息化的时代，人脉对于职业发展的重要性不言而喻。尤其对于应届毕业生而言，良好的人脉不仅能为他们提供更多的就业信息和机会，还能帮助他们在职场上快速成长。虽然互联网行业看似更加开放和平等，技能和能力仍然是获得职位的关键，但拥有广泛的人脉网络无疑能为个人职业发展增添一份有力的保障。

在这一小节中，我们将探讨人脉在职业发展中的作用，以及应届毕业生如何有效地建立和维护人脉。我们会讨论人脉的概念，它不是指拥有一大堆社交媒体上的联系人，而是指那些能够互相提供支持、信息和资源的关系。

此外，我们也会讨论人脉的长期价值，如何在不同的职业阶段利用人脉，以及如何在没有明显人脉优势的情况下，通过自己的努力和策略，逐步构建有助于职业发展的人脉网络。我们会提供一些具体的策略和技巧，比如如何在行业会议上进行网络拓展、如何在社交媒体上树立专业形象以及如何通过实习和志愿活动拓宽人脉等。我们也将讨论如何在保持专业性的同时，发展和维护个人人脉，以及如何在需要时寻求人脉的帮助，同时也为他人提供支持。通过这些方法，无论在互联网行业还是其他行业，应届毕业生都可以为自己的职业生涯打下坚实的基础。

我们先了解一下人脉能给我们带来什么价值。

（1）信息获取。良好的人脉可以让你接触到更多的行业信息，包括那些未公开的职位信息、公司动态、行业趋势等。

（2）机会获取。通过人脉，你可能会得到工作推荐、合作机会，甚至是投资机会等。

（3）知识共享。与行业内的专家和经验丰富的职场人士建立联系，可以让你学习到宝贵的知识和经验。

（4）资源共享。人脉网络中的成员可能会提供或分享对你有用的资源，如办公空间、软件工具或者专业服务。

（5）职业指导。有经验的职场人士可以为你提供职业规划方面的建议和指导。

（6）情感支持。职业发展过程中难免会遇到挫折，良好的人脉可以在你需要时提供情感上的支持和鼓励。

（7）合作与创新。人脉中的联系人可以成为合作伙伴，共同开发新项目、新产品或新服务。

（8）提升信誉。与知名或者有影响力的人士建立联系，可以提升你的职业信誉和可见度。

（9）导师与指导。在人脉网络中找到导师，可以帮助你更快地学习新技能，避免犯职场中的常见错误。

（10）增强影响力。随着人脉网络的扩大，你的影响力也会增强，这对于领导力的建设尤为重要。

（11）文化适应。如果你打算跳槽到一个新的行业或者新的文化环境，人脉可以帮助你更快地适应。

（12）危机管理。在遇到职业危机时，比如被裁员或公司倒闭，一个强大的人脉网络可以帮助你快速找到新的工作机会。

对于刚步入社会的毕业生来说，良好的人际网络往往能开启意想不到的机会之门。设想这样一个场景：你的同学小张刚参加了一家心仪公司的面试，虽然最终未能如愿以偿，但这并不意味着机会的大门已经关闭。

如果你与小张关系好，他完全可以在面试后向招聘人推荐你，推荐你作为另一个合适的候选人。即便小张的面试没有成功，他的推荐仍然是一种信任的传递，公司可能会基于他的推荐考虑给你一个面试的机会。这种通过人脉获得的机会往往比普通途径更为直接和高效。

更进一步，假设小张成功入职了，而公司又恰好有新的职位空缺。在这种情况下，小张可以直接将内部招聘信息传递给你，甚至在内部推荐你。由于公司员工的推荐通常会被赋予更高的信任度，你的简历将更有可能获得招聘人的关注，面试机会也会相应增加。

此外，如果小张在公司表现出色，他的推荐会更有分量，因为优秀员工的推荐往往意味着推荐的候选人也具备相似的优秀潜质。这样的推荐不仅能帮你打开公司的大门，还能在你入职后形成一个积极的职业起点，因为你是通过值得信赖的员工引荐进入公司的。

入职之后，我们也可以通过公司的其他职位进行人脉拓展，任何公司的职位都可以给我们带来一定的资源。下面我给大家列出了一个表格，方便大家参考，如表11-6所示。

表11-6 公司职位人脉可以给我们带来的资源

职 位	人 脉 优 势
人事	了解内部招聘信息，获得面试机会，简历优先考虑
技术经理	直接了解部门需求和项目信息，获得技术指导
销售/市场	获得公司产品和市场动态的第一手资讯，增强对业务的理解
客服	知晓客户反馈和产品问题，提升产品知识
财务	了解公司财务状况，理解业务运作的经济背景
行政	获得办公资源支持，了解公司行政动态
高层管理	洞察公司战略方向，获得职业发展的宏观指导
研发工程师	接触到新技术和解决方案，技术交流和学习
产品经理	了解产品规划和发展趋势，对产品有更深入的认识

续表

职　位	人 脉 优 势
产品经理	了解产品规划和发展趋势，对产品有更深入的认识
项目经理	了解跨部门项目进展，提升项目管理能力
领导/上司	了解目前部门成员动态以及晋升潜力

从表 11-6 可以看到，无论未来还是现在，人脉都至关重要，它可以给我们提供很重要的资源。我们可以根据需求更有针对性地深化人脉。

在这一小节中，我们探讨了人脉在职业发展中的重要性。通过实例和表格，我们看到了如何通过建立和维护人际关系网络来开辟职业道路和创造机会。我们了解到，无论是在求职过程中获得推荐，还是在职场中寻求指导和支持，良好的人脉都是一个宝贵的资源。

所以说，人脉不仅能为我们打开新的机会之门，还能帮助我们在职业旅程中获得宝贵的见解和知识。它是职业成功的一个关键因素，尤其对于刚刚步入职场的毕业生来说更是如此。因此，建立一个广泛且多元的人脉网络，对于应届毕业生来说是一个重要的策略。

接下来，我们将在下一小节继续深入探讨应届毕业生在求职过程中可能遇到的挑战，以及如何应对这些挑战。我们会讨论如何准备面试，如何展示自己的技能和经验，以及如何在竞争激烈的就业市场中脱颖而出。这些准备将为毕业生提供一个全面的求职准备指南，帮助他们在职业生涯的起步阶段做好充分的准备。

11.5　应届毕业生须应对的挑战

在进入职场的门槛上，应届毕业生面临着一系列特殊的挑战。最明显的差异在于工作经验——这是非应届毕业生相对于应届毕业生的显著优势。然而，这并不代表应届生就处于完全的劣势。事实上，他们拥有的最新知识、对新兴技术的敏感度以及适应变化的能力，这些都是非常受雇主欢迎的特质。

在这一小节，我们将探讨应届毕业生在求职时可能遇到的挑战，比如缺乏实际工作环境中的经验、对职场文化不熟悉以及不能很好地在简历中展示自己。同时，我们也会讨论如何将学术成就、课外活动、实习经历等转化为有力的证明，展示应届毕业生的潜力和价值。此外，我们还会提供一些策略，帮助应届生在面试中突出自己的优势，比如，如何利用大学资源、社交网络和职业指导服务来强化自己的职业竞争力。

通过本小节的学习，应届毕业生能够更清晰地认识到自己面对哪些挑战，学会如何在求职过程中有效地应对和克服缺乏经验的问题，从而在竞争激烈的就业市场中脱颖而出。

我们先来看一下应届生和非应届生面临的不同情况和优势，表 11-7 就是应届生和非应届生不同情况和优势的对比。

表 11-7 应届生和非应届生的不同情况和优势

条件/特点	应届生	非应届生
工作经验	通常较少，可能包括实习或兼职	通常较多，包括全职工作经验
教育背景	最近的教育成果，理论知识更新	可能需要更新或补充新的技能和知识
培训机会	可能有机会参加企业的培训项目	需要自我培训或寻找专业发展机会
职业规划	可能还在探索职业方向	通常有明确的职业路径和目标
薪资期望	通常较低，因为缺乏经验	根据经验和技能，可能期望更高的薪资
网络资源	校园招聘、教授推荐	行业联系、以往的同事和客户推荐
灵活性	通常更灵活，愿意尝试不同的职位	可能寻求特定的职位或行业
面试策略	需要强调学习能力和潜力	需要展示具体的成就和经验

从表 11-7 中我们可以看到，应届生有两个很明显的挑战与短板——工作

第 11 章　应届毕业生的职业方向与定位

经验和培训机会。比如面试时对方会问我们有没有相关经验，这个时候，很多同学会以自己是应届生为理由去应对，这虽然合理，却缺乏说服力，如果我们真有相关经验，那我们入职的概率就会大幅度提升。为应对这个挑战，我建议大家用以下策略去应对。

（1）强调学术项目经验。应届生可以详细介绍自己在学校期间参与的相关学术项目。这些项目虽然不是工作经验，但同样展示了应届生的技术能力和团队合作精神。例如，如果你是计算机科学专业的学生，你可以讲述你如何在课程项目中运用编程技能解决实际问题，或者如何在团队项目中担任领导角色，协调团队工作。

（2）突出实习经历。如果你有实习经历，即使是短期的，也是非常宝贵的工作经验。在面试中，你应该详细说明你在实习期间的具体职责、你所参与的项目、你所学到的技能，以及你如何为实习单位带来价值。

（3）私活和兼职项目。任何形式的兼职工作，特别是与你申请的职位相关的工作，都可以作为工作经验。你可以讲述你为教授做的私活，如何管理时间，如何确保项目的质量和交付。这些经历证明了你的责任心和专业能力。

（4）自主接项目的经历。如果你在网上接过项目，无论是通过自由职业平台还是个人联系，这些都是实际的工作经验。你可以描述项目的范围、你所扮演的角色、你如何与客户沟通需求和反馈，以及你如何按时交付高质量的成果。

（5）个人项目和自学。对于那些没有正式实习或工作经验的应届生，个人项目也是展示你的技能的好方法。你可以讲述你如何自学新技术、如何规划和执行个人项目，以及在这个过程中你遇到的挑战和你如何克服它们。

建议提前准备，不要临时抱佛脚，如果面试前已做好准备，那么面试成功率会大幅提高。同时，面试者应敢于表达，即使所参与的项目规模较小，自觉微不足道，但在缺乏更佳选项的前提下，也应该说出来，因为这是你的宝贵经历。请记住：他人如何评价并不重要，关键在于你是否敢于展现自我。

面对面试官询问有无培训经历的时候，你又该如何应对呢？首先，培训经历其实指的是某一项技能的专精程度，这个和学校的专业还是有一定区别的，学校的专业可以当作是一个大方向，跟吃大锅饭差不多，而特定的培训就类似于培训特种兵，所以培训经历很重要。当然，非应届生可能会通过许多渠道获得培训经历，而应届生只是专注于学校书本的内容，往往忽略了培训经历，导致到面试的时候比较吃亏。下面，我给大家总结了一些获得培训经历的方式。

（1）参加专业培训班。利用周末或者假期的时间参加专业的培训班。这些培训班可以是线上的，也可以是线下的，重点是选择那些与你未来职业目标相关的课程，把自己周末的时间充分利用起来。例如，如果你想成为一名软件开发者，你可以参加编程语言、软件开发生命周期管理或者最新技术趋势的培训。

（2）加入校园兴趣小组。加入学校的技术俱乐部或兴趣小组，这些小组通常会举办讲座、研讨会和工作坊，让你有机会学习新技能，并与有相同兴趣的同学交流。这不仅能增强你的技术能力，还能帮助你建立宝贵的人脉网络。

（3）学习网络课程和慕课（MOOCs）。利用一些网课平台，B站、Udemy等平台提供的大量在线课程学习新技能。这些课程通常由行业专家或大学教授授课，覆盖从基础到高级的各种主题，而且时间灵活，可以根据自己的进度学习。

（4）参与学术研究。如果有机会，你可以参与教授的学术研究项目。这不仅能让你深入了解某个特定领域，还能让你学会如何进行科学研究、数据分析和撰写学术报告。

（5）进行实际操作和项目实践。理论知识固然重要，但实践操作同样不可忽视。你可以尝试自己动手实践一些项目，比如开发一个小程序、建立一个网站或者参与开源项目。这些实践经验可以在面试中展示出来，证明你的能力。

(6) 参加行业会议和研讨会。尽可能地参加相关行业的会议、研讨会和技术交流活动，因为这些活动是你了解行业动态、学习前沿技术、结识行业人士的好机会。

(7) 寻找导师。寻找行业内的导师，他们可以是你的老师、校友或者通过职业社交平台联系到的专业人士。导师可以为你提供关于职业发展的建议、行业见解，甚至可能推荐实习和工作机会。

当然，除了上述方式，我们还可以寻求"加分项"，因为除了工作经验和培训机会，其他的我们并不欠缺，我们只需要找到一些"加分项"，就足可以应对挑战。

下面是我给大家总结的一些在学校就可以完成的"成就"。

(1) 出版作品。如果你有机会参与撰写专业书籍、论文或者文章，并且这些作品能够出版，这将是一个巨大的加分点。它不仅展示了你的专业知识和写作能力，还表明你在某个领域有深入的研究。

(2) 获得奖项。无论是校级、县级还是省级的奖项，都是对你能力的认可。这些奖项可以是学术竞赛的奖项，也可以是科技创新、体育比赛或艺术展览的奖项。它们证明了你在某个领域的才能和努力。

(3) 证书和资格。利用业余时间考取的专业证书，如计算机技术与软件专业技术资格（软考）、项目管理专业人士（PMP）、Cisco的网络工程师证书（CCNA/CCNP）等，都能体现你的自我提升意识和专业能力。

(4) 社会实践经验。参与社会实践活动，如志愿服务、社区工作或者非营利组织的项目，这些经历可以展示你的社会责任感和团队合作能力。

(5) 组织和领导经验。如果你在学生组织中担任过领导职务，如学生会主席、社团负责人等，能够证明你具备组织管理和领导能力。

(6) 国际经验。如果你有机会参加国际交流、海外学习或者国际会议，这些经历可以展示你的国际视野和适应不同文化的能力。虽然这种机会不多，但是如果有，可以帮助你增分不少。

（7）竞赛和项目。参与各类专业竞赛，如编程马拉松（Hackathon）、设计大赛、商业案例分析等，尤其是那些获得了优异成绩的竞赛，都是很好的加分项。

（8）个人项目和创业经历。虽然学生在学校期间创业的机会很少，但是如果你有尝试创业或者开展个人项目的经历，即使没有成功，这样的尝试也能展示你的主动性和创新精神。

这些加分项应该在简历中被突出展示，你在面试中要准备好相关的故事和经验与面试官进行分享，这样可以帮助面试官更好地了解你的背景和潜力。

回顾一下本章，我们探讨了作为一个刚步入职场的新人，如何通过自我认知、评估学历与职业关系、了解行业与职业的特点、建立人脉以及面对求职挑战等方面来定位自己的职业道路。其重点在于，尽管作为应届毕业生缺乏工作经验，但通过展示自己的学术成就、参与项目、竞赛获得的奖项、获得的证书等，也能够证明自己的潜力和能力。

中国古代军事家、战略家孙子有一句名言："兵者，诡道也。故能而示之不能，用而示之不用，近而示之远，远而示之近。"这句话出自《孙子兵法》，虽然原文讲的是军事策略，但也可以用来启发应届毕业生在职场上做好策略准备。对于新人来说，面对职场的种种不确定性和挑战，需要预先做好充分的准备并制定灵活多变的策略。如同孙子所说，要在看似不利的情况下展现出自己的能力。我们要在竞争中找到自己的优势，以不变应万变。这就要求应届毕业生在求职前做足功课，了解职场规则，制定合适的策略，并在面试和工作中灵活运用。

第 12 章
面试题指南

本章概述

12.1 面试题的分类与目的

12.2 常见面试题及查找策略

12.1 面试题的分类与目的

在本章中，我们将深入探讨面试中的关键环节——面试题。面试题不仅是评估求职者技能和知识的工具，也是面试官了解求职者思维方式、问题解决能力和个性特质的窗口。本章的目标是为求职者提供一个全面的面试题指南，帮助他们理解不同类型的面试题背后的含义，以及如何有效地准备和回答这些问题。

面试题的类型多种多样，从技术性问题到行为问题，每一类型都有其独特的目的和求职者应对的策略。技术问题通常是指评估求职者的专业知识和实际操作能力；行为问题则更侧重于评估求职者的工作态度、团队合作能力以及过去的工作表现；情景问题则是为了测试求职者的临场反应能力和解决复杂问题的能力。此外，还有一些创造性问题或压力问题，设计这些问题能观察求职者在不同情境下的表现。

在本章中，我们将详细介绍这些不同类型的问题，并提供具体的例子和建议，以帮助求职者更好地准备面试。我们会讨论如何针对每种类型的问题制定答题策略，如何通过练习提高回答的质量，以及如何在面试中展现出最佳的自己。通过本章的学习，求职者将能够建立一套全面的面试准备方案，从而在面试中脱颖而出。

我先用表格汇总面试题的基本种类，以方便大家了解整体情况，如表12-1所示。然后，我们再详细讨论分类。

第12章 面试题指南

表 12-1 面试题的基本种类

分 类	目 的	回答技巧与方式
技术性问题	评估专业知识和技能	准确、具体地展示你的技术能力,提供相关经验的例子,但是不要过于纠结细节
行为问题	了解过去的行为和工作表现	使用STAR法则(情境、任务、行动、结果)来结构化你的回答
情景问题	测试解决问题的能力和临场反应	清晰地阐述你的思考过程,提供创造性和实际的解决方案
创造性问题	观察思维的灵活性和创新能力	保持开放的心态,不怕提出独特或非传统的答案
压力问题	观察在压力下的表现	保持冷静,展示你应对压力的策略
个性测试题	评估求职者的性格和文化适应性	诚实地回答,同时确保你的回答与公司文化相符
逻辑问题	测试逻辑思维和分析能力	一步一步地解释你的推理过程
案例分析题	评估商业洞察力和战略思维	详细分析案例,提供数据支持的解决方案
技能测试题	验证具体技能或能力	准备展示你的技能,可能需要现场演示或提供作品集
常识问题	测试基本的行业或通识知识	确保你对行业的基础知识有所了解和准备

这是面试题的种类分类,并不是类型的分类。关于类型的分类在之前已经和大家分享过了,比如笔试、机试、面试等,在这个小节我们就不过多赘述了。当然在笔试、机试、面试这些场合中都有可能出现上述种类的面试。但是最常见的还是笔试时考技术性问题,面试时可能多考一点情景类题目和行为类题目。

1. 行为问题

我们先从行为问题来展开说一下。当面试官提出一个行为问题时,他们通常想了解你在特定情况下的行为方式,以及你的行为如何反映你的技能、能力和价值观。这些问题通常以"告诉我一个……"或"举一个例子……"开始。

比如面试官会问:"请描述一次你在截止日期紧迫的情况下成功完成项目的经历。"

面对这样的问题,可采用以下回答技巧(使用 STAR 法则来回答这个问题)。

(1)情境(situation)。描述你面临的情境,让面试官了解背景。

(2)任务(task)。说明你需要完成的任务。

(3)行动(action)。描述你采取了哪些具体行动来应对挑战或解决问题。

(4)结果(result)。阐明你的行动带来了什么结果,最好能用数据或具体成果来支持。

比如我们可以这样回答:

在上一份工作中,我被指派负责一个关键的客户项目,这个项目的限定完成时间只有两周。情境是我们的一个主要竞争对手也在争取这个客户,所以按时交付至关重要。

我的任务是领导开发团队,确保我们能在期限内完成所有工作。我首先集合团队召开了会议,明确了每个人的责任,并设立了每日检查点来监督、控制进度。我还与客户保持密切沟通,确保我们的工作符合他们的期望。

面对这样的压力,我采取了加班和优化工作流程的措施,以提高团队效率。我还协调了外部资源来帮助我们在最后几天解决一些突发的技术问题。

最终,我们不仅按时完成了项目,而且客户对我们的工作非常满意。他们提供的反馈表明,我们的解决方案超出了他们的期望,这也促成了我们与客户的长期合作关系。这个项目不仅为公司增加了 20% 的收入,还帮助我们在行业内建立了良好的口碑。

这个回答清晰地展示了候选人的领导能力、项目管理能力和能够在压力下工作的能力。同时,它还表现了候选人对结果的关注,并用具体的成果支持了

第12章 面试题指南

他的说法。

2. 情景问题

接下来我再给大家举一个情景类问题，这也是一个很棘手的问题。面试官的问题是这样的：

"描述一次你和上司意见不一致的情况，你是如何处理这种分歧的。"

我先来说一下回答这类问题的技巧。对于情景类问题，你需要展示你的人际交往能力，特别是在处理与上级的关系时的敏感性和专业性。你的回答应该强调沟通、协商和解决冲突的能力。

你可以这样回答：

在我之前的工作中，我和我的上司在一个项目的执行方案上有过分歧。上司坚持使用传统的老方法，而我认为一个更现代的创新方法不仅能提高效率，还能节省成本。

面对这种情况，我首先确保我充分理解了上司的观点和担忧。我请求召开一次会议，倾听他的理由，并表达了我对传统方法可能带来的风险和限制的担忧。

然后，我提出了一个折中的提议，即在一个小范围内试行新方法，同时准备好在必要时回到原来的计划。我准备了详细的对比分析，展示了两种方法的潜在影响，并提供了数据以支持我的观点。

最终，我的上司同意了试验性的方案。试验结果证明新方法确实更有效，之后我们在整个项目中采用了这种方法。这不仅加强了项目团队的士气，也提高了团队整体的工作效率，最终项目提前完成并且节约了15%的预算。上司也通过团队看到了整体收益，取得了全赢的结果。

通过这次经历，我学到了如何在尊重上司的同时，有效地提出和倡导自己的想法。这也加深了我和上司之间的信任和尊重。

这个回答展示了候选人在面对分歧时的成熟的处理方式，包括积极倾听、数据驱动的决策制定方式和愿意寻求折中方案的开放性。同时，它也表明了候选人能够在维护自己立场的同时，保持对上级的尊重和对公司目标的承诺。这就是一个比较好的回答，大家可以参考，以备不时之需。

3. 压力问题

压力问题其实也比较常见，比如加班、驻场、出差等。比如，对于这个问题："你如何处理长期加班或者需要驻场工作的情况？"

回答要点如下：我知道大家都不喜欢加班、出差等，但是要注意，这些情况无法避免，社会需要我们自己去解决这些压力问题。

面对压力问题，你需要展示你的时间管理能力、压力应对机制以及对工作的承诺。总之，你的回答应该强调你如何有效地平衡工作和个人生活，以及在压力下保持生产力和积极态度的能力。

你可以这样回答：

在项目关键时期，加班或驻场是确保项目成功完成的必要措施。在我以前的工作中，我经常需要加班或应对紧急情况，我发现有效的时间管理和优先级设定是关键。

例如，在一个紧迫的项目交付期，我需要连续几周加班。我通过优化我的工作流程，如提前规划任务、设定实际的日程安排，并与团队成员协调，以确保所有人都在最有效率的时段工作。同时，我也会确保在繁忙的工作之余留出时间进行适量的休息和放松，以维持我的工作热情和效率。

对于驻场工作，我会尽量提前与家人和朋友沟通，确保他们理解我的工作需求，并尽可能地安排事务，以减少对个人生活的影响。我还会利用现代通信工具保持与亲朋好友的联系，确保在心理上不会感到孤立。

所以，我认为通过良好的时间管理、有效的沟通和适当的休息，我能够应对长期加班或驻场的工作要求，并保持高效和积极的工作态度。

这个回答展示出你的时间管理能力、适应性、灵活性以及沟通技巧和压力应对机制，当然，最主要表明了你对完成工作和项目成功的承诺，即使面对额外的工作压力，依然迎难而上。

当然，其他问题就比较有专业性了，不像上面的问题那样具有通用性。比如技术性问题、常识性问题、案例性问题、技能测试题都是针对应聘者的专业进行梳理和测试的。在下一节，我们会讨论如何去找这些问题，以及如何去背这些题的回答。至于逻辑问题、个性测试题、创造性问题，基本上更依赖于临场发挥，因为很难预测到具体的问题。公司会根据应聘者的回答获得一些非技术专业性的其他资料，以判断应聘者是否匹配他们的需求。

在本节中，我们探讨了面试题的不同类型及其目的，以及如何有效地回答这些问题。我们了解到，面试题可能旨在评估应聘者的行为、技能、适应性、沟通能力和压力管理等多方面的能力。通过具体的例子，我们展示了如何用结构化的回答来展现自己的优势。接下来，我们将进入常见面试题及其查找策略的讨论，这将帮助应聘者更好地准备面试，以便能够自信地应对各种问题。

12.2　常见面试题及查找策略

本节主要介绍常见面试题及查找策略，它是面试准备的关键环节之一，也是本书上篇的收尾内容。对于程序员来说，除了之前我们提到的那些需要准备的非技术面试题，还有一些比较常见且必备的技术性面试题，这些面试题在面试中出现的频率相对较高。

为了准备这些问题，候选人需要知道去哪里查找这些面试题以及如何回答它们。互联网是一个宝库，你可以通过关键词搜索找到大量的资源。例如，你可以在职业论坛、专业网站、社交媒体群组以及在线编程社区中搜索"程序员面试题""技术面试常见问题"，或者是针对特定技术栈的面试问题，如"Java面试题"或"前端面试题"。

我们搜索常见面试题时，可以使用以下关键字组合进行搜索：

"[编程语言]常见面试题"（例如，"Java、前端"）。

"[编程语言]技术面试问题"（例如，"Java、前端"）。

"[编程语言]面试题"（例如，"Java面试题"）。

"[技术栈]面试问题"（例如，"全栈开发面试题"）。

"[编程语言]行为面试问题"（例如，"Java、前端"）。

"[职位]面试准备"（例如，"前端开发面试准备"）。

"[编程语言]编程面试实践题"（例如，"Java、前端"）。

"[编程语言]系统设计面试题"（例如，"Java、前端"）。

"[编程语言]编程挑战问题"（例如，"Java、前端"）。

"[编程语言]编程逻辑面试题"（例如，"Java、前端"）。

"[编程语言]项目管理面试问题"（例如，"Java、前端"）。

"[编程语言]面试题库"（例如，"Java、前端"）。

"[编程语言]面试经验分享"（例如，"Java、前端"）。

"[公司名]面试题"（例如，"谷歌编程面试题"）。

第12章 面试题指南

通过这些关键字，你可以在各种平台上找到相关的面试题目和建议，包括专业的编程社区、技术博客、教育平台、视频教程以及招聘网站的论坛。这样的准备可以帮助你对可能被问到的问题有一个全面的了解，并且能够有针对性地准备答案。我给大家举个例子，比如通过 csdn 去搜索"前端常见面试题"，我们就可以看到图 12-1 所示内容。

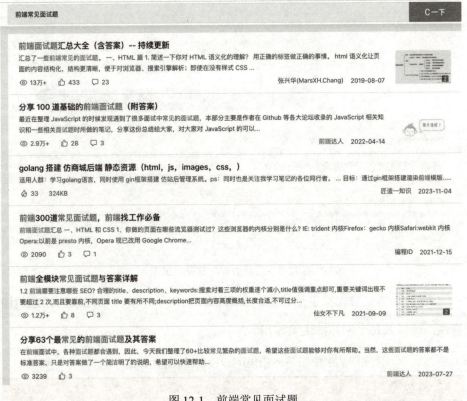

图 12-1　前端常见面试题

然后，我们可以使用网页的排序操作，采用时间最新的排序，这样就可以看到最新的前端常见面试题了，如图 12-2 所示。当然，技术社区的效率一般比直接搜索引擎的效果稍好，更精准一些，或者说更有针对性一些。

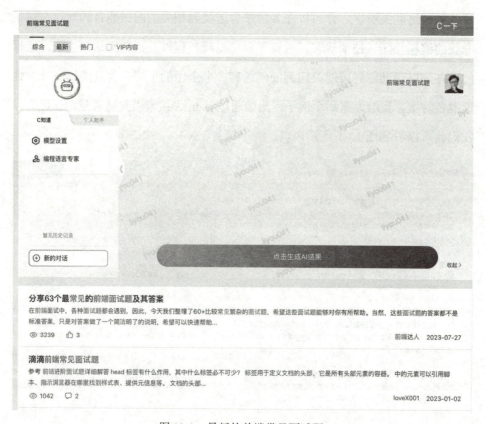

图 12-2 最新的前端常见面试题

表 12-2 是我给大家整理好的一个表格,列出了一些可以搜索面试题的国内网站,以及每个网站的主要作用。

表 12-2 一些国内可以搜索面试题的网站

网 站 名 称	主 要 作 用
CSDN	提供技术文章、论坛讨论和面试题分享
51CTO	提供IT技术文章、视频教程和面试经验交流
知乎	用户生成的问答平台,可以找到各种职业面试题和经验分享
掘金	技术社区,分享与开发相关的技术文章和面试经验
GitHub	开源代码托管平台,可以找到面试题项目和代码挑战
LeetCode	编程挑战和面试题平台,专注于算法和编程题

第 12 章 面试题指南

续表

网站名称	主要作用
牛客网	提供在线编程练习和面试题库
简书	内容创作平台,用户分享个人面试经验和技术文章
拉勾网	聚焦互联网行业的招聘平台,提供职位信息和面试指南
小红书	生活方式平台,用户分享工作和面试的个人经验
微博	社交平台,可以查找到名人、行业大咖的面试建议和职场经验
豆瓣	文化社区,有职场小组讨论和面试经验分享
B站	视频平台,提供与职场经验和面试技巧相关的视频内容

除了搜索整理的方式,我们还可以通过在线刷题的方式进行自我测试。在线刷题的优势就是效果更好一点,范围更广一点,但是针对性可能差一点,可以刷更多题,使自己获取一个实际状态。使用在线刷题和测验平台是一种练习和提升编程能力非常有效的方式,尤其适用于为技术面试做准备。有一些平台提供了大量的实践题目和即时反馈,可帮助你加深理解并掌握必要的技能。通过这种方式,你可以在实际面试前增强自信并准备好迎接挑战。表 12-3 是我给大家规划好的一些可以在线测试的网站,不过对有些内容可能需要收费,大家在使用的时候斟酌即可。

表 12-3 在线测试网站

网站名称	网站链接	收费模式
LeetCode	leetcode.com	免费/会员制
牛客网	nowcoder.com	免费/部分付费课程
力扣(LeetCode中国版)	leetcode-cn.com	免费/会员制
极客时间	geekbang.org	付费课程

其实对于国内编程行业来说,力扣还是很流行的。当然了,大家可以多试试,选择一个合适自己的网站即可。这样,我们就等于有了充足的"技术"准

备内容。一般来说，常见的面试题可以押中几道。不过面试几家之后，我们也可以自我总结。那个时候，我们也会自己整理真实的面试题。不过，上面的这些内容都可以当作我们的辅助材料。

　　回顾一下本章，我们探讨了面试题的多种分类和它们的具体目的，以及如何通过各种资源和策略来准备和练习这些问题。本章的重点在于让求职者了解，面试不仅仅是关于技术能力的展示，还涉及沟通、问题解决和压力管理等多方面的能力。通过这些练习，求职者可以提高自己的应对能力，更好地展示自己的综合素质。

下篇
就业指南

本篇是IT人职场旅程的第二阶段。本篇将和您一起深入探讨职业网络和人脉关系的打造与维护，如何选择和利用不同的求职渠道，以及对技能与知识进行持续补充。我们将共同学习面试过程的复盘与反思，提升面试话术与谈判技巧，掌握时间管理与目标设定的艺术，以及保持在面试中的管理心态，注意着装与礼仪。最后，我们将分享实际的求职经验，深入了解面试的各种方式，并探讨如何成功得到理想的工作机会。

现在，让我们一起继续迈向更深入的职业发展之路，走好求职旅程中的每一步，以便更好地准备，迎接职业生涯中的新挑战和机遇。

第 13 章
职业网络和人脉关系

本章概述

13.1 理解职业网络和人脉关系的重要性

13.2 维护和加强人脉关系

13.3 利用职业网络寻找工作机会

13.4 职业网络的道德规范

13.5 网络资源与工具

13.1 理解职业网络和人脉关系的重要性

当我们探讨职业网络和人脉关系的重要性时，我们不仅在讨论求职过程中的辅助工具，更是在讨论对职业发展至关重要的动力。在当今这个快速发展且高度互联的世界中，拥有一个强大的职业网络比以往任何时候都更为重要。它不仅是一个信息资源库，提供了那些通常不会公开发布的职位信息，而且是一个知识共享的平台，让人们可以从同行中学习新的技能和策略。通过职业网络，我们能够接触到行业内部的动态和趋势，从而更好地规划自己的职业路径，甚至获得那些仅通过公开渠道无法接触到的机会。此外，一个强大的网络还能帮助我们在需要的时候获得支持，无论是职业建议、心理鼓励，还是在职业生涯的关键时刻提供帮助。这样的网络不仅可以帮助我们在求职过程中取得成功，还可以为我们的整个职业生涯提供支持和指导。因此，理解并有效利用职业网络和人脉关系，不仅可以为我们的职业生涯开辟新的道路，还可以帮助我们在不断变化的工作环境中保持竞争力。

我们先来分别了解一下什么是职业网络和人脉关系。

职业网络和人脉关系是个人职业生涯发展中不可或缺的组成部分，它们在帮助个人实现职业目标和提升职业竞争力方面扮演着至关重要的角色。简而言之，职业网络是由个人在职业生涯中建立的联系和关系网构成的。这些联系可能包括同事、业内同行、前上司、导师、客户，甚至是在会议、研讨会或社交

第 13 章 职业网络和人脉关系

媒体平台上结识的专业人士。职业网络不仅限于个人所在行业，还可以横跨多个领域，为个人提供更广阔的择业视角和机会。

人脉关系是职业网络中更为个性化、更为深入的一部分。它指的是个人与他人之间建立的较为紧密、互惠互利的关系。这些关系通常基于共同的职业兴趣、目标或经历，可能通过长期的合作、共同的工作经历或共同参与的项目而建立和发展。人脉关系的核心在于彼此信任和支持，它可以在职业生涯的关键时刻提供必要的指导、资源或帮助。

要理解职业网络和人脉关系的重要性，首先要认识到它们是职业发展的一个多维度支持系统。在这个系统中，每个人都可以从他人那里学习新的观点和技能，获得关于行业动态的宝贵信息，甚至发现新的职业机会。同时，个人也可以通过自己的知识、经验和资源来帮助他人，从而在职业社群中建立积极的声誉和影响力。在这个过程中，个人不仅在职业上获得发展，也在人际交往和社交技能上得到提升，这对于个人在现代职场的成功至关重要。因此，无论是对于正在寻找工作的求职者，还是已经稳固职位的职场人士，都应该认识到职业网络和人脉关系的价值，并积极地去培养和维护这些关系。

表 13-1 展示的就是职业网络和人脉关系的重要性。

表 13-1 职业网络和人脉关系对职业的影响

指 标	描 述	数据/百分比	数据来源
内部推荐职位比例	公司通过内部推荐招聘的职位所占比例	30%—50%	2022年中国人力资源网市场调查
职业机会来源	通过职业网络发现的职业机会所占比例	约60%	2022年中国职场人脉网络调查
职业晋升影响	人脉关系对职业晋升的影响程度	70%的管理层认为极为重要	多家大型公司中国管理层人脉调查

续表

指　　标	描　　述	数据/百分比	数　据　来　源
薪酬差异	通过人脉关系获得职位与普通途径获得职位的薪酬差异	人脉途径获得职位的薪酬比普通途径获得职位的薪酬平均高出15%	中国职业薪酬报告
职业发展速度	有强大职业网络的个人与无职业网络个人的职业发展速度对比	有职业网络个人比无职业网络个人的职业发展速度快出约40%	中国职业发展趋势分析

在讨论职业网络和人脉关系的重要性时，特别是在中国这样一个以人情为纽带的社会中，这些关系的作用更是不可小觑。中国社会长期以来一直强调人际关系（人情）的重要性，在商业和职业领域尤其如此。在中国，职业网络和人脉关系（通常称为"关系"或"人脉"）不仅是个人职业成功的关键因素之一，也是社会和商业交往的基本组成部分。

在这样的文化背景下，个人的职业成功很大程度上依赖于建立和维护良好的人脉关系。人脉关系在中国职场中的作用表现在多个方面。

（1）资源获取和信息流通。在中国，许多关键信息和资源往往在非正式的人脉网络中流通。通过人脉关系，个人可以获得关于职位空缺、行业动态甚至潜在商业机会的第一手信息。

（2）商业机会与合作。在商业环境中，信任和关系网络是开展业务合作的重要基础。许多商业机会首先在信任的人脉网络中寻找合作伙伴。

（3）职业支持和指导。在人脉网络中，经验丰富的专业人士可以为职场新人提供宝贵的指导和支持，这在中国的职业文化中尤为重要。

（4）社会资本的积累。在中国，个人的社会地位和影响力在很大程度上取决于其所拥有的人脉网络的规模和质量。良好的人脉关系被视为一种重要的社会资本。

因此，在中国，职业网络和人脉关系的建立、维护与利用成为职业发展中不可或缺的一部分。理解并有效地应用这些关系，对于在中国职场中取得成功至关重要。然而，同时我们也需要注意，这种依赖人脉关系的文化提出了对职业道德和平等机会的挑战，这是在建立和利用职业网络时需要谨慎考虑的问题。

我们详细探讨了在中国这样一个重视人情和人际关系的社会中，职业网络和人脉关系的重要性。明确了这些关系对于获取职业信息、寻找工作机会、商业合作、职业指导，以及社会地位的提升等方面的显著影响。在中国的职场文化中，良好的人脉关系不仅能开启新的职业门路，还能为个人的长期发展提供稳固的支持。然而，正如我们所提到的，这种对人脉关系的依赖也带来了一定的职业道德挑战，我们需要在维护和利用这些关系时保持一定的平衡和敏感度。

13.2　维护和加强人脉关系

在前一节中，我们已经探讨了在中国这样一个重视人情和人际关系的社会中，职业网络和人脉关系的重要性。本节我们将探讨如何维护和加强这些关系。这个过程不仅涉及在初次建立联系时留下良好的印象，而且关注如何在长期的职业生涯中不断地投入时间和精力来培育这些联系。真正有效的人脉关系建立在相互信任和共同利益的基础上，这意味着我们需要定期与人脉网络中的人保持联系，可通过各种方式达成，如社交媒体、行业活动或私人聚会。同时，分享专业知识、提供帮助或寻求建议都是展现自身作为专业人士价值的方式。除此之外，加强人脉关系还需要我们识别和培养那些能带来互惠互利的关系，这不仅能带来即时的职业利益,更能为长远的职业发展打下坚实的基础。在维护和加强这些关系的过程中,我们还需要学会在尊重他人的同时,有效地表达自己的需求和期望,建立健康且长久的职业联系。通过这样的方式,我们不仅在职业生涯中建立了一个强有力的支持和合作网络,还能在他人需要帮助时提供支持,实现真正的职业共赢。

维护良好关系的过程包括哪些步骤呢?下面以同事为例进行说明,与同事维护良好关系的过程可以分为几个关键步骤,从最初的认识开始到逐步深化。这个过程不仅关乎工作中的协作效率,也影响着职业网络的建立和个人职业发展。以下是维护同事关系的几个主要步骤。

(1)初次接触和建立良好的第一印象。当你第一次遇到新同事时,保持友好、开放的态度至关重要。简单的自我介绍和了解对方的基本信息,如工作职责、背景和兴趣爱好,可以为未来的交流打下良好基础。在这个阶段,保持职业礼貌和展现真诚的兴趣是建立初步联系的关键。

(2)共同工作和建立信任。在日常的工作中,通过有效沟通、合作解决问题和分享成功,可以逐渐建立信任。在团队项目中展现可靠性、尊重他人意见并提供有建设性的反馈,可以加强同事之间的信任和尊重。

(3)共享资源和信息。主动分享对工作有益的信息和资源,如行业新闻、技能培训资源或与工作相关的小贴士,可以增强同事之间的相互依赖和合作关系。这种分享不仅能帮助同事,也能体现出你的专业性和乐于助人的态度。

(4)社交互动和深化关系。在工作之外,适当的社交互动,如共同参加职场活动、午餐聚餐或简单的茶歇聊天,能进一步加强人际关系。这些非正式的互动有助于了解同事的非工作面,建立更加个人化的联系。

(5)相互支持和帮助。在同事遇到困难时提供帮助,或在他们取得成就时表示祝贺和支持,可以加深彼此之间的联系。这种支持行为不仅能让你在同事心中建立积极和可靠的形象,还能够增强团队合作精神。

(6)长期维护和更新联系。即使你在职业生涯中发生工作变动,如部门调动或跳槽,保持与前同事的联系也是非常重要的。你可以通过社交媒体、定期见面或偶尔的邮件交流,长期维护和更新这些关系。

维护与同事的良好关系是一个持续的过程,这需要时间和努力。通过上述步骤,你不仅可以在工作中建立一个相互支持的高效环境,也为个人的职业网络构建了坚实的基础。当然,最重要的还是培养信任与默契以及多融入共同生活。

如何加强人际关系,在职场中,这是一门重要的艺术。它要求我们既要展现出个人的专业能力,又要展现出良好的人际交往技能。表13-2所示就是一些有效的方法和技巧,可用来加强职场中的人际关系。

表13-2 人际交往中有效的方法和技巧

人际交往方法技巧	方法技巧描述
积极倾听	积极倾听是建立强有力的人际关系的基石。这意味着不仅要听别人说什么,还要理解他们的感受和观点。在交谈中展现出真正的兴趣和关注,可以加深双方的交流
开放和诚实的沟通	直接而诚实的沟通有助于建立信任和透明度。在讨论问题或分享意见时,保持坦率且尊重的态度,可以增强双方的理解和尊重
共情和理解	能够站在他人的角度考虑问题,并展现出真诚的理解和共情,是加强人际关系的重要因素。这不仅表明你重视对方的感受,也能够促进更深层次的情感联系
定期的互动和联系	定期与他人保持联系是维护和加强关系的关键。通过定期打电话、发邮件或面对面的交流,可以保持关系的活跃和连续性
共同的目标和利益	在职场中,围绕共同的目标和利益进行合作是加强关系的有效方式。通过共同的项目和目标,可以在合作中加深相互之间的联系
正面反馈和认可	给予同事正面的反馈和认可,可以显著提升关系的质量。当同事表现出色时,及时的赞扬和支持不仅能增强他们的自信心,也能增进彼此的好感

续表

人际交往方法技巧	方法技巧描述
处理冲突的能力	在任何人际关系中,冲突都是不可避免的。有效地处理和解决冲突,不仅可以防止关系恶化,还可以通过共同解决问题来加强关系
个人边界的尊重	在加强人际关系的同时,也要注意尊重个人的边界。理解和尊重他人的私人空间和限制,有助于维持健康和平衡的关系
知道对方的爱好与兴趣	知道对方的爱好和兴趣是与对方深入沟通的一个重要技巧,因为只有在对方喜欢的领域,对方才会更愿意与我们进行交流,在交流的过程中可以提升双方的好感

通过运用这些方法和技巧,我们可以有效地加强职场中的人际关系,从而不仅在工作上取得更好的成果,也能在职业生涯中建立更加稳固和有益的网络。

在本节中,我们探讨了如何维护和加强人际关系的各种方法和技巧,强调了在职场中建立和维持健康人际关系的重要性。我们学习了积极倾听、诚实沟通、展示共情、保持定期互动、共享目标、提供正面反馈、妥善处理冲突,以及尊重个人边界等关键技巧。这些技能不仅对于日常的职业交往至关重要,也是在职业网络中建立信任和支持的基础。

13.3 利用职业网络寻找工作机会

在前文中,我们已经探讨了如何建立、维护和加强人际关系,这些关系在职场中的重要性不言而喻。现在,我们将探讨如何利用这些职业网络来寻找工作机会。在当今的职场环境中,网络关系往往是发现和获得工作机会的关键。通过有效利用职业网络,不仅可以获得关于新职位的信息,还可以得到内部推荐,这在求职过程中往往比传统的申请途径更为有效。

在这一节中，我们将详细探讨如何将已建立和维护的职业关系转化为寻找工作机会的实际策略。这包括如何在对话中婉转地表达自己正在寻找新的工作机会，如何在职业社交活动中有效地网络化，以及如何使用社交媒体平台来拓展职业机会。我们还将学习如何通过人脉关系获取内部信息，例如，公司的招聘需求和即将开放的职位，以及如何通过这些信息来定制个性化的求职策略。此外，我们也会探讨如何在利用职业网络的同时，保持职业道德和个人品牌的一致性，确保在寻求新机会的过程中，既体现出专业性，也保持个人的诚信和尊严。

1. 在职业社交活动中有效地建立人脉网络

在职业社交活动中有效地建立人脉网络是职场人士在职业发展中的一项关键技能。这项关键技能不仅有助于扩大你的职业网络，还能为你提供获得新工作机会和职业成长的机遇。以下是在职业社交活动中有效地建立人脉网络的几个步骤。

（1）事前准备：在参加职业社交活动之前，做好充分的准备至关重要。了解活动的主题、参与者和组织者，这样你就可以事先准备一些相关的话题和问题。同时，更新你的个人简介，确保它准确地反映你的专业背景和当前的职业目标。

（2）主动介绍自己：在活动中，不要害怕主动介绍自己。一个自信而友好的握手和清晰的自我介绍可以为后续的交谈奠定良好的基础。记住，你的目标是留下一个积极的第一印象。

（3）聚焦建立真实的连接：尽管在这些活动中建立尽可能多的联系很有诱惑力，但更重要的是要建立真实且有意义的连接。与他人深入交谈，真正了解他们的职业兴趣和需求，比简单地交换名片更有效。

（4）倾听比说话更重要：在交谈中，花时间倾听对方说话比不断谈论自己更为重要。通过表现你对对方言论的兴趣和理解，可以建立相互信任，并表明你是一个值得交往的人。

（5）共享有价值的信息：如果你能提供对对方有用的信息、建议或者联系，请不要犹豫，马上分享。通过分享有价值的资源，你可以表现出自己的专业性和乐于助人的态度。

（6）保持专业和礼貌：在所有的交流中保持专业和礼貌至关重要。即使你认为某种联系对你的职业发展没有直接帮助，也应该用尊重和礼貌的态度对待每个人。

（7）后续跟进：社交活动之后的跟进同样重要。通过电子邮件或社交媒体发送一条简短的感谢信息，或者提出具体的后续会面计划，可以巩固在活动中建立的联系。

通过以上步骤，可在职业社交活动中有效地建立人脉网络，这不仅能帮助你扩展职业圈子，也能提高你作为一个专业人士的声誉。这种策略性的网络化不仅为你目前的职业道路带来好处，也为你未来的职业发展打下坚实的基础。

2. 如何使用社交媒体平台拓展职业机会

使用社交媒体平台拓展职业机会是当今职场人士必备的技能之一。在数字化时代，社交媒体不仅是人们交流和分享生活的平台，也成为重要的职业发展和招聘工具。以下是一些有效利用社交媒体拓展职业机会的策略。

（1）选择合适的平台。首先，选择对你的职业发展最有利的社交媒体平台。对于职业发展而言，微信公众号、领英等平台通常是最受欢迎的选择，因为它们专注于职业网络和行业内容。

（2）建立专业的个人资料。确保你在社交媒体上填写的个人资料是最新的、专业的，并且完整地展示了你的技能、经验和职业兴趣。具体内容包括一个专业的头像，清晰的职业简介，以及你的工作经历和成就。

（3）发布和分享相关内容。定期发布和分享与你的职业领域相关的内容。这些内容可以是行业新闻、专业文章、自己的洞见或者参加的相关活动。这样做不仅可以展示你的专业知识，还可以吸引行业内其他专业人士的关注。

（4）建立和维护职业关系。与你的网络友人积极互动，包括评论他们的帖子，分享有价值的信息，以及参与相关的讨论。通过这些互动，你可以维护现有的职业关系，同时也可以吸引新的职业联系人。

（5）利用社交媒体的招聘功能。许多社交媒体平台都有招聘功能，你可以通过它们寻找和申请工作。例如，在智联招聘、BOSS直聘上，你可以搜索职位，设置职位提醒，并直接通过平台申请职位。

（6）参加在线网络活动。许多行业组织和公司会在社交媒体上举办网络活动，如网络研讨会、在线会议或者问答环节。参与这些活动不仅可以提升你的知识和技能，还可以让你结识行业内的其他专业人士。

（7）保持一致性和专业性。在社交媒体上，始终保持你的个人品牌和信息的一致性和专业性。记住，你在社交媒体上的表现和分享可以影响你的职业形象。

通过以上策略，你可以有效地利用社交媒体平台拓展你的职业机会。社交媒体不仅是展示你的专业形象和技能的平台，也是建立和维护职业关系，甚至直接寻找工作机会的有效工具。

3. 通过人脉关系获取内部信息

通过人脉了解公司的招聘需求和即将开放的职位，是一个高效且常被低估的求职策略。这种方法不仅可以让你提前了解潜在的职位信息，还可以帮助你更精准地制定求职策略。以下是实现这一目标的几个步骤。

（1）建立和维护广泛的人脉网络：首先，建立一个包括不同行业、不同公司和不同职能领域的人脉网络。这样可以确保你获取的信息范围更广泛，更有可能涵盖你感兴趣的领域和公司。记住，你的人脉不仅限于你直接认识的人，还包括他们的联系人。

（2）积极与人脉保持联系：通过定期与你的人脉保持联系，了解他们的最新情况，同时分享你的职业进展和兴趣。在职业交流中，你可以婉转询问他们公司或行业的最新动态，包括可能的招聘需求。

（3）参与行业活动和会议：参加行业活动、研讨会或其他职业会议，可以让你接触到更多的行业人士，并可能在非正式的交流中获取到宝贵的内部信息。

（4）表达你的职业兴趣和求职意向：在与人脉交流时，不妨明确表达你的职业兴趣和求职意向。这样做可以使你的联系人在听到相关信息时立即想到你。

（5）利用获取的信息制定求职策略：一旦获得了关于即将开放的职位或公司的招聘信息，你可以立即根据这些信息制定你的求职策略。这可能包括调整你的简历以匹配职位要求，准备针对该公司或行业的个性化求职信，或者通过你的人脉寻求内部推荐。

（6）准备面试和申请材料：在你的求职材料中强调你与该职位或公司特定需求的匹配度，可展示你对公司文化和业务的了解，以及你能为公司带来哪些价值。

（7）感谢提供信息的联系人：不要忘记对提供信息和帮助的联系人表示感谢。这不仅是良好礼仪的体现，也有助于维护和加强你与他们的关系。

通过这些步骤，你不仅可以利用人脉关系获取宝贵的内部信息，还可以更有效地制定你的求职策略，从而大大增加获得心仪职位的可能性。这种方法的成功，在很大程度上取决于你与人脉的关系质量以及你对信息的运用能力。

在本节中，我们探讨了如何通过人脉关系有效地获取关于公司招聘需求和即将开放的职位的内部信息，并利用这些信息来制定个性化的求职策略。我们了解到，通过维护广泛的职业网络、积极参与行业活动、表达职业兴趣和意向，以及根据获取的信息调整求职策略等方法，可以极大地提高求职的成功率。这种策略不仅涉及信息的获取和利用，也关系到如何维护和加强与人脉的关系，以及如何在这一过程中表现出专业性和诚信。

13.4 职业网络的道德规范

在之前的小节中，我们已经探讨了如何建立、维护和通过职业网络和人脉关系寻找工作机会，强调了在职场中这些关系的重要性以及如何有效利用它们以促进个人职业发展。然而，随着职业网络在职业生涯中扮演越来越重要的角色，遵循道德规范和维持高标准的职业操守也变得至关重要。本节，我们将探讨在建立和利用职业网络时应遵守的道德准则。这包括诚实地交流，尊重隐私，保持信息的机密性，以及公平地对待每一位联系人。我们还将讨论如何避免潜在的冲突，例如，避免利用职位优势或信息来获取不当利益，以及如何在职业网络中坚持透明和正直的行为。通过遵循这些道德规范，我们不仅能建立和维护一个健康和有益的职业网络，还能保持个人的职业声誉和信誉，为长远的职业成功奠定坚实的基础。

在谈及职业网络的道德规范时，我们需要关注以下七个核心原则，这些原则不仅能帮助我们建立健康的职业关系，而且是维护个人和职业声誉的基石，不可不重视。

1. 诚实与透明

在职业网络中的所有交流中保持诚实至关重要。这意味着不夸大自己的经验或技能，并且在提供信息时确保其准确性。透明地交流你的职业目标和意图，可以帮助建立互信，这是维持长期职业关系的基础。

2. 尊重隐私

尊重他人的隐私是职业网络中的一个重要方面。在分享信息或联络时，须始终注意个人隐私和数据保护。例如，在引介某人给另一位联系人前，最好先征得他们的同意。

3. 避免利益冲突

在利用职业网络时，避免利益冲突至关重要。这包括避免利用职业联系来获取不当的个人利益或损害他人利益。应明确并遵循你所在行业或公司的道德准则和规定。

4. 公平对待

无论是同事、上级还是行业内的其他联系人，都应以公平和尊重的方式对待他们，避免因为个人偏见或利益而给予特定个人以特殊待遇。

5. 保持职业界限

在职业网络中维持适当的职业界限非常重要。这意味着在职业关系和私人关系之间保持平衡，避免使私人生活过度干涉职业关系。

6. 负责任的信息共享

在分享信息时要有责任感，特别是涉及敏感或机密信息时。确保你有权分享该信息，并且分享的方式不会损害他人的利益或信誉。

7. 长期视角

在建立和维护职业网络时，宜保持长期视角。构建和维护职业关系不是一蹴而就的事，而是需要时间和持续努力的过程。始终保持职业道德和操守，从长远来看，可以帮助你建立一个强大而可靠的职业网络。

说到这里，有些同学可能还是不明白其中的一些道理，因此我用个故事来解释一下其中的"道德规范"，若不遵守，则很容易遭受不良后果。

李明是一位刚从大学毕业的年轻人，正急切地想在职场上寻找自己的第一份工作。李明的大学同学张伟，已经在一家知名科技公司工作，他听说公司正在招聘新员工，便决定帮助李明。

起初，张伟只是提供了一些建议和面试技巧。然而，随着面试日期的临近，李明越来越紧张，担心自己的表现。在一次晚餐聚会上，李明向张伟坦露了自己的担忧。张伟在内心经历了一番挣扎后，决定提供一些"额外的帮助"——他偷偷地给李明一份面试的具体题目和答案。

李明本能地感到这样做可能不妥，但出于对工作的渴望，加上张伟的鼓励，他还是接受了这份"帮助"。面试当天，李明凭借提前准备好的答案表现出色，顺利通过了面试并获得了工作。

一开始，李明在新工作中做得很好。同事们对他的能力印象深刻，他也很快融入了团队。然而，问题在一个不经意的午餐聚会上暴露了。在谈话中，一位同事提到了他们公司严格的面试流程，李明在放松的氛围中不经意地提到了自己是如何通过"内部帮助"轻松通过面试的。这位同事对李明的话感到震惊，并很快将这一信息传达给了人力资源部。

公司对此事进行了调查，发现了张伟向李明提供面试题和答案的事实。结果，李明和张伟都因违反公司的道德规范和保密政策而被解雇。李明突然意识到，他的一时冲动和对道德规范的忽视不仅害了自己，也连累了帮助他的朋友。

这个故事强调了遵守职业道德规范的重要性。张伟的行为虽出于好意，却忽略了职业道德和诚信。

这个故事展示了即使在面临职业挑战和压力时，也要注意自己的言行。它揭示了违反职业道德可能带来的严重后果，不仅影响个人的职业生涯，也可能对他人造成负面影响。故事强调了在职业网络中遵循道德规范的必要性，以及在追求职业成功时保持诚信和透明度的重要性。

13.5　网络资源与工具

在前面的小节中，我们深入探讨了职业网络和人脉关系的重要性，如何维护和加强这些关系，以及在建立和利用职业网络时应遵守的道德规范。这些讨论为我们提供了深刻的洞见，帮助我们明白了在职业发展中建立强有力的人际关系网络的价值。然而，为了更有效地建立和维护这些关系，我们需要利用现代的网络资源和工具。

在本节中，我们将探索各种可用于建立、维护和加强职业联系的现代技术和平台。随着数字技术的飞速发展，社交媒体平台、职业网络应用、在线论坛和虚拟会议工具等成为建立职业联系的重要渠道。我们将介绍如何有效地利用这些工具来扩展你的职业网络，包括建立一个吸引人的在线职业档案，在社交媒体平台上建立和维护联系，使用职业网络应用来发现和申请工作机会，以及通过参与在线论坛和虚拟研讨会来加强行业内的联系。

此外，我们还将讨论一些辅助工具，如联系人管理软件和网络日程安排工具，它们可以帮助你更有效地管理和跟踪你的职业联系。通过对这些资源和工具的综合运用，你不仅可以更高效地建立和维护职业网络，还能更好地利用这些网络来推进你的职业发展。在这个数字时代，掌握这些网络资源和工具的使用方法，已成为职场成功的关键要素之一。

在探索用于建立、维护和加强职业联系的现代技术和平台时，我们可以通过一个详细的表格来对比这些工具的优势、劣势以及应用场景。表13-3所示是几种主要的平台和工具及其特点对比，它们是国内用于建立、维护和加强职业联系的主流技术和平台。

表13-3 国内用于建立、维护和加强职业联系的主流技术和平台

平台/技术	优势	劣势	应用场景
脉脉	针对中国市场的职业社交平台，便于发现行业内的职业机会	用户群体相对有限，隐私保护亟待加强	国内职业机会探索，行业内部人脉拓展
微信公众号	高度本土化，用户基数大，适合建立更加私人化的联系	信息较为杂乱，专业性不如专业职业平台	个人品牌建设，内容营销，日常交流
BOSS直聘	直接与招聘方沟通，招聘流程简化，适合快速求职	职位信息和企业质量不一，存在虚假职位风险	求职应聘，直接与招聘者或招聘经理沟通
知乎	平台内容丰富，适合深入探讨专业话题	信息质量参差不齐，需要筛选	行业知识分享，专业问题讨论
微博	广泛的用户基础和信息覆盖，适合追踪行业动态和品牌建设	信息过载，专业性相对较低	职业品牌宣传，行业新闻追踪

续表

平台/技术	优　势	劣　势	应用场景
企业微信	专为企业沟通设计，功能丰富，适合团队协作和职业沟通	主要局限于已建立的企业或团队内部沟通	企业内部沟通，项目管理，团队协作
钉钉	强大的企业沟通和协作功能，适合远程工作和团队管理	更多的时候被企业内部使用，社交功能相对有限	远程办公，企业内部沟通，团队管理

上面提到的平台都各具特点，为国内职场人士在建立和维护职业网络方面提供了多样化的选择。

（1）脉脉。专注于中国市场的职业社交平台，提供了一个专业的环境，让用户可以寻找职业机会、拓展行业内部人脉，同时还可以获取行业动态和市场信息。其主要特点是强调专业性和行业相关性。

（2）微信公众号。作为一个高度本土化的平台，微信公众号允许个人和企业建立个人品牌，通过内容发布和互动营销来增强用户之间的联系。它的优势在于庞大的用户基数和日常生活中的广泛应用。

（3）BOSS 直聘。它提供了一个直接与招聘方沟通的渠道，使求职过程更为快捷直接。其特点是用户界面友好，招聘流程简化，但用户需注意辨别职位的真实性。

（4）知乎。这是一个内容丰富的问答社区，适合于深入探讨专业话题和分享行业知识。它的特点是知识共享和专业交流，但信息的质量和专业度有高有低。

（5）微博。作为一个广泛使用的社交平台，微博适合于追踪行业动态和进行品牌宣传。其主要特点是信息覆盖广泛，更新速度快，但专业性和深度相对较低。

（6）企业微信。它是专为企业内部沟通和协作设计的平台，提供了丰富的功能，包括消息沟通、文件共享和团队协作工具。其特点是提高了企业内部沟通的效率和安全性。

（7）钉钉。类似于企业微信，钉钉也是一个专注于企业沟通和协作的平台，特别适合于远程工作和团队管理。其特点在于强大的企业服务功能和高效的团队协作支持。

综合来看，这些平台各有所长，适用于不同的职业发展需求和沟通场景。用户可以根据自己的具体需求和职业目标选择合适的平台来建立和维护职业关系，同时利用这些平台的特点来推动自己的职业发展。

上述工具我们都可以使用，帮助我们有效地管理和跟踪自己的职业联系，并利用这些资源和工具高效地建立和维护职业网络，推进自己的职业发展。

陈明是一名软件开发工程师。他对技术充满热情，经常在业余时间研究新的编程技术和趋势。陈明创建了一个微信公众号，名为"陈明的编程视界"，以此分享自己对技术的见解和经验，同时也希望与更多同行交流。

起初，陈明公众号的关注者寥寥无几，只有他的一些朋友和同事。然而，他并没有因此气馁，而是坚持每周更新内容，从编程技巧、行业动态到个人项目经验分享，内容丰富又深入。随着时间的推移，他的文章开始吸引越来越多的读者，并在技术圈内小有名气。

有一天，一家小型科技公司联系陈明，希望他能在公众号上为他们的产品写一篇推广文章。陈明经过考虑后，决定接受这个机会。这篇文章获得了巨大成功，不仅为公司创造了宣传效果，也为陈明的公众号增加了大量新粉丝，公众号还因此获得了收益。

随着粉丝数量的增长，陈明的公众号开始变得更加活跃，他开始接触到更多的行业内部人士和其他软件开发爱好者。他的公众号成为他展示专业技能和分享技术见解的平台，逐渐成为他职业身份的一部分。

在一天晚上，陈明收到了一封来自一家大型科技公司技术主管的私信。原来，这位技术主管是他公众号的"悄悄粉丝"，他对陈明的技术洞察和编程技能印象深刻，碰巧他任职的公司正好缺乏这方面的技术人才。于是，在进行了几轮深入的交流后，技术主管向陈明提出了一份工作邀请，希望他加入公司的研发团队。

这时陈明面临着一个重要的职业抉择。一方面，他的公众号已经开始为他带来一定的经济收入和职业认可；另一方面，这个新的工作机会意味着他可以在一个更大的平台上施展才华。经过深思熟虑，陈明决定接受这个工作邀请，同时放缓公众号的更新，因为他认为这份工作将是一个促进他职业成长的绝佳机会。

陈明的故事告诉我们，通过持续地在专业平台上分享知识和观点，不仅可以建立个人品牌，也可以为自己带来意想不到的职业机遇，这就是网络资源工具的魅力。在数字时代，利用社交媒体和网络平台展现自己的专业能力，无疑是推进职业发展的有效途径。

在本节中，我们深入探讨了建立和维护职业联系的重要性，以及如何在职场中有效地利用这些联系。从理解职业网络的价值，到学习维护和加强这些关系的技巧，再到探索现代技术和平台如何帮助我们在职业生涯中取得成功，涵盖了广泛的主题。特别是通过一些故事，我们看到了如何利用社交媒体平台（如微信公众号）来建立个人品牌，并最终获得职业发展的机会。这些内容不仅提供了实用指导，还强调了在职业发展过程中保持道德规范的重要性。

第 14 章
求职渠道选择与对比

本章概述

14.1 了解各种求职渠道

14.2 各种求职渠道的优点和局限性

14.3 求职渠道类别的详细对比

14.4 如何根据个人情况选择合适的求职渠道

14.5 如何高效使用各种求职渠道

14.6 未来的求职渠道

14.1　了解各种求职渠道

在当今这个职业机会多样且竞争激烈的时代,对各种求职渠道有一个深入的理解变得尤为重要。从传统的网上招聘平台到专业的猎头服务,再到基于关系网络的朋友推荐,每种渠道都有其独特的优势和局限性。网上招聘平台,如智联招聘、前程无忧等,提供了一个广阔的求职信息池,让求职者能迅速接触到大量职位;猎头服务则在为求职者提供精准职位匹配的同时,也给予专业的职业发展建议;而通过朋友关系或专业网络的推荐,求职者不仅能接触到那些不为公众所知的机会,还能在求职过程中获得更多的支持和信任。此外,随着社交媒体平台的兴起,如微信和领英,求职者有了更多展示自己专业技能和建立职业形象的机会,这些平台不仅能助力求职者发现新的职业机遇,还可以用于扩展和深化职业联系。在这个多元化的求职渠道中,每个人都可以根据自己的需求和职业规划,选择最合适的方式来探索和把握职业机会,这对于个人的职业发展至关重要。

其实关于求职渠道的分类并不多,若细分,常见的有五类,如表14-1所示。

表14-1　常见求职渠道的优、劣势

求职渠道的类型	优　势	劣　势	面试方式
网上招聘平台（如智联招聘、前程无忧）	(1) 提供大量职位信息 (2) 可以快速投递简历 (3) 方便筛选和搜索职位	(1) 高竞争性 (2) 信息过载,筛选质量参差不齐	(1) 在线申请 (2) 电子邮件或电话初筛 (3) 视频或现场面试

第14章 求职渠道选择与对比

续表

求职渠道的类型	优 势	劣 势	面 试 方 式
猎头服务	（1）提供定制化职位匹配服务 （2）专业的职业发展咨询 （3）适合中高端职位	（1）职位选择有限 （2）更侧重于高级职位和专业人士	（1）一对一咨询 （2）面对面或视频深度面试 （3）可能包括多轮面试
朋友和专业网络推荐	（1）增加信任度和可靠性 （2）接触非公开的职位机会 （3）获得内部推荐	（1）机会受限于网络规模和质量 （2）可能存在利益冲突	（1）通常是非正式的初步接触 （2）后续可能有正式的面试流程
社交媒体平台（如抖音、微信、微博）	（1）展示个人品牌和专业成就 （2）直接与招聘方互动 （3）发现隐藏的职业机会	（1）需要持续地内容更新和维护 （2）需要时间构建专业网络	（1）通过平台接触和交流 （2）可能包括非正式的初步沟通 （3）随后可能转为标准的面试流程
校园招聘和招聘会	（1）面对面接触多家企业 （2）针对应届毕业生的机会 （3）直接了解企业文化和职位信息	（1）高竞争性 （2）受限于会场安排和时间	（1）现场交流和简历提交 （2）现场或后续安排的面试

通过这个表格，我们可以看到每种求职渠道都有其独特的优势和劣势，以及相应的面试方式。求职者可以根据自己的职业目标和偏好选择最合适的渠道，并准备相应的面试策略。了解这些不同渠道的特点和面试流程，将有助于求职者更有效地规划求职策略，从而提高求职成功率，当然每种类型也有属于自己的技巧和更适合的人群，我们先来分析一下：

（1）网上招聘平台。这些平台适合广泛的求职者，特别是那些希望快速浏览和申请多个职位的人。技巧在于使用有效的关键词搜索、利用筛选工具缩小职位范围，并且定期更新简历以保持其相关性。

（2）猎头服务。猎头更适合寻求中高端职位的专业人士，尤其是那些在特定行业或领域有资深经验的人。技巧在于建立和维护与猎头顾问的良好关系，清晰地表达自己的职业目标和期望。

（3）朋友和专业网络推荐。这种渠道适用于所有类型的求职者，尤其是那些拥有较强人际网络的人。技巧在于积极建立和维护人际网络，不定期地分享自己的职业发展目标和求职需求。

（4）社交媒体平台。这种渠道适合那些希望通过建立个人品牌来吸引潜在雇主的求职者。技巧在于定期发布与自己专业领域相关的内容，积极参与与行业相关的讨论，以及建立与行业内其他专业人士的联系。

（5）校园招聘和招聘会。这种渠道主要适合应届毕业生和初入职场的年轻人。技巧在于准备一份简洁明了的简历，学会如何快速有效地向招聘方介绍自己，以及在招聘会上积极与企业代表交流。

其实总体而言，每种求职渠道都有其独特优势，求职者应根据自己的职业背景、工作经验和职业目标来选择最合适的渠道。有效地利用这些渠道，不仅可以提高找到合适职位的概率，还可以在整个职业生涯中建立有价值的职业关系。在职场求职的众多途径中，除了上述那些常见的网上招聘、猎头服务和社交媒体平台等方式，还存在一些相对较冷门但同样有效的求职类型和方式。这些渠道可能不为大众所熟知，但在某些情况下可能非常有效。以下是一些较为冷门的求职类型及其特点。

（1）行业协会或专业团体。加入特定行业的专业协会或团体可以为求职者提供行业内部的职位信息。这些团体通常会举办行业会议、研讨会和网络活动，这些是建立专业联系和发现潜在工作机会的绝佳平台。

第14章 求职渠道选择与对比

（2）志愿工作和实习。对于初入职场或希望转行的求职者来说，参与志愿工作或实习项目是一种有效的方式。通过这些活动，不仅可以积累相关经验，还可以扩展职业网络，并有可能转化为正式的工作机会。

（3）行业会议和研讨会。虽然这些活动的主要目的不是招聘，但它们提供了与行业领袖和同行面对面交流的机会。主动参与讨论和建立联系可以让求职者在这些活动中发现潜在的职业机会。

（4）学术和研究机构。对于在学术领域或研究行业寻求工作的求职者，直接与大学、研究机构或特定研究项目的负责人联系可能是一种有效的求职方式。这种方式尤其适用于那些寻求科研、学术或技术研发职位的人。

（5）专业论坛和在线社群。加入特定行业或领域的论坛和在线社群可以帮助求职者了解行业动态，专业论坛和在线社群同时也是展示专业知识和技能、建立行业联系的平台。

这些冷门的求职方式往往需要求职者更加主动和策略性地去探索和利用。虽然它们可能不像传统的求职渠道那样直接，但在某些情况下，它们可以提供独特的机会和更深层次的职业联系。

本小节我们探索了多种求职渠道，包括常见的求职渠道，如网上招聘平台、猎头服务、社交媒体，以及一些较为冷门但同样有效的方式，如行业协会或专业团体的参与、志愿工作和实习、行业会议和研讨会，以及通过学术和研究机构或专业论坛和在线社群进行寻职。这些渠道各有其特点和适用场景，为不同类型的求职者提供了多样化的选择。通过了解这些渠道的特性，求职者可以更有针对性地选择和利用它们，以提高求职效率和成功率。

14.2　各种求职渠道的优点和局限性

在这一小节中，我们将深入探讨各种求职渠道的优点和局限性，这对于求职者而言至关重要。不同的求职渠道，如网上招聘平台、猎头服务、社交媒体、行业会议等，拥有各自独特的优势，但同时也存在一定的局限性。例如，网上招聘平台虽然能提供大量职位信息，但可能缺乏个性化服务；猎头服务能提供专业的职位匹配服务，但可能不适合初级职位或刚入行的求职者；社交媒体平台可以帮助求职者建立职业网络，但可能需要较长时间来影响职业发展。了解这些渠道的具体优势可以帮助求职者有效利用它们，而认识到它们的局限性则有助于避免过度依赖单一渠道或对结果有不切实际的期望。通过全面比较不同渠道的特点，求职者可以更加明智地选择适合自己的求职方式，通过结合多种渠道的优势，制定出更加全面和有效的求职策略。在这一过程中，求职者不仅能更加深入地了解职场的运作方式，也能更好地给自己定位，找到最适合自己的职业道路。

下面我们逐一具体分析上一小节给大家总结的求职渠道的类别，以方便大家通过分析快速地知道每个类别的具体状态，在未来使用时能做出一些提前预判。

1. 网上招聘平台

在当今的求职环境中，网上招聘平台如智联招聘、前程无忧和拉勾网等，成为求职者的主要工具。这些平台各有优点和局限性，表 14-2 是网上招聘平

第14章 求职渠道选择与对比

台的优点及局限性分析。

表14-2 网上招聘平台的优点及局限性

优　　点	局　　限　　性
（1）信息量大。网上招聘平台提供了大量的职位信息，覆盖各行各业，为求职者提供了广阔的选择空间。 （2）搜索便捷。这些平台通常配备了高效的搜索引擎，允许求职者根据职位类型、地点、薪酬等条件进行筛选，快速找到合适的职位。 （3）申请简化。在线申请职位的过程简单快捷，求职者可以轻松上传简历并申请多个职位。 （4）实时更新。职位信息经常更新，求职者可以及时了解最新的职位空缺和市场动态。	（1）竞争激烈。由于平台用户众多，对于每个职位来说，求职者面临的竞争非常激烈。 （2）信息质量参差不齐。职位信息的质量和真实性有时难以保证，求职者可能需要花费额外的时间来筛选和验证。 （3）缺乏个性化服务。这些平台往往缺乏针对个人情况的个性化职业建议或服务。 （4）过度依赖电子筛选。简历筛选往往依赖于关键词匹配和自动化流程，可能导致合适的候选人被忽略。

网上招聘平台在提供广泛职位信息和便捷申请流程方面具有显著优势，但求职者也应意识到其中的激烈竞争和信息筛选的挑战。有效利用这些平台的关键在于制作一份突出且符合关键词优化的简历，以及对职位信息进行仔细地甄别和选择。

2. 猎头服务

猎头服务是求职者寻找工作的另一种途径，特别是对于中、高级职位或特定专业领域的职位。表14-3是猎头服务的优点和局限性。

表14-3 猎头服务的优点和局限性

优　　点	局　　限　　性
（1）专业匹配。猎头公司通常具有深入的行业知识和广泛的企业网络，能够根据求职者的专业背景和职业目标提供更精准的职位匹配服务。	（1）专注于特定职位。猎头服务通常专注于中、高级职位或特定专业领域的招聘，对于欲求初级职位或广泛的求职者来说可能不是最佳选择。

续表

优 点	局 限 性
（2）访问隐藏市场。猎头服务可以让求职者接触到那些未公开招聘的高级职位，这些职位信息通常只在内部网络中流传。 （3）职业发展咨询。专业的猎头顾问不仅提供职位匹配服务，还能就职业发展提供咨询和建议，帮助求职者规划未来的职业道路。 （4）协助面试准备。猎头通常会为求职者提供关于面试准备的帮助，包括简历优化、面试技巧指导等。	（2）服务对象有限。猎头服务的客户通常是雇主，因此他们的主要目标是满足雇主的需求，而不一定完全符合求职者的个人职业目标。 （3）过程可能较慢。由于猎头服务的定制化和专业性，从寻找合适的职位到完成招聘的过程可能比直接申请职位更长。 （4）机会的数量有限。相比于网上招聘平台，通过猎头获得的职位机会相对较少。

猎头服务是一种专业、定制化的求职途径，特别适合那些寻求中、高级职位或特定行业机会的专业人士。求职者应该了解猎头服务的特性，合理利用猎头的专业知识和网络资源，同时也要清楚地表达自己的职业目标和期望，以确保找到最合适的职位。

3. 朋友和专业网络推荐

朋友和专业网络推荐是一种基于人际关系的求职方式，它依赖于个人的社交网络来发现和获得职位机会。这种渠道同样具有明显的优点和局限性，如表14-4所示。

表14-4 朋友和专业网络推荐的优点和局限性

优 点	局 限 性
（1）增强信任度。通过朋友或专业网络的推荐求职可以提高求职者在招聘方眼中的信任度。被推荐人通常被认为更可靠，因为他们是通过可信的第三方介绍的。 （2）接触隐藏的职位。某些职位信息可能只在内部网络中传播而不公开招聘该职位，通过人脉关系推荐可以让求职者接触到这些隐藏的机会。	（1）机会受限于网络范围。这种求职方式的机会范围直接受限于个人的社交和专业网络的大小和质量。 （2）可能产生利益冲突。在某些情况下，通过朋友或专业网络推荐求职可能会引起利益冲突，特别是在推荐人和求职者之间存在直接的职业关系时。

续表

优　点	局　限　性
（3）获取内部信息。朋友或专业联系人可以提供关于职位和公司的内部信息，这有助于求职者更好地准备申请和面试。 （4）简化求职过程。有时候，通过人脉推荐的求职者可以绕过初步筛选阶段，直接进入面试环节	（3）过度依赖人际关系。过度依赖人际关系可能会限制求职者探索更广泛的职业机会，或忽视其他有效的求职渠道。 （4）职业发展的局限性。长期依赖人脉关系推荐职位可能会限制个人职业技能和经验的多元化发展

总之，通过朋友和专业网络的推荐是一种有效的求职方式，尤其是在寻找隐藏的职业机会和提高求职成功率方面。然而，求职者也需要意识到这种方式的局限性，并努力拓展和深化自己的职业网络，同时探索和利用其他求职渠道。

4. 社交媒体平台

随着社交媒体在日常生活中的普及，如抖音和微信公众号等平台已成为职场人士求职和建立职业形象的重要工具。这些平台的优点和局限性如表14-5所示。

表 14-5　社交媒体平台的优点和局限性

优　点	局　限　性
（1）建立个人品牌。社交媒体平台提供了一个展示个人专业技能和知识的舞台，有助于建立和加强个人品牌。 （2）广泛的覆盖和影响力。通过抖音和微信公众号，求职者可以触及广泛的受众群体，增加曝光度，吸引潜在的雇主或合作伙伴。 （3）直接与企业互动。这些平台上的互动特性可以使求职者直接与企业或招聘方进行沟通交流。	（1）竞争激烈。在社交媒体上产生明显的影响力和关注度需要时间和持续的努力，竞争非常激烈。 （2）内容质量管理。维护高质量的专业内容需要持续的创新和更新，这可能会占用大量时间和资源。 （3）专业性的限制。虽然社交媒体适合建立职业形象，但其专业性可能不如传统的职业网络平台。

续表

优　点	局　限　性
（4）发现隐藏机会。社交媒体上的内容分享和网络互动有时可以揭露未公开的职位信息或职业机会	（4）隐私和形象风险。社交媒体上活动可能涉及个人隐私和形象管理的风险，发布不合适的内容可能会对职业形象造成负面影响

虽然社交媒体平台（如抖音和微信公众号）为个人品牌建设和职业机会的发现提供了广阔的空间，但求职者也需要精心策划自己的内容和形象，同时注意维护这些平台的时间成本和潜在风险。

5. 校园招聘和招聘会

对于许多即将步入职场的毕业生来说，校园招聘和各类招聘会是寻找工作机会的主要途径。这些活动有其独特的优点和局限性，如表14-6所示。

表14-6　校园招聘和招聘会的优点和局限性

优　点	局　限　性
（1）直接接触雇主。校园招聘和招聘会提供了与潜在雇主直接面对面交流的机会，使求职者能够直接了解公司文化和职位要求。 （2）针对性强。这些活动往往针对特定的人群，如应届毕业生，因此所提供的职位更符合他们的需求和背景。 （3）获得即时反馈。在招聘会上，求职者可以从企业代表那里获得即时的反馈和建议，这对于提高求职技巧非常有帮助。 （4）多样化的职位选择。在这些活动中，求职者可以一次性了解多个公司和多种职位，提供了广泛的选择	（1）竞争激烈。校园招聘和招聘会往往能吸引大量求职者，因此竞争非常激烈。 （2）信息量有限。尽管求职者可以直接与雇主交流，但在短时间内能够获取的公司信息和职位信息依然有限。 （3）机会集中在特定时期。校园招聘和招聘会通常集中在特定的时间段，比如每年的毕业季，这限制了求职者的灵活性。 （4）重视初印象。由于接触时间有限，求职者需要迅速给招聘方留下良好印象，这对于沟通和自我展示的要求较高

校园招聘和招聘会是适合应届毕业生寻找工作的一个有效途径，但也要意识到其局限性，并准备好在激烈的竞争中脱颖而出。求职者应该事先准备好简

历，提前了解参与的公司和职位，以及练习简短而精准的自我介绍技巧。

在本节中，我们详细探讨了多种求职渠道的优点和局限性。从网上招聘平台的广泛信息覆盖到猎头服务的专业匹配，再到基于人际关系的朋友和专业网络推荐，以及社交媒体平台的个人品牌建设和校园招聘会的面对面机会，每种渠道都有其独特的优势和适用情况。同时，我们也意识到，这些渠道都有各自的局限性，如竞争激烈、信息质量参差不齐、机会的局限性等。理解这些渠道的特点能帮助求职者根据自己的需求和背景选择最合适的方法，并制定有效的求职策略。

14.3　求职渠道类别的详细对比

在这一节中，我们将深入探讨不同求职渠道的具体对比，从而为求职者提供更加全面的视角，帮助他们根据自己的情况做出更合适的选择。这一小节的核心内容将围绕多个维度展开，包括每种渠道所需投入的时间和精力、对不同职位类型的适应性、成功率的差异，以及各种渠道可能带来的长远职业发展机会。

我们将对比网上招聘平台、猎头服务、朋友和专业网络推荐、社交媒体平台，以及校园招聘和招聘会等常见求职渠道。例如，网上招聘平台可能需要求职者花费大量时间浏览和筛选职位，而猎头服务则可能更专注于为求职者提供定制化的匹配服务，但需要求职者有一定的职业经验和明确的职业目标。同样，通过朋友和专业网络的推荐可能有助于求职者接触到隐藏的职位机会，但这通常要求求职者有较强的人脉网络。此外，社交媒体平台虽然提供了一个展示个人专业能力和建立职业形象的平台，但构建影响力通常需要较长时间。而对于应届毕业生而言，校园招聘和招聘会则提供了直接与雇主接触的机会，尽管竞争可能非常激烈。

通过这一细致的对比分析，求职者不仅能够更清晰地认识到每种渠道的优势和局限，还能够根据自己的职业阶段、技能集和职业目标，选择最适合自己的求职方式。这样的全面对比将有助于求职者更有效地规划自己的求职策略，提高找到理想工作的概率。

我们还是来展示"网上招聘平台、猎头服务、朋友和专业网络推荐、社交媒体平台、校园招聘和招聘会"这几个类别在效率、速度、竞争程度、成本投入、投入时间和投入精力这些维度上的情况，通过这些展示，我们可以更有效地看到每个类别的特点，如表14-7所示。

表14-7 不同类别的求职渠道的各种维度对比

维　　度	网上招聘平台	猎 头 服 务	朋友和专业网络推荐	社交媒体平台	校园招聘和招聘会
效率和速度	★★★★☆	★★★☆☆	★★★☆☆	★★☆☆☆	★★★☆☆
竞争程度	★★★☆☆	★★☆☆☆	★★☆☆☆	★★★☆☆	★★★★☆
成本投入	★★★☆☆	★★★☆☆	★★★☆☆	★★☆☆☆	★★★☆☆
投入时间	★★★☆☆	★★★★☆	★★★★☆	★★★★☆	★★☆☆☆
投入精力	★★★☆☆	★★★★☆	★★★☆☆	★★★★☆	★★☆☆☆

表14-7提供了一个直观的比较，可帮助求职者根据自己的情况选择最合适的求职渠道。例如，网上招聘平台在效率和成本投入方面表现较好，但在竞争程度和投入时间上评分较低。猎头服务在投入时间和精力方面得分高，但在竞争程度上得分较低。朋友和专业网络推荐在时间投入方面表现良好，而社交媒体平台在投入时间和精力方面得分较高，但在效率方面得分较低。校园招聘和招聘会则在竞争程度方面得分高，但在投入时间和精力方面得分较低。通过

这样的综合对比，求职者可以更有针对性地选择适合自己的求职途径。接下来，我们再来分析一下所有类别的其他维度的对比。

1. 网上招聘平台的其他维度分析

（1）职位匹配度。网上招聘平台通常提供广泛的职位选择，但它们在精确匹配职位方面可能有所不足。虽然有搜索和筛选功能，但求职者通常需要花费时间筛选大量职位以找到最适合的机会。这些平台更多依赖于求职者主动搜索，而非提供个性化的匹配推荐服务。

（2）资源和网络的利用。网上招聘平台虽然提供了丰富的职位信息资源，但对于建立和利用人际网络方面的支持有限。它们更多侧重于提供信息，而不是促进人际互动或建立长期职业关系。

（3）行业的特定性。许多网上招聘平台都具有一定程度的行业覆盖广度，但对于特定行业或专业领域的深入了解和专业匹配可能不如行业专门的招聘网站。

（4）职位级别和类型。这些平台通常提供从入门级到高级管理职位的广泛范围。然而，对于非常高级或特定专业技能的职位，如高级管理职位或特殊技术岗位，可能不如猎头服务那样有效。

（5）地理位置和可达性。网上招聘平台在地理位置上通常具有广泛的覆盖范围，适合寻找各个地区的工作机会。这对于不限定特定地理位置的求职者来说是一个优势。

（6）个人偏好和工作风格。对于更喜欢自主搜索和筛选职位信息的求职者来说，网上招聘平台是一个理想的选择。然而，对于那些更倾向于一对一交流或寻求个性化职业建议的人来说，这些平台可能不够理想。

所以，网上招聘平台在提供广泛的职位选择和地理覆盖方面表现良好，但在提供个性化匹配和深入行业专业性方面可能存在局限。求职者在使用这些平台时应弄清楚自己的职业目标和偏好,以便更有效地利用这些平台的资源。

2. 猎头服务的其他维度分析

(1) 职位匹配度。猎头服务在职位匹配度方面通常表现出色。猎头顾问会仔细评估求职者的技能、经验和职业目标,提供高度个性化的匹配服务。他们精通市场动态和行业需求,能够精确地将求职者与适合的职位相对接。

(2) 资源和网络的利用。猎头服务提供了访问广泛的行业资源和专业网络的机会。猎头通常拥有丰富的企业联系方式和内部信息,能够将求职者引荐给那些未公开的高质量职位。

(3) 行业特定性。许多猎头公司或顾问专注于特定行业,提供深入的行业知识和专业的职业指导。对于那些寻求特定行业内高级职位的求职者来说,猎头服务尤其有价值。

(4) 职位级别和类型。猎头服务特别适用于为中、高级管理职位或具有特定专业技能要求的职位寻找候选人,可能不太适合初级或入门级职位的求职者。

(5) 地理位置和可达性。猎头公司在多个地区都有业务,但它们在为求职者提供国际或跨地区职位方面可能有局限性。猎头服务更适合那些寻找特定地区内职位的求职者。

(6) 个人偏好和工作风格。对于偏好一对一专业咨询、期望获得定制化职业建议的求职者,猎头服务是一个理想的选择。然而,这种服务可能不适合那些更喜欢自主搜索职位的求职者。

综上所述,猎头服务在提供个性化的职位匹配和专业网络资源方面有明显优势,尤其适用于寻找高级职位的专业人士。然而,这种服务在地理范围和职位级别的适应性上可能有局限性。求职者应根据自己的职业目标和个人偏好来决定是否利用猎头服务。

3. 朋友和专业网络推荐的其他维度分析

（1）职位匹配度。通过朋友和专业网络推荐这一渠道通常在职位匹配度上表现良好，尤其是当推荐人对求职者的能力和职业目标有深刻了解时。这种方式更多依赖于推荐人对求职者个人特点的了解，而非仅基于职位描述。

（2）资源和网络的利用。利用个人的朋友和专业网络对于发现新的职业机会非常有效。这种方式依赖于个人社交网络的质量和规模，以及在行业内的声誉和联系。

（3）行业特定性。朋友和专业网络推荐在某些行业中可能更为常见，特别是在那些重视人际关系和内部推荐的行业。在这些领域，人脉关系往往是获取职位信息和机会的重要渠道。

（4）职位级别和类型。这种推荐方式在各个职位级别上都可能有效，但对于高级职位或需要特定网络背景的职位尤其有用。它有助于求职者接触到那些可能未公开招聘的职位。

（5）地理位置和可达性。朋友和专业网络推荐在地理位置上可能有所局限，通常更适用于求职者所在的地区或行业圈子内。跨地区或国际职位可能不易通过这种方式获得。

（6）个人偏好和工作风格。对于那些善于建立和维护人际关系、更倾向于通过人脉获取工作机会的求职者来说，这是一个理想的求职方式。然而，对于更喜欢独立求职或希望通过正式渠道申请工作的求职者，这种方式可能不太合适。

通过朋友和专业网络的推荐是一种基于人际关系的求职方式，它在职位匹配度和行业内部机会的发掘上表现良好，但在地理位置覆盖和职位级别的适应性上可能有所局限。求职者需要根据自己的职业目标、人际关系网络以及工作风格来决定是否采用这种方式。

4. 社交媒体平台的其他维度分析

（1）职位匹配度。社交媒体平台在职位匹配度方面可能不如专业招聘平台或猎头服务那样精确。虽然它们提供了广泛的网络和信息共享机会，但通常需要求职者自行发掘和筛选相关职位信息。

（2）资源和网络的利用。社交媒体是扩大职业网络和接触行业资源的有效工具。社交媒体，尤其是 LinkedIn、微信公众号等平台，特别适用于建立联系、分享专业知识和发现潜在的职业机会。

（3）行业特定性。不同的社交媒体平台可能针对不同的行业群体。例如，LinkedIn 在全球范围内被广泛用于各类职业网络的建立，而其他平台如微博或抖音可能更适合特定领域或行业的专业交流和品牌建设。

（4）职位级别和类型。社交媒体平台适用于各种职位级别的求职者，尤其对于希望通过个人品牌来吸引雇主注意的中高级专业人士。

（5）地理位置和可达性。社交媒体在全球范围内均有广泛的覆盖，使求职者能够接触到不同地区甚至国际范围内发布的职位机会，特别适合寻找远程工作或国际职位的求职者。

（6）个人偏好和工作风格。社交媒体平台特别适合于那些喜欢在线互动、擅长使用数字媒体和对个人品牌有一定认识的求职者。它要求求职者能够积极地维护在线形象，并有效地利用数字渠道进行职业发展。

社交媒体平台是一个强大的工具，用于建立职业网络、发现潜在机会和个人品牌建设。然而，它们在职位匹配的精确度和行业特定性方面可能有所不足，需要求职者具有一定的主动性和筛选能力。

5. 校园招聘和招聘会的其他维度分析

（1）职位匹配度。校园招聘和招聘会通常提供针对应届毕业生的职位，这些职位通常与学生的教育背景和初级工作经验相符。但对于寻找特定或高级职位的求职者来说，这些活动可能不提供足够精准的匹配服务。

（2）资源和网络的利用。这些活动为求职者提供了直接与多家公司代表交流的机会，有助于建立初步的职业联系和了解行业趋势。然而，它们不太可能帮助求职者建立深入的行业网络或有助于求职者的长期职业关系发展。

（3）行业特定性。虽然许多招聘会涵盖各种行业，但通常会有一些专门针对特定行业或领域（如工程、商业、IT等）的活动。求职者可以根据自己的专业背景选择参加相关行业的招聘会。

（4）职位级别和类型。校园招聘和招聘会主要针对初级职位和实习机会。对于寻找更高级别或具有特定工作经验要求的职位的求职者，这些活动可能不是最佳选择。

（5）地理位置和可达性。这些活动通常在大学校园或指定地点举行，对于在校学生或居住在举办地附近的求职者来说更方便可达。对于远程地区或国际求职者来说，参与可能受到限制。

（6）个人偏好和工作风格。校园招聘和招聘会特别适合喜欢面对面交流、希望直接与雇主互动的求职者。对于更偏好在线申请和虚拟交流的求职者来说，这种方式可能不太合适。

校园招聘和招聘会是一个为应届毕业生和初入职场人士提供直接接触雇主和了解行业机会的有效平台。然而，在职位匹配的精准度、行业网络的深度和职位级别的广泛性方面可能有所局限。求职者应根据自己的专业背景、职业

目标以及个人交流偏好来决定是否参加这些活动。

在本节中，我们对比了各种求职渠道，包括网上招聘平台、猎头服务、朋友和专业网络推荐、社交媒体平台以及校园招聘和招聘会，从多个维度进行了深入分析。我们探讨了这些渠道在职位匹配度、资源和网络的利用、行业特定性、职位级别和类型、地理位置和可达性以及个人偏好和工作风格等方面的优势和局限性。这种全面的对比分析为求职者提供了宝贵的见解，可以帮助他们理解每个渠道的特点和适用场景，从而做出更明智的职业决策。

14.4 如何根据个人情况选择合适的求职渠道

本节的核心目的是帮助求职者根据自己的具体情况，如职业经验、技能集、职业目标以及个人偏好等因素，选择最合适的求职途径。我们将探讨个人职业背景与不同求职渠道之间的适配性，包括如何评估自身的职业技能、经验水平以及职业发展方向，并根据这些因素来选择最适合的求职渠道。同时，我们也会考虑个人的地理位置、行业偏好以及对工作类型的特定需求。此外，本节还将介绍如何有效利用个人的社交网络、如何结合线上和线下资源进行职业规划，以及如何在不同的求职渠道中平衡时间和精力的投入。本节旨在为求职者提供一套全面的框架和方法，以便他们可以在众多的求职渠道中做出明智的选择，从而更有效地实现职业目标和职业发展。

我们在选择合适的求职渠道时，有几个关键维度可以作为参考，以确保自己的选择能最大程度符合自己的个人情况和职业目标。以下是一些重要的参考维度。

1. 职业经验和技能水平

求职者应评估自己的职业经验和技能集。对于有丰富经验的专业人士，猎头服务或专业网络推荐可能更为合适。而对于刚刚开始职业生涯的求职者，网上招聘平台或校园招聘可能更有效。

2. 职业目标和职业发展方向

明确自己的长远职业目标对于选择合适的求职渠道至关重要。求职者需要思考自己希望达到的职业阶段，以及在特定行业或职能中的发展愿景。例如，对于寻求领导职位或特定行业专家角色的求职者，专业网络和行业特定的社交媒体平台可能更加有效。

3. 个人偏好和工作风格

每个人的求职方式和工作风格都有所不同。一些求职者可能倾向于直接和人交流，而另一些人可能更喜欢在线搜索和申请。理解自己的偏好对于选择合适的求职渠道至关重要。

4. 地理位置和工作环境偏好

求职者应考虑自己倾向于在何种地理位置工作，以及是否愿意为工作而迁移。对于那些希望在特定城市或国家工作的人来说，地域性强的求职渠道，如当地的招聘会或特定地区的社交媒体群组，可能更为合适。

5. 行业特定性

不同的求职渠道可能更适合某些特定的行业。例如，技术行业的求职者可能会从特定的在线论坛或行业网络活动中获益，而创意行业的求职者可能更倾向于通过社交媒体或行业展览会找到机会。

6. 资源和时间的可用性

求职者还需要考虑自己可用于求职活动的时间和资源。例如，一些渠道可能需要更多的前期准备工作和时间投入，如个人品牌建设或网络活动。

我们还是用一个案例来说明一下，究竟如何选择比较妥当。

小李是一个刚毕业的大学生，专业是计算机科学，他正在寻找第一份软件开发的工作。小李的情况和偏好如下。

职业经验和技能水平：作为应届毕业生，小李没有太多的工作经验，但在学校期间参加过一些编程项目。

职业目标：他希望加入一家技术驱动的公司，从事软件开发工作，有成为技术专家的愿望。

个人偏好：小李喜欢在线搜索和申请工作，不太喜欢面对面的社交活动。

地理位置：他希望在当前所在的城市找到工作，不打算搬家。

行业特定性：计算机科学是一个非常具体的领域，需要专业的技术知识。

针对小李的情况，我们可以这样选择。

网上招聘平台：这对于小李来说非常合适。因为小李是应届毕业生，网上招聘平台会提供大量针对初级职位的工作机会，同时他也可以方便地在线搜索和申请。

猎头服务：这对于小李来说不太合适。通常猎头服务更倾向于帮助有一定工作经验的专业人士寻找中、高级职位。

朋友和专业网络推荐：这对于小李来说，是一个适中的选择。虽然小李不太擅长社交，但如果有机会，通过学校的师生网络或实习期间建立的联系寻找工作也是不错的选择。

社交媒体平台：这对于小李来说，是一个适中的选择。小李可以利用 LinkedIn 之类的平台展示自己的项目经验和专业技能，虽然这可能不是立即见效的求职途径，但对长期职业发展有帮助。

校园招聘和招聘会：这对小李来说非常合适。作为应届毕业生，小李可以充分利用校园招聘会的机会，直接与潜在雇主接触，了解公司和职位信息。

所以，我们可以看到对于小李这样的应届毕业生来说，网上招聘平台和校园招聘会是最合适的求职渠道，因为它们能提供大量适合初级职位的机会，并符合他的地理位置和个人偏好。同时，专业网络和社交媒体平台也可以作为辅助手段，帮助他建立职业联系和长期发展，不需要绝对地选择哪一种求职渠道，只需要根据自己最合适的方式进行选择即可。

接下来，我们举一个案例，通过案例吸收以下经验。

张华是一位有五年半工作经验的市场专员，最近从一家大型广告公司离职。他在市场营销领域拥有丰富的经验，并在行业内建立了一定的人脉网络。张华的情况和偏好如下。

职业经验和技能水平：五年半的市场营销经验，熟悉行业动态，具备一定的项目管理和团队协作能力。

职业目标：希望在一个有创新精神的公司担任更高级别的市场管理职位，未来有意发展成为市场总监。

个人偏好：张华喜欢通过人际关系和专业网络寻找机会，同时也愿意尝试新的求职途径。

地理位置：对工作地点没有特别的限制，愿意为更好的职业机会搬家。

行业特定性：希望继续在市场营销领域发展，利用自己的专业技能和

经验。

针对张华的情况，我们可以这样选择。

网上招聘平台：这对于张华来说是一个适中的选择。虽然网上招聘平台提供了大量职位，但对于有经验的专业人士来说，可能需要更精准的职位筛选。

猎头服务：这对于张华来说非常合适。猎头能够为张华提供专业的职位匹配服务，特别是对于他寻找的高级职位，猎头服务能提供更加精准和高质量的推荐。

朋友和专业网络推荐：这对于张华来说非常合适。张华可以利用自己在行业内建立的人脉网络寻找潜在的职业机会，这种方式可能会为他带来更多非公开的高级职位信息。

社交媒体平台：这对于张华来说是一个适中的选择。虽然社交媒体平台对于即时求职的效果可能不明显，但通过 LinkedIn 等平台维护个人专业形象和扩展职业网络对长期职业发展有益。

校园招聘和招聘会：这对于张华来说不太合适。这些渠道通常更适合应届毕业生或寻找初级职位的求职者，对于像张华这样的经验丰富的专业人士来说，可能不是最佳选择。

所以，对于像张华这样有一定工作经验和专业网络的求职者来说，猎头服务和通过朋友和专业网络推荐是最合适的求职渠道。这两种方式能够更好地满足他对高级职位的需求，同时也能利用他在行业中建立的联系。而网上招聘平台和社交媒体平台可以作为辅助手段，帮助他探索更多可能的机会。

本节通过两个案例探讨了如何根据个人情况选择合适的求职渠道。第一个案例讲的是应届毕业生小李，他选择了网上招聘平台和校园招聘会，这些渠道适合初级职位需求和他的个人偏好。第二个案例讲的是有经验的市场专员张华，他选择了猎头服务和专业网络推荐,这些渠道更适合他的高级职位需求和行业内部人脉的利用。通过这两个案例,我们可以看到,不同的求职者可根据自己的经验水平、职业目标、个人偏好和工作风格,选择不同的求职渠道。

14.5 如何高效使用各种求职渠道

在这一节中,我们将深入探讨如何高效使用各种求职渠道,这对于每一位求职者来说都至关重要。本节的重点是为求职者提供一系列实用技巧和策略,帮助他们充分利用不同的求职渠道,包括网络招聘平台、猎头服务、朋友和专业网络的推荐、社交媒体平台,以及校园招聘和各类招聘会。我们将讨论如何利用这些渠道有效展示个人的技能和经验,如何建立和维护专业网络,以及如何根据个人的职业目标和资源合理规划求职策略。无论是优化在线简历以通过自动筛选系统,还是在社交媒体上构建专业形象,或是通过人脉网络寻找隐藏的职业机会,我们都将提供具体的指导。这一节的目标是使求职者能够更加高效地利用各种资源,提高求职成功率,同时也促进他们的职业发展。通过这些全面而深入的指导,求职者将能够在复杂多变的职场环境中找到适合自己的路径,有效地迈向职业的成功之路。

我们之前分享了一些常用的技巧,在这一小节,将针对每个类型的求职渠道分享一些比较冷门的高效技巧,下面先从网络招聘平台开始分享。

1. 网络招聘平台

(1)个性化求职信。在申请职位时,尝试写一封个性化的求职信,其中提到你为什么对这个职位感兴趣,以及你如何符合这个职位的需求。这种个性化的方法可能会使你从众多求职者中脱颖而出。

（2）关注公司而非职位。有时，关注你感兴趣的公司比单纯关注职位更有效。你可以关注这些公司的招聘页面或社交媒体，了解它们的文化和价值观，然后在申请时提及这些细节。

（3）参与在线Q&A或论坛。求职者宜在与行业相关的在线论坛或Q&A平台上表现活跃，比如CSDN平台就经常组织线下活动。你可以在这些平台上展示你的专业知识和见解，吸引行业内的注意力，间接为你的求职增加曝光度。

（4）利用高级搜索功能。大多数求职者只会使用基本的搜索功能。你可试着利用平台提供的高级搜索功能，根据更具体的标准（如公司规模、行业特定关键词等）筛选职位。

（5）跟踪和分析申请数据。记录你申请的每个职位的响应情况。这样，你可以分析哪些类型的职位或公司更有可能回复你，从而在未来的申请中更有针对性。

（6）利用招聘平台的社交元素。许多网络招聘平台不仅发布职位，它们还提供了社交互动的功能。比如在招聘平台上关注你感兴趣的公司，参与相关讨论，或与该公司的员工建立联系。

（7）主动寻找内部推荐。通过BOSS直聘等平台找到目标公司的在职员工，礼貌地询问他们是否愿意提供内部推荐。内部推荐往往比普通申请更有效。

通过这些不太常规的方法，你可以在网络招聘平台上获得更多机会，从而提高求职的成功率。

2. 猎头服务

（1）建立猎头关系。不仅仅在需要工作时才联系猎头，试着在你不急于找工作时就建立和维护与猎头的关系。这样，当你需要他们的时候，你已经在他们的潜在候选人名单上了。

（2）成为行业专家。通过撰写与行业相关的文章、参加专业研讨会或担任行业活动的演讲嘉宾，让自己成为该领域的专家。这样，猎头和他们的客户可能会因为你的专业知识而注意到你。

（3）提供市场洞察。与猎头分享你对行业的见解和对趋势的洞察。这不仅能展示你的专业知识，还能帮助猎头更好地了解市场动态。

（4）反向询问。在与猎头的交谈中，不妨反过来询问他们市场上的趋势和需求，以及他们认为哪些技能或经验最为抢手。这种信息对你的职业规划非常有价值。

（5）定期更新。即使你目前不在寻找工作，也要定期向你的猎头更新你的职业发展情况。这样他们才能在适当的时机为你推荐更适合的机会。

（6）请求反馈。如果猎头为你推荐了职位但最终没有成功，不妨寻求反馈。了解为何未被选中，这可以帮助你在未来更好地准备。

（7）建立多方联系。不要只与一个猎头保持联系。行业内不同的猎头可能会有不同的客户和职位机会，因此，建立多方联系可以增加你找到合适工作的机会。

通过采用这些策略，你可以更有效地利用猎头服务，不仅在寻找工作时能得到更多帮助，还能在职业规划和行业洞察方面获益。

3. 朋友和专业网络推荐

（1）定期分享职业进展。在非求职期间，通过社交媒体或个人通讯（如电子邮件更新或博客）分享你的职业成就和进展。这种定期的分享不仅保持了你在网络中的可见度，也让你的联系人了解你的最新发展，从而在合适的机会出现时能想到你。

（2）参与同行讨论组。加入专业论坛或社交媒体上的行业群组，并积极参与讨论。在这些小组中提供有价值的见解或解答他人的问题，可以为你建立知识丰富和乐于助人的形象。

（3）主动提供帮助。当你的网络中的某人需要帮助时，比如寻求行业建议或职业发展建议，你应该主动提供帮助。这样做不仅能够增强人际关系，也可能在未来为你带来回报。

（4）组织或参与行业活动。主动组织或参与行业聚会、研讨会或网络研讨会。作为活动的组织者或积极参与者，你可以更容易地引起行业内人士的注意。

（5）定期与旧同事保持联系。与你过去工作过的同事保持联系，即使他们已经离职，没事多聊聊，互动一下，保持联系。这些旧同事可能会在他们的新公司中发现适合你的职位。

（6）分享行业趋势和信息。向你的网络分享有价值的行业新闻、文章或研究报告。这不仅展示了你对行业的关注，也能使你在网络中保持活跃和相关性。

（7）寻求信息性面谈。与你行业中的人物进行信息性面谈，了解他们的职业道路和对行业的见解。这些对话有助于拓展你的视野，同时建立有意义的联系。

通过这些冷门但有效的策略，你可以更有效地利用朋友和专业网络的推荐来寻找工作，同时加强你的行业地位和人脉网络。

4. 社交媒体平台

（1）内容创作与个人品牌建设。创建与你的专业领域相关的原创内容。

比如，如果你是一名程序员，可以制作编程教学视频或分享行业见解。这样不仅展示了你的专业知识，也有助于建立个人品牌。

（2）互动性直播。利用平台如抖音的直播功能，进行与职业相关的互动直播。你可以讨论行业趋势、回答观众的提问，甚至展示你的工作流程。这种互动内容能更直接地吸引观众和潜在雇主的注意。

（3）借助话题热度。利用热门话题或挑战制作相关内容，将自己的专业知识或技能融入其中。这样既能引起观众的兴趣，也能在趣味性中展示你的专业性。

（4）跨平台合作。与其他社交媒体影响者或专业人士合作，制作跨领域的内容。这样的合作不仅能扩大你的观众群，也能拓展你的职业网络。

（5）个性化的职业故事分享。分享你的职业旅程和经验故事，包括你在职业发展中的挑战、成就以及学到的教训。这样的个人故事能够产生共鸣，增加你的亲和力和可信度。

（6）专题系列内容。制作一系列围绕特定主题的内容，如"行业新手指南"或"每周市场分析"，以此来吸引对特定话题感兴趣的观众。

（7）参与评论区的讨论。积极评论和讨论其他人的相关内容。通过这种方式，你可以展示你的专业知识，同时也能让更多的人注意到你。

通过这些有效的冷门方法，你可以在社交媒体平台上更好地展现自己的专业能力和个性，从而吸引潜在雇主的注意，为求职创造更多机会。

5. 校园招聘和各类招聘会

（1）深入研究参展公司。在招聘会之前，深入研究参展的公司，不仅限于它们的产品和服务，还应研究公司文化、最新新闻和行业地位。这样在与招聘人员交谈时，你就可以展示出对公司的深入了解，从而给对方留下深刻印象。

（2）定制化的自我介绍。根据你所研究的每家公司定制化你的自我介绍，提及你对公司的特定方面感兴趣，以及你如何能为他们带来价值。

（3）设计创意名片。你可以制作有创意的个人名片，上面除了基本的联系信息，还可以包含你的个人网站、专业博客或在线作品集的链接。在招聘会上分发这样的名片，可以帮助你给招聘方留下更有效的印象。

（4）利用社交媒体进行后续互动。即在招聘会后，通过 LinkedIn 或其他社交媒体平台与你所感兴趣的公司的招聘人员建立联系。你可以在联系时提及在招聘会上的交谈，这样可以帮助他们回忆起与你的会面情景。

（5）准备行业相关问题。在招聘会上，你可以向招聘人员提出具有洞察力的行业相关问题。这显示了你对行业的深入了解和对所应聘职位的真正兴趣。

（6）提供简洁的成果概述。你可以准备一个简洁的口头简历，强调你过去经验中的关键成果和学习心得。这样在与招聘人员的快速交流中，你可以迅速而有效地展示你的能力和成就。

（7）参与招聘会边缘活动。除了主要的求职和招聘环节，很多招聘会还会有研讨会、讲座或网络活动。积极参与这些活动，可以帮助你在轻松的环境中与行业专家和潜在雇主建立联系。

通过采用这些策略，你就可以在校园招聘和招聘会中脱颖而出，有效地利用这些机会来寻找合适的工作。

在本节中，我们探讨了如何在不同求职渠道上应用一些较为冷门但非常有效的技巧。无论是在网络招聘平台上优化简历、在猎头服务中建立深入的专业关系、通过朋友和专业网络推荐展示个人实力、在社交媒体平台上创造独特的个人品牌，还是在校园招聘和各类招聘会上巧妙地与潜在雇主建立联系，这些策略都旨在帮助求职者在竞争激烈的职场中脱颖而出。通过采用这些不常见的方法，求职者可以更有效地利用各种资源，提高求职的成功率。

14.6 未来的求职渠道

随着科技的迅速发展和工作市场的不断演变，我们预计求职渠道将变得更加多元化和受技术驱动。我们可能会见证人工智能如何改变职位匹配的方式，使求职者和雇主之间的连接更加精准高效。同时，虚拟现实和增强现实技术可能被更广泛地应用于模拟工作环境和面试流程，为求职者提供更为生动的工作体验。此外，社交媒体的作用将进一步扩大，不仅限于职业网络的构建，还可能成为展示专业技能和个人品牌的主要平台。远程工作的兴起和全球化趋势也将影响求职渠道，为求职者提供更多跨地域的工作机会。在这个过程中，求职者需要适应新技术，不断提升自己的技能，以便在未来的职场中保持竞争力。这一节的目的是为读者提供一个关于未来求职渠道的基本轮廓，帮助他们预见并准备迎接即将到来的变化。

未来是什么样的？谁也说不准，不过有一些趋势，我们已经可以看到。在这里，我还是简单地科普一下未来的趋势，大家也可以适当关注一下。

1. 虚拟现实和增强现实面试

未来的面试可能会通过虚拟现实或增强现实技术进行，使求职者能够在一个虚拟的工作环境中与雇主互动。这不仅能为双方提供更真实的交流体验，还能让求职者更直观地了解工作环境和企业文化。

2. 人工智能（AI）求职助手

AI 技术可能被用来创建智能求职助手，这些助手能够根据求职者的技能、经验和职业偏好，提供个性化的职位推荐，并协助完成求职过程中的各种任务，如简历优化、面试准备等。

3. 区块链在背景验证中的应用

区块链技术可能被用于创建更安全、透明的职业背景验证系统。这样的系统能够让雇主快速、准确地验证求职者的教育和工作经历，同时保护求职者的隐私。

4. 社交媒体的进一步演变

随着社交媒体平台的不断演进，未来可能出现更多专注于职业发展和求职的社交网络。这些平台将提供更多的工具和资源，帮助求职者构建职业形象、拓展人脉网络，甚至直接与潜在雇主互动。

5. 远程工作匹配平台

随着远程工作的普及，未来可能出现更多专门匹配远程职位的平台。这些平台不仅会提供各种远程工作机会，还可能提供与远程工作相关的资源和支持。

6. 游戏化的求职体验

未来的求职过程可能会采用游戏化的元素，例如，通过完成某些在线挑战或任务来展示求职者的技能和能力。这种互动式和有趣的方式可以让求职过程变得更加吸引人。

7. 数据驱动的职位匹配平台

借助大数据分析和机器学习，未来的求职平台将能够更精准地匹配求职者和职位。这些平台会分析大量数据，如求职者的在线行为、职业发展路径和工作偏好，从而提供更加个性化的职位推荐。

作为本书的作者，我确实目睹了一些前沿公司开始尝试和实施未来求职渠道的例子。一个特别引人注目的案例是一家国际科技公司，它开始采用虚拟现实技术来进行招聘流程。

这家公司创建了一个虚拟的办公环境，求职者可以佩戴 VR 头盔进入这个空间。在这个虚拟环境中，求职者不仅能参与面试，还能通过一系列模拟活动来展示他们的技能和工作方式。比如，软件开发者可以在虚拟空间中解决实际编程问题，而设计师可以在虚拟工作室中展示他们的设计过程。这样更直观、更有效，而且能展示更多的内容。

这种方法不仅使求职者能够以互动的方式展示自己的能力，也能够让招聘团队更全面地评估求职者的技能和适应性。此外，这种虚拟面试方式还为那些无法亲自到场的远程求职者提供了平等的机会，不过缺点就是目前不能作为主流的面试方式，因为实践起来很有难度，无论是对于面试官还是求职者。

在本章中，我们深入探讨了多种传统和新兴的求职渠道，从网络招聘平台到猎头服务，再到社交媒体和校园招聘等。我们不仅提供了各种渠道的使用技巧，还探索了一些冷门但高效的求职策略，帮助求职者在复杂的职场环境中找到适合自己的求职路径。此外，我们还展望了未来可能出现的求职渠道，如虚拟现实面试和人工智能求职助手，这些新兴技术预示着求职方式将变得更加多元化和高效。

第 15 章
技能与知识补充

本章概述

15.1　了解工作所需的关键技能和知识

15.2　自我评估和技能盲点识别

15.3　学习资源的选择

15.4　制订个人学习计划

15.5　学习策略和技巧

15.6　证明和展示你的技能

15.7　保持学习和技能更新

15.1　了解工作所需的关键技能和知识

本节的核心在于引导求职者细致解读职位信息中的"任职资格"与"岗位职责",并从中识别出那些对成功应聘至关重要的技能和知识点。我们将学习如何区分和理解职位描述中的关键词汇和表述,诸如特定的技术要求、软技能、工作经验以及教育背景等。通过分析这些信息,求职者可以更有效地对自己的技能和知识进行自我评估,明确在哪些领域需要进一步的提升或补充。这不仅能帮助求职者有针对性地准备求职材料,如简历和面试回答,而且有助于他们在长期职业规划中做出明智的决策。

我们在网站上打开一个"应聘岗位的需求",可能会看到很多眼花缭乱的要求,如图 15-1 所示应聘岗位界面。这个应聘岗位是我从 51job 上随便搜索的前端工程师的岗位。

我们如何能快速锁定该岗位最核心的技能呢?其实针对这个前端开发岗位的描述和要求,我们可以明确该职位的核心技能及应聘者需要具备的关键能力。

第 15 章 技能与知识补充

前端工程师　　　　　　　　　　　　　　　　　　　　1.2–1.8万

北京–东城区 | 5-7年 | 本科

加班补助

职位信息

岗位描述：
1．负责产品的前端架构设计开发、优化和维护；
2．配合后端工程师，高效完成产品的开发工作；
3．通用组件、类库编写，提升开发效率和质量；
4．通过技术手段，提升用户体验并满足高性能要求以及解决各种浏览器和终端设备的兼容性问题。

任职要求：
1. 五年以上工作经验。具备独立的前端开发能力和独立解决问题的能力。
2. 熟悉JavaScript、HTML5、CSS3等基本Web开发技术。
3. 熟练使用JS JQUERY和Table Grid开发。熟悉Vue + ElementUI 开发，以及Vue的组件化开发。
4. 对用户体验、交互操作流程及用户需求有深入理解。
5. 了解后端原理和机制，能和后端工程师良好沟通。
6. 能够有效分析并处理技术问题，有较强的业务理解能力。
7. 工作踏实认真，思路清晰，有强烈的责任心、优秀的协调沟通能力和团队合作精神。

图 15-1　职位信息中的"任职资格"与"岗位职责"界面

案例分析（一）

1. 核心技能

（1）前端开发技能。熟练掌握 JavaScript、HTML5 和 CSS3 等基本 Web 开发技术。

（2）框架和库的应用。精通 JS JQUERY、Table Grid 以及 Vue + ElementUI 的开发。

（3）组件化开发能力。熟悉 Vue 的组件化开发，能高效编写通用组件和类库。

2. 除了基础技能外应具备的能力

（1）架构设计与性能优化。能够进行前端架构设计，优化产品性能，满足高性能要求。

（2）跨平台兼容性处理。有能力解决不同浏览器和终端设备的兼容性问题，提升用户体验。

（3）团队协作与沟通能力。能与后端工程师良好配合，有优秀的协调沟通能力和团队合作精神。

（4）业务理解与问题解决。具备较强的业务理解能力，能独立分析并处理技术问题。

（5）用户体验意识。对用户体验和交互操作流程有深入理解，能在开发中考虑用户需求。

我们可以简单分析一下，核心技能属于"硬货"，是我们必须掌握的，其他技能偏"软技能"。比如沟通、协作都属于软技能范畴，因为没有一个范围的定义，有的同学可能说兼容问题属于技能，但是分析完后，你会发现兼容主要是提升用户体验，只要体验提升了就完成了该目标，并没有一个特别的定义要兼容哪些平台或者终端，所以全凭甲方要求。

核心技能中，因为我们本身就是前端工程师，"前端开发技能：熟练掌握 JavaScript、HTML5 和 CSS3 等基本 Web 开发技术"属于前端工程师基础技能，所以可以忽略，这就类似于找 Java 工程师要求会 Java 一样。框架和库的应用与组件化开发能力的要求就是这个应聘职位最重要的技能。所以核心技能就是 JS JQUERY、Table Grid、Vue + ElementUI、Vue 的组件化开发，只要会这三个核心技术，那么基本上符合这个公司的招聘要求。因为软技能无法量化，我们只要提前准备好措辞，基本都可以应付。

接下来，我们再来分析一个岗位，这次换一个 Java 工程师的岗位，如图 15-2 所示。

第15章 技能与知识补充

> **职位信息**

【岗位职责】

1. 参与系统设计（包括部分概要设计和详细设计）及设计文档的编写；
2. 根据项目开发的任务分配的进度要求，完成模块的代码开发工作；
3. 根据项目开发要求高质高效完成任务。

【任职要求】

1. 学历本科及以上，有5年以上Java开发相关经验；
2. Java基础扎实，理解io、多线程、集合等基础框架，对JVM原理有一定的了解；
3. 熟练使用spring boot，spring cloud,spring jpa, mybatis, kafka, spark, elasticsearch等开源框架；
4. 熟悉分布式系统的设计和应用，能对分布式常用技术进行合理应用者优先；
5. 具备较强的抗压能力，具备良好的学习能力和沟通能力，工作积极主动，具有强烈的责任心和团队合作精神。

图 15-2 Java 工程师的职位信息

我们还是按照之前的套路，可以获得以下分析结果。

案例分析（二）

1. 核心技能

（1）Java 开发能力。需具备扎实的 Java 基础，包括对 io、多线程、集合等基础框架的理解，以及对 JVM 原理的了解。

（2）框架和技术栈熟练度。熟练掌握 spring boot、spring cloud、spring jpa、mybatis、kafka、spark、elasticsearch 等开源框架。

（3）分布式系统知识。熟悉分布式系统的设计和应用，对分布式常用技术有合理应用能力。

2. 除了基础技能外应具备的能力

（1）系统设计与文档编写。能够参与系统设计，包括概要设计和详细设计，并撰写相关设计文档。

（2）项目管理与时间规划。根据项目开发的任务分配和进度要求，高质量、高效率地完成模块的代码开发。

（3）抗压能力与学习能力。具备较强的抗压能力和良好的学习能力，能够适应快速变化的技术环境和项目需求。

（4）沟通能力与团队合作。具备良好的沟通能力和团队合作精神，能够积极主动地参与团队工作，具有强烈的责任心。

按照之前的分析，我们可以先忽略软技能，核心技能中的主要技能 Java 也可以忽略，因为是必备的，我们要面试这家公司，具备 spring boot、spring cloud、spring jpa、mybatis、kafka、spark、elasticsearch 等开源框架以及操作分布式技能即可。

所以，我们在看到特别多的要求时，先不要慌，主要看最核心的要求，因为大部分都是软技能，而软技能没有量化标准，我们只需要提前想好对应的对策即可，这在前文中提及过一些策略。

在这一节中，我们通过分析具体的职位描述和要求，学习了如何识别工作所需的关键技能和知识。无论是前端开发还是 Java 开发的职位或者其他职位，每个岗位都有其独特的技能需求和职责要求。从基础的编程技能和框架熟练度到系统设计能力、项目管理技巧和团队合作精神，我们了解了如何从职位描述中提取关键信息，并将其转化为我们自身技能和经验的清晰目标。我们举了两个例子，知道如何分析之后，就可以举一反三了。

15.2　自我评估和技能盲点识别

在职业发展的路上，我们常常会被自己的日常工作和成就所局限，有时候忽视那些隐藏在表面之下的技能盲点。这一节的核心在于引导你如何深入自我反思，识别并填补那些可能影响你职业发展的缺口。我们将一起探讨如何诚实地面对自己的技能和经验，既肯定自己的强项，也勇敢地面对和改进那些弱点。本书会教你一些实用的方法，帮助你从不同角度审视自己，从工作成就到反馈评价，从同事的互动到行业标准，每一环都是自我评估的重要部分。通过这个过程，你不仅能更清楚地了解自己在职业道路上的真实位置，还能为自己的长期发展打下坚实的基础。记住，了解自己，才是成长和成功的第一步。

要真正深入地审视自己的技术技能等级，首先需要的是一种开放和诚实的态度。面对自己的技能，无论是优点还是不足，都需要一种客观的自我认识。这个过程可能有点像自己给自己做心理咨询，既要做提问者，也要做回答者。

创建技能清单绝对是个好方法。首先，列出你所有的技术技能，无论是编程语言、框架知识，还是特定软件的使用能力。写下这个清单时，不要有所保留，哪怕是你认为的非核心技能，也可能在某个角度发挥意想不到的作用。

接下来是分级评估，可针对每项技能诚实地评估你的熟练程度。可以用简单的分级系统，比如初级、中级、高级。对于每个等级，你可以设定一些标准。例如，初级意味着你只能完成基本任务，高级则意味着你能够教授别人或解决复杂问题。

有的同学可能会有疑惑：该如何判断自己目前的等级？

要通过具体的平台或方式评测自己的技能级别，你可以采取几种方法来获得更准确的反馈和洞察。这不仅能帮助你更好地了解自己的技能水平，还能指导你未来的学习和职业发展方向。

（1）在线技能评估平台。很多在线教育平台提供技能评估测试，如LinkedIn Learning、Coursera 或 Pluralsight、leetCode 等这些测试通常围绕特定技能进行，通过一系列问题来评估你的知识和能力。

（2）专业认证考试。对于某些技能，如项目管理、IT服务管理或特定的技术栈，参加官方的认证考试可以是一个很好的评估方式。这些考试通常由专业组织提供，并被行业广泛认可。

（3）参与开源项目。加入开源项目不仅是展示你的技能的好机会，也是一个实际评估你的技术水平的途径。在项目中的表现，包括如何解决问题、与他人合作等，都能反映你的实际技能水平。

（4）技术社区挑战。参加如GitHub、Stack Overflow或HackerRank等技术社区的编程挑战或比赛。这些平台提供了各种难度的挑战，通过参加这些挑战，你可以更好地了解自己在实际编程中的表现。

（5）同行评审。在你的专业网络中寻求同行评审。分享你的代码、设计或其他工作成果，并请求行业同行给予反馈。他们的专业意见可以帮助你更客观地评估自己的技能水平。

（6）职业发展咨询。如果可能，你可以寻求职业发展顾问的帮助。他们可以提供专业的职业评估服务，帮助你了解自己的技能水平并提出发展建议。

（7）实习或兼职经验。如果你还是学生或刚开始职业生涯，实习或兼职是评估技能的有效途径。在实际工作环境中的表现可以给你很好的反馈，帮助你了解自己在职场上的技能应用情况。

上述内容较理论化，真正的挑战在于将这些方法应用到你的求职实践中。这就需要你回顾自己在过去项目中的表现。比如，作为一个程序员，你是否曾独立完成过一个项目？在项目中遇到问题时，你是怎样解决的？你是否能够轻松地与非技术人员沟通技术问题？这些问题的答案会帮助你更准确地判断自己的技能级别。

实践经验是最好的老师。如果你觉得自己对某项技能的掌握在某个级别，那就尝试做一些相应级别的任务。比如，如果你认为自己的JavaScript技能是中级，那就尝试独立完成一个中等难度的项目。项目的进行情况和最终结果会给你非常直观的反馈。

同时，别忘了求助他人。有时候，自己很难客观评价自己。向你的同事、老师或行业内的朋友寻求意见，他们的观点可能会给你新的洞见。

记住，技能评估不是一次性的。随着你的经验的积累和技术的发展，你的技能水平也在不断变化。应定期回顾和更新你对自己技能的评估，保持自我认知的准确性和时效性。

然后，我再来讲一下如何找到自身的技能盲点，即定义自己的技能盲点。这个过程有点像是深入挖掘自己的内心世界，发现那些隐藏在显而易见的技能之下的盲点。我们每个人都有自己的强项，但在这些强项背后，往往存在一些我们不那么熟练或甚至完全没有意识到的小技能盲点。

比如说，你可能是一名优秀的程序员，熟练掌握了 Java 或 Python，但在这个核心技能中，可能有诸如数据结构优化、高并发处理或代码重构等小技能盲点。要识别这些盲点，我向大家推荐以下几个步骤。

（1）深入反思日常工作。回顾你最近在工作中遇到的挑战，特别是那些让你感到困难或不适的部分。这些挑战可能正是你的技能盲点的体现。

（2）收集同事和上司的反馈。有时候，他人能更快地指出我们的盲点。你可以向同事、上司或导师询问他们认为你在哪些方面可以做得更好。这种来自职场的直接反馈往往非常宝贵。

（3）参与新的项目或角色。可尝试接手一些不同于你日常工作的项目或任务。在新的环境中，你可能会遇到新的挑战，这些挑战可以帮助你发现之前未曾注意到的技能盲点，这是非常重要的，多实践就会发现自身的小问题，而小问题就是我们的技能盲点。

（4）定期自我评估。定期进行自我技能评估，评估你的主要技能，不要忽视那些辅助技能。比如，作为程序员，你可能还需要关注团队协作、项目管理或与非技术团队的沟通能力。

（5）学习和比较。通过阅读书籍、参加研讨会、观看教程或参加在线课程来提升你的技能。在学习过程中，你可能会发现自己以前忽略的某些技能领域。

（6）勇于尝试、接受失败。不要害怕尝试新事物，即使失败了也没关系。有时候，失败恰恰是揭示我们盲点的最好方式。通过实践中的失败，我们能学到很多书本上学不到的东西。

但是，识别技能盲点并不是一件容易的事，它需要时间、耐心和一点自我探索的勇气。

在这一节中，我们探讨了如何识别自己的技能盲点，这是一个深入自我了解和持续成长的过程。通过反思日常工作中的挑战、收集来自同事和上司的反馈、参与新项目或角色，以及定期进行自我评估，我们可以揭露那些隐藏在我们技能地图中未被充分认识的区域。这个过程不仅帮助我们识别出需要提升的小技能盲点，也促使我们更全面地理解自己的职业能力和发展潜力。正如在实践中的尝试和失败所揭示的那样，这些盲点一旦被识别和强化，就会成为推动我们职业成长的重要力量。

15.3　学习资源的选择

在我们的职业生涯中，持续学习和补充新的技能和知识非常重要。本节不仅会讨论传统的学习渠道，如实体书籍和课堂培训，还会深入了解现代化的学习方法，比如在线课程、网络研讨会和一对一的私人辅导。每种学习方式都有其独特的优势和局限性，而选择哪一种，或者多种结合使用，在很大程度上取决于我们个人的学习风格、职业目标以及时间和资源的可用性。

1. 书籍

当我们谈论学习资源时，书籍往往是最传统也是最常用的一种。然而，书籍作为学习资源，每个人的吸收程度和效率常常受到不同因素的影响。

首先，读书的局限性在于它主要依赖视觉输入——我们通过阅读文字来获取信息。这意味着学习过程中只涉及"眼睛看，心里想"的模式，缺乏听觉和其他感官的参与，这可能会影响某些人的学习效果。尤其是对于那些偏好听觉学习或动手实践的人来说，单靠阅读可能不足以达到最佳的学习效果。

然而，书籍作为学习工具，具有以下一些不可替代的优势。

（1）深度和细节。书籍通常能提供比大多数在线资源更为深入和详细的知识。特别是对于复杂的理论和概念，书籍能提供更全面的背景信息和深入的解释。

（2）系统性学习。书籍往往按照一定的结构和逻辑来组织内容，这有助于读者系统地学习一个主题或领域。

（3）可随时参考。书籍是持久的学习资源。你可以随时翻阅，反复阅读某些部分，加深理解和记忆。

（4）专注和沉浸。阅读通常需要在一个相对安静的环境中进行，这有助于提高学习时的专注度和沉浸感。

（5）促进思考和反思。阅读的过程往往伴随着深入的思考和反思，这对于提高批判性思维和分析能力非常有益。

虽然在学习过程中，使用书籍可能存在某些局限性，但它依然是获取深入知识和进行系统学习的宝贵资源。当然，结合其他类型的学习资源，如视频教程或实践项目，可以使你的学习更为全面和有效。只使用一种学习资源，学习效率并不高。

2. 网课

网课作为现代学习的一个重要组成部分，它的教学效果和效率受到多种因素的影响。网课的学习方式通常包括视觉和听觉元素——我们通过观看视频和听讲解来学习。这种方式相比于传统书籍，增加了听觉元素，但仍然缺乏物理交互和实际操作的部分，这对某些类型的学习内容可能是一个限制。

网课的吸收程度受到多个因素影响，包括课程质量、教学方法以及个人的学习习惯。有些人可能发现自己更容易通过视觉和听觉信息吸收知识，而对于其他人来说，缺乏互动和实践可能会降低学习效果。

然而，网课也有以下一些独特的优势。

（1）灵活性和便捷性。网课最大的优势之一是灵活性。你可以根据自己的时间安排来学习，无论是在家里、咖啡店，还是在通勤的路上。

（2）广泛的资源和主题。网课提供了广泛的学习资源和主题选择。无论你感兴趣的是编程、设计、营销还是个人发展，总能找到合适的课程。

（3）互动和社区支持。许多在线课程平台提供论坛或讨论组，使学习者能够互相交流和支持。虽然这种互动是虚拟的，但它营造了一个学习社区的氛围。

（4）性价比高。与传统的教育课程相比，大多数在线课程都提供较高的性价比。有些甚至是免费的，或者提供免费试听。

（5）即时更新和多样化的教学方法。网课的内容可以更快地更新和迭代，教学方法也更加多样化，包括视频、测验、实际案例研究等。

尽管网课可能在某些方面存在教学效果的难以保证，但其灵活性、广泛的学习资源、社区支持以及高性价比，使其成为当今学习的一个重要和有效的途径。为了使学习效果最大化，可以考虑将网课与其他学习方法结合使用，如辅以实际的项目练习或小组讨论。

3. 培训班

培训班通常包括面对面的教学，这意味着学习过程涉及视觉和听觉的参与，以及与老师和其他学生的实时互动。这种学习方式的带入性通常很强，因为它提供了更直接的沟通和反馈机会。

在吸收程度方面，培训班的优势在于直接的教学交流和即时答疑，这有助于快速理解和消化新知识。然而，培训班的效率往往取决于班级的整体进度和教学质量。在大班授课的情况下，个别学员的需求可能无法得到充分满足，这可能会影响个别学员的学习效果。

同时，培训班的价格通常比较高，这是它的一个主要劣势。相比于免费或低成本的在线课程和自学资源，培训班可能需要较大的经济投入。

尽管如此，培训班也有它独特的优势。

（1）结构化和系统化的课程安排。培训班通常提供结构化的课程，涵盖从基础到高级的内容，这有助于系统性地学习和掌握一个主题或技能。

（2）面对面的互动。与老师和同学的直接互动可以增加学习的动力和参与感，有助于快速解决问题和疑惑。

（3）集中式的学习环境。培训班提供的集中式的学习环境有利于提高专注度，尤其对于需要避免日常生活干扰的学习者而言。

（4）同侪学习和网络建设。与同班的学员一起学习不仅有助于相互激励和学习，还能建立专业网络，这在长期职业发展中可能非常宝贵。

所以说，选择培训班作为学习方式需要综合考虑个人的学习风格、学习目标和经济状况。同时，结合其他学习资源，如书籍和在线课程，可以使学习更为全面和高效。

4. 私教

选择私教进行技能培训，这种学习方式可以说是相当高效和深入的。当你和一个专业的私教一对一学习时，整个学习过程变得极其集中和个性化。这种方式结合了视觉和听觉学习，同时，因为是一对一的交互，所以带入性极高，学习效果通常非常好。

首先，我们来看看私教的几个学习优势。

（1）个性化指导。私教可以根据你的具体需求和学习进度来制订教学计划，这意味着学习内容完全针对你的弱点和兴趣点。

（2）及时反馈和互动。与私教一对一的互动提供了即时反馈的机会，你的问题和疑惑可以得到快速解答。

（3）效率最高。因为教学完全根据你的节奏和理解能力来调整，所以学习效率通常非常高。你不需要等待其他学员，也不会被他们拖慢速度。

然而，私教培训的主要劣势在于成本。一对一的专业指导通常价格不菲，这对于预算有限的学习者来说可能是一个障碍。除非你确实有足够的经济能力，或者对某个特定技能有极高的学习需求，否则可能需要权衡成本和收益。

尽管如此，私教培训仍有它独特的优势。

（1）针对性强。私教可以针对你的具体问题和挑战提供专门的指导，这在群体教学中是难以实现的。

（2）灵活的学习安排。私教课程通常更加灵活，可以根据你的时间表进行调整。

（3）增强动力和责任感。一对一的学习环境可以增强你的学习动力，同时,有人专门指导你,也会增加你的学习责任感。

(4)深入理解和应用。私教培训通常可以帮助你更深入地理解复杂的概念,并在实践中得到应用。

私教培训是一种高效的学习方式,但是成本非常巨大,如果是在金钱方面没有任何压力的同学,可以选择,否则建议选择前三种方式。

本节中,我们深入了解了各种学习资源的特点和效果,包括传统的书籍、现代的网课、实操性强的培训班,以及高度个性化的私教培训。每种学习方式都有其独特的优势和局限,关键在于如何根据个人的学习风格、需求和资源选择最合适的方法。书籍提供了深度和系统性,网课则以其灵活性和广泛性受到欢迎,培训班和私教则提供了更为个性化和互动性强的学习体验。这些资源的组合使用可以帮助我们更全面、更有效地学习和提升技能。

15.4 制订个人学习计划

本节内容非常实际且重要。想象一下,你站在一条多岔路的职业道路上,每个岔路口都代表着不同的学习机会和选择。制订一个个人学习计划,即在这些选择中找到最适合你当前位置的路径。这不仅是关于学习新技能的问题,更是一种自我投资和发展的方式。我们将讨论如何根据自己的职业目标、现有的技能水平、经济能力、可用时间和精力等因素来制订学习计划。

对不同的人来说,这个计划会有所不同。比如,如果你是一名初入职场的年轻专业人士,可能需要更多地关注基础技能的建立和行业知识的积累;而对于经验丰富的专业人士,可能更需要关注高级技能的提升或新技术的学习。同样，经济能力和时间的可用性也会直接影响你能参加哪些课程或培训。我们不应该盲目追求昂贵的培训课程，如果经济条件有限，充分利用网络资源和公共教育资源同样能达到很好的学习效果。

我们谈论制订个人学习计划时，也可以将学习的人群分为几种典型类型，每种类型的学习需求和挑战都有所不同。这样的分类有助于更精确地为不同的学习者提供定制化的建议和指导。以下是几种常见的学习者类型。

（1）学生。这类学习者通常是指接受全日制学制教育的学生，他们的主要任务是学习。他们有更多的时间和精力投入学习中，但可能缺乏实际工作经验。对于他们来说，重点可能是理论知识的深入学习和实践技能的初步积累。

（2）初入职场者。这类学习者刚刚步入职场，需要快速适应工作环境，同时提升自己的专业技能。他们可能需要平衡工作和学习，重点是增强职业技能和实际应用能力。

（3）在职专业人员。这类学习者已经有一定的职场经验，但为了职业发展或转行需要学习新技能。他们通常时间较紧张，需要高效的学习方法，重点是提升特定技能或掌握新技术。

（4）管理层和高级专业人士。对于这类学习者，他们通常关注的是领导力、管理技能或特定领域的深度知识。他们需要的是灵活、高级的学习资源，以帮助他们在职业阶梯上进一步发展。

（5）自由职业者和创业者。这类人群需要的是多方面的技能，不仅包括专业技能，还包括管理、营销和创新等。他们在选择学习资源时，会更偏向于灵活性和实际应用性。

（6）终身学习者。这一类的学习者对学习有着持续的热情和需求，他们可能对多个领域都有兴趣。对于他们来说，学习不仅是职业发展的需要，更是个人兴趣和成就感的来源。

我们可以把学习人群简单分为以下这几类，那么这几类人群分别适合上一小节推荐的哪种学习方式呢？表 15-1 是我总结的一个表格，分析了不同类型的学习人群适合的学习方式。

表 15-1　不同类型的学习人群适合的学习方式

类　　型	书籍学习	网课学习	培训班学习	私教学习
学生	★★★★★	★★★★☆	★★★☆☆	★★☆☆☆
初入职场者	★★★★☆	★★★★☆	★★★★☆	★★★☆☆
在职专业人员	★★★☆☆	★★★★☆	★★★★☆	★★★★☆
管理层和高级专业人士	★★★☆☆	★★★☆☆	★★★★☆	★★★★★
自由职业者和创业者	★★★★☆	★★★★☆	★★★☆☆	★★★★☆
终身学习者	★★★★★	★★★★★	★★★★☆	★★★☆☆

（1）学生。书籍学习和网课学习由于其成本效益高和灵活性强，非常适合学生。而培训班和私教则可能因成本较高而不大适合。

（2）初入职场者。他们需要平衡工作和学习，所以网课和培训班由于其灵活性和针对性强而较为适合。

（3）在职专业人员。他们需要进一步提升技能和知识，因此培训班和私教由于提供更专业和深入的指导而更适合。

（4）管理层和高级专业人士。他们通常需要更高级的、定制化的学习内容，私教是最佳选择，同时也需要通过书籍和培训班来获取新的管理理念和高级技能。

（5）自由职业者和创业者。他们需要灵活且广泛的学习资源来适应多变的工作要求，因此书籍和网课是较好的选择。

（6）终身学习者。他们对于广泛的学习内容感兴趣，通常更偏好自主学习，因此书籍和网课是最佳选择。

当然，这些推荐只是一种笼统的指导，实际上，选择最适合自己的学习方式应该基于更多个人的考虑。就像为自己挑选一件衣服，需要考虑到很多个人的具体情况和偏好。每个人的学习旅程都是独一无二的，因此，决定最佳学习方式时要考虑以下几个关键因素。

（1）时间安排：你每天能够分配多少时间学习？如果你的时间非常有限，可能需要选择那些更灵活的学习方式，比如通过网课或书籍学习。

（2）经济状况：你的学习预算是多少？如果预算有限，可能更倾向于选择成本效益高的学习资源，如通过网课或自学书籍。

（3）学习风格：你是更偏好视觉学习、听觉学习，还是实践操作？了解自己的学习风格可以帮助你选择最有效的学习方式。

（4）专业目标：你的职业目标是什么？不同的职业目标可能需要不同类型的技能和知识，这将影响你选择学习资源。

（5）个人兴趣和动力：你对哪些领域感兴趣？学习动力往往来自于个人兴趣，选择与你的兴趣相符的学习内容会更加有效和愉快。

（6）社交和网络需求：你是否需要在学习过程中与他人互动？如果社交互动对你很重要，那么选择培训班或私教可能更合适。

我们来看一个案例。

李明，一位在职的软件工程师，每天的工作时间很长，但他对前端开发充满热情，希望在这方面提升自己的技能。他面临的挑战是如何在紧张的工作和个人生活之间找到学习的时间。下面，我们来看看李明如何根据自己的情况做出最合适的学习方式选择。

李明的时间有限，通常只能在晚上或周末抽出时间学习。这意味着他需要一种灵活的学习方式，可以根据自己的日程随时开始和停止。考虑到这一点，网课就成了他的首选，因为他可以在下班后或周末按照自己的节奏学习。

虽然李明对前端开发非常感兴趣，但他预算有限。昂贵的私教培训对他来说并不现实。因此，他选择了一些性价比高的在线课程，这些课程既提供了前端开发的系统学习，又不会对他的经济造成太大压力。

李明也意识到，仅仅通过观看视频和阅读材料可能不足以让他完全掌握前端技术。因此，他还决定结合实际操作，通过参加一些在线的编程挑战和项目来提高实践技能。这样的实践不仅帮助他巩固了所学的理论知识，还提高了他解决实际问题的能力。

此外，李明还加入了一些在线学习社区，如编程论坛和技术群组。这些社区不仅为他提供了额外的学习资源，还使他有机会与其他学习者交流和分享经验，从而增加了学习的乐趣和动力。

李明的故事给我们的启发是，即使在忙碌的工作和生活中，只要有合理的计划和策略，我们依然可以实现自我成长和学习的目标。

15.5　学习策略和技巧

在我们的学习旅程中，掌握有效的学习策略和技巧至关重要。这不仅是关于信息的吸收，更是关于如何智慧地利用我们的时间和精力。

想象一下，你坐在书桌前，一杯热咖啡在桌上，你正准备开始今天的学习。这个场景可能听起来很理想，但真正的挑战在于如何让这段时间变得最高效。我们会讨论关于最佳学习时间的选择，比如某些人早晨头脑最为清醒，而其他人可能在夜晚更加专注。我们也会探讨学习时间的管理，如何在忙碌的日程中找出学习的时间，以及如何通过短时高效的学习替代长时间的低效学习。此外，我们还将讨论学习内容的质与量，强调深度理解和思考的重要性，而不仅仅是盲目地追求完成学习任务的数量。这一节的目的是帮助你成为一个更聪明、更有效的学习者，让学习变得不再是一种负担，而是一种充实和愉悦的体验。

谈到一个人一天中最适合学习的时间段，这确实是个个性化且多元的话题。有趣的是，大数据在这方面给了我们一些启示，揭示了不同时间段的大脑活动模式和学习效率之间的关联。我们先来聊聊"生物钟"，每个人的大脑就像一个精密的时钟，在不同的时间段学习，学习表现各有特点。

在早晨，很多人会发现自己的头脑特别清醒。这不仅仅是因为一夜的休息，还因为在早晨，大脑通常处于一种更容易集中注意力的状态。这使早晨成为理解复杂概念和记忆新信息的理想时间。事实上，大数据分析显示，许多人在早晨的学习效率最高。

而到了午后，尽管有时候人们会有一点困意，但这个时间段其实也有优势。大数据表明，午后时段，特别是在轻微的疲劳感中，人们的创造性思维往往更为活跃。这意味着对于需要一些创新思考的学习任务，午后可能是个不错的选择。

到了晚上，对于那些夜晚精力充沛的人来说，这个时间段就成为他们的学习高峰期。晚上宁静和较少干扰有助于他们更加专注。对于那些喜欢在夜深人静时学习的人来说，晚上可能是他们吸收新知识最好的时间。

除了这些人身上的生物钟，其实每种方法还有一些独特的和通用的学习技巧和策略，我们分别展示一下。

1. 独特的学习技巧和策略

（1）通过书籍学习

① 主动阅读。可在阅读时做笔记、标注重点和提出问题。这不仅能帮助

你更好地理解内容，还能促进长期记忆。

② 定期复习。可定期回顾和复习你读过的内容，特别是关键概念和定义，以巩固记忆。

③ 关联应用。可尝试将书中的知识与现实生活或工作中的实际案例联系起来，这有助于理解和记忆。

（2）通过网课学习

① 合理安排学习时间。可制定一个固定的学习时间表，保持学习的连贯性和规律性。

② 积极参与。可参与课程的讨论区或论坛，与其他学习者交流，分享见解和疑惑。

③ 实践操作。尽可能在实际中应用所学知识，比如通过项目、练习或模拟实验来加深理解。

（3）通过培训班学习

① 积极互动。可在课堂上积极提问并参与讨论。这样不仅能加深理解，还能获得即时反馈。

② 与同伴一起学习。与同班的学生建立学习小组，可相互学习和支持。

③ 课后复习。课后及时复习和整理笔记，能巩固当天学到的内容。

（4）通过请私教学习

① 明确学习目标。让私教明确你的学习目标和期望，这有助于制订更适合你的学习计划。

② 定期反馈。定期向私教反馈你的学习进度和挑战，便于及时调整教学方法。

③ 利用私教的专业知识。最大限度地利用私教的知识和经验，不仅学习理论知识，还要学习实际应用和行业见解。

2. 不通用的学习技巧和策略

（1）记录数字笔记

在学习的过程中，使用数字工具记录笔记是一个极好的习惯。无论是通过笔记应用、云端文档还是专业的学习管理系统，数字笔记不仅方便整理和回顾，还可以随时随地访问。你可以在工具上标记重点、整理思路，甚至插入相关链接和资源，从而使学习更加系统和高效。

（2）加入学习群组

无论是通过社交媒体、在线论坛还是本地社区，加入学习群组可以提供额外的支持和资源。在这些群组中，你可以与其他学习者交流经验、分享疑问和心得。这种交流不仅能够给你新的学习视角，还能增加学习的乐趣和动力。

（3）利用人工智能辅助学习

现在有许多智能工具和应用可以辅助学习。比如，使用 AI 的辅助学习应用来复习语言、数学或其他专业知识。这些工具通常包含个性化学习路径和智能复习提醒，帮助你更有效地记忆和掌握知识。

（4）自我测试和模拟练习

不论是在哪种学习方式中，定期进行自我测试和模拟练习是非常有益的。这可以是在线测验、编写总结报告或进行模拟项目。这样的实践不仅可以加深你对知识的理解，还能帮助你准备实际应用。

（5）设定学习目标和里程碑

为自己设定具体的学习目标和里程碑，可以帮助你保持学习的方向和动力。这些目标应该是具体的、可测量的，而且是可达成的。

通过运用这些通用的学习策略和技巧，我们可以更好地利用各种学习资源，提高学习效率和质量。

在本节，我们探索了各种方法以使学习效果最大化，无论是通过书籍、网课、培训班还是私教。我们了解到，无论选择哪种学习方式，关键在于如何运用这些通用的策略和技巧来提升学习效率和质量。记住，"谋事在人，成事在天"。虽然我们不能控制所有外部因素，但我们可以通过智慧的规划和努力来塑造自己的学习之路。从记录数字笔记到加入学习群组，从利用人工智能工具到设定具体的学习目标，这些策略都是我们谋事的工具，能帮助我们更有效地学习和成长。

15.6 证明和展示你的技能

本节将带你探索如何将那些在书籍、网课、培训班甚至私教学习中培养的技能转化为实际可见、可证明的资产。在学习和成长的道路上，我们不仅要不断吸收新知识、提升新技能，还需要学会如何向世界展示这些成就。想象一下，你已经"装备"了一系列闪亮的技能和知识，现在，是时候将它们展示出来，让你的努力和才华得到认可了。

这个过程就像为自己的职业生涯编织一张充满色彩的网。通过多种方式，如参与在线论坛讨论、获得行业认证、创建个人作品集，甚至通过社交媒体分享你的专业洞见，你可以构建一个展示你的技能和知识的平台。这不仅是对自己学习成果的一种肯定，也是向潜在雇主或合作伙伴展示你的能力的机会。在这一节中，我们将一起探索如何有效地使用这些工具，让你的技能和专业知识在众人眼前发光发亮。接下来，我将推荐几种展示的类型，大家也可以通过某类型中的某种方式进行展示。

1. 网络展示

（1）创建个人博客或网站。这是展示你的专业知识的绝佳方式。你可以在个人网站上发布有关你的专业领域的文章、项目案例研究或教程。个人网站还可以作为你的数字名片，展示你的简历、成就和专业背景。

（2）社交媒体平台。利用 LinkedIn、微博或其他专业社交媒体平台，分享你的行业见解、专业文章或参与相关话题的讨论。在这些平台上，你可以建立一个专业的网络，与同行交流，甚至吸引潜在雇主或合作伙伴的注意。

（3）在线百科或知识分享平台。参与百科类网站，如维基百科或行业特定的知识库，撰写或编辑与你的专业领域相关的条目。在知乎、Quora 等问答平台上回答问题，提供专业的见解和建议。

（4）内容创作和分享。创作高质量的内容，如教程、研究报告或分析文章，并在多个平台分享。利用视频平台如 YouTube 或 Bilibili 创建教学视频或行业分析视频，展示你的专业知识和沟通技巧。

（5）参与在线论坛和社群。加入和积极参与与你的专业领域相关的在线论坛或社群。

在这些平台上，你可以与其他专业人士交流，分享见解，甚至获得新的学习和合作机会。

2. 证书认证

（1）专业认证。许多行业都有专业认证体系，这些认证通常需要通过考试或满足特定条件来获得。例如，在 IT 领域，设有 Cisco、Microsoft 或 Oracle 这样的认证；在会计领域，有 CPA 或 ACCA 认证；而在项目管理领域，则有 PMP 认证。这些认证不仅展示了你的专业知识和技能，还表明你对持续学习和专业发展的承诺。

（2）在线课程证书。在线教育平台，如 Coursera、51CTO、Udemy，提供了各种课程，涵盖广泛的主题：从技术到商业管理，再到创意艺术。完成这些课程并获取证书，不仅证明了你的知识水平，还展示了你的自我驱动能力和学习能力。这些证书可以在你的简历上展示，也可以在 LinkedIn 等职业社交网络上公开，以增加你的专业可见度。

（3）行业或技术特定认证。对于特定的技术或技能，如编程语言、软件工具、设计软件等，获得相关的技术认证可以显著提升你在该领域的专业地位。这些认证通常由相关软件或技术的官方机构提供，是你的专业能力的权威证明。

3. 作品集方式

（1）选择代表性作品。应选择能够反映你的技能和风格的作品。这些作品应该展示你的技术能力，同时也要传达你的创意和专业理念。对于不同的目标受众或职位，可能需要定制不同的作品集版本。

（2）讲述作品背后的故事。仅仅展示作品本身是不够的，你还需要讲述每个作品背后的故事。这包括创作的灵感来源、解决的问题、使用的技术和工具，以及你在项目中扮演的角色。这样的背景信息可以帮助观众更好地理解你的工作，并展现你的思考过程和解决问题的能力。

（3）在线展示。利用个人网站、专业社交媒体（如 LinkedIn）或者专为展示作品集设计的平台（如 Behance、Dribbble）来在线展示你的作品。确保作品集的在线版本易于导航，能清晰展示每个项目，并且适应不同设备进行浏览。

（4）更新和维护。定期更新你的作品集，删掉不能反映你当前技能水平的旧作品，添加新的、更具代表性的项目。记住，作品集是一个不断发展的展示，应随着你的职业成长而更新。

（5）获得反馈。完成作品集后，向同行或导师寻求反馈。他们的意见可以帮助你改进作品的展示方式，确保你的作品集能够以最佳状态呈现。

4. 建立粉丝群或关注者

（1）选择合适的平台。根据你的专业领域和目标受众选择合适的平台。例如，如果你是创意领域的专业人士，可以选择抖音、快手等视频平台来展示你的作品；如果你专注于技术或业务知识分享，选择知乎或微信公众号可能更适合。

（2）内容创作。定期创作与你的专业领域相关的高质量内容。内容可以是教程、行业分析、案例研究或是你的专业见解。确保内容既有价值又具有吸引力，能够引起目标受众的兴趣和参与。

（3）互动与参与。与你的粉丝或关注者进行互动，回复他们的评论和问题。这种互动不仅能营造社区感，还能增强你的专业可信度。参与相关话题的讨论和活动，以提高你在特定领域的可见度和影响力。

（4）视频和直播。利用视频内容或直播来展示你的专业技能和知识。视频内容更容易吸引受众并传达复杂信息。通过直播与受众实时互动，分享你的专业知识、回答问题或展示你的工作过程。

（5）定期更新和维护。定期更新你的社交媒体账号，保持内容的新鲜感和相关性。分析受众的反馈和数据，调整你的内容策略，以更好地吸引和保持受众的兴趣。

5. 参与公共讲座和会议

（1）寻找适合的机会。根据你的专业领域和兴趣，寻找相关的会议、研讨会或讲座机会。这些可以是行业会议、专业研讨会、学术论坛或公共讲座。利用你的专业网络或在线平台，如51CTO、CSDN等来了解这些活动的信息。

（2）准备精彩的演讲。准备一个内容丰富、结构清晰的演讲。确保你的演讲既有深度又能引起听众的兴趣。使用故事讲述、案例研究或视觉辅助工具来增强你的演讲效果。

（3）建立专业形象。在演讲中展示你的专业知识和经验。分享你的见解、经验教训和专业建议，以建立你作为该领域专家的形象。穿着专业，表现出自信和专业度，这对于建立观众的信任和尊重至关重要。

（4）积极互动。与听众进行互动，鼓励他们提问，并给予深入的回答。这种互动不仅能提升演讲的参与度，还能增强你的可信度。在演讲后，留出时间与听众交流，这是建立新联系和专业关系的好机会。

（5）利用媒体和社交媒体。如果可能，将你的演讲录制下来，并分享到社交媒体或专业平台上。这样可以扩大你演讲的影响力，让无法到场的人也能看到你的演讲。利用社交媒体来宣传你的演讲，增加参与度和可见度。

本节中，我们详细了解了展示个人的专业技能和知识的多种方式。无论是通过网络展示、获得专业证书、创建引人注目的作品集、建立一定数量的粉丝或关注者群体，还是参与公共讲座和会议，每一种方法都为你提供了一个平台，让你的才华和专业技能得到展现。这些活动不仅在你的职业生涯中起到了突出的展示作用，同时也为你的简历增添了非凡的价值，使你在激烈的职场竞争中更具竞争力。

将成就和经历写入简历，无疑会让你的职业档案更加丰富多彩。它们不仅证明了你的技能水平，还展现了你对专业成长和个人发展的期望。这样的简历能向潜在雇主展示你不仅掌握了必要的技能，还能积极应用这些技能，甚至在相关领域产生影响。

15.7 保持学习和技能更新

在我们的职业生涯中,保持学习和不断更新技能至关重要。

我们生活在一个快速变化的时代,新技术、新理念和新趋势不断涌现。在这种环境下,昨天的知识和技能可能很快就会过时。因此,不断学习和更新自己的技能不仅是一种职业需求,更是一种生存必需。

保持学习是立足当今时代非常重要的一个手段,比如目前特别热门的AI工具,回顾过去,在AI工具和先进技术还未普及的时代,我们的工作效率相对较低。回想一下,那时候的工作场景、数据分析、信息整理,甚至日常的任务管理都需要大量的人力和时间投入。这不仅影响了工作效率,也限制了创新和快速决策的能力。随着AI和自动化工具的诞生,工作效率发生了翻天覆地的变化。这些工具可使烦琐的工作流程自动化,可提供智能数据分析和增强决策支持,极大地提高了工作效率。例如,现在我们可以利用AI进行市场趋势分析,利用自动化工具处理日常的重复性任务,甚至使用智能助手管理日程和邮件。

在这种背景下,不断学习和掌握这些新兴技术变得至关重要。如果我们停滞不前,不愿意学习和采用新工具,我们的工作效率将远远落后于那些拥抱技术创新的同行。更重要的是,不学习新技术不仅影响个人的工作效率,还可能影响整个团队或组织的竞争力。

在职业生涯的早期,我们往往处于学习曲线的起点,尤其是在技术领域。比如,作为一名刚步入职场的程序员,你可能拥有一些基本的编程技能,这些技能足以让你开始你的职业旅程，但它们只是起点。如果你渴望获得更高的薪资、完成更有挑战性的项目，或者想在职业阶梯上攀升，那么持续学习和技能提升就成为必不可少的过程。

在技术领域，变革是唯一不变的事情。编程语言和技术的迭代更新如同潮水般汹涌而来。每年，都会有新的语言版本发布，新的框架和库被开发出来。这些技术的更新和迭代要求我们必须持续学习，不断地更新自己的技能库。如果我们选择停滞不前，不学习这些新技术，就很可能会被快速发展的技术潮流淘汰。

但是，与此同时，这也为我们提供了无限的可能性。通过学习和掌握最新的技术，我们不仅能在当前的职位上更加出色，还可以探索新的职业领域。例如，掌握云计算、人工智能或大数据技术，不仅可以提高我们在现有工作中的效率，而且能开辟全新的职业道路。

我们举个案例：

李强，是一名程序员，在一家知名科技公司工作。他聪明、勤奋，刚毕业时对编程充满热情。进入公司后，他凭借扎实的基础和不懈的努力很快获得了认可。起初，他每天都在学习新技能，积极参与各种项目，他的职业生涯看起来一片光明。

然而，随着时间的推移，李强逐渐感到自己已经在职场上站稳了脚跟。他开始满足于现状，不再像以前那样渴望学习新技术。当同事们讨论最新的编程框架或技术趋势时，李强总是找借口回避，他觉得自己现有的技能足以应对工作中的挑战。

随着时间的推移，技术界迎来了新一轮的变革，云计算、人工智能和大数据等领域均在快速发展。公司开始寻求掌握新技术的员工，项目也越来越依赖于这些新兴技术。同事们纷纷开始学习新框架，参加各种在线课程和研讨会，李强却因为觉得学习成本高昂，而选择停滞不前。

渐渐地，李强发现自己在会议中越来越无话可说，接触新项目的机会也逐渐减少。有一天，公司宣布了一项重大的技术升级，所有的项目都需要迁移到新的平台上。李强因为缺乏相关的技术知识，无法参与到这个转变过程中。他开始意识到，自己已经被新技术的浪潮所淘汰。

这个案例告诉我们，在技术快速发展的今天，停止学习就意味着被淘汰。李强最初的成功仅仅是起点，他的停滞不前最终导致了自己的职业困境。这是一个提醒，提醒我们必须不断学习和适应，才能在不断变化的职业世界中谋得生存和发展。

"学如逆水行舟，不进则退"，这强调了持续学习的必要性。在这个快速变化的时代，我们必须不断充实自己，才能保持竞争力和职业生涯的动力。无论是在线学习、参加研讨会、获得新的认证，还是通过实践项目来提升技能，都是我们职业旅程中不可或缺的。

在本章中，我们不仅获得了如何提升和展示技能的知识，还理解了为什么这些只是对职业发展至关重要。每一次的学习和每一项新技能的获得，都是我们在职业道路上向前迈进的一大步。

第 16 章

面试复盘与反思

本章概述

16.1 了解复盘和反思的重要性

16.2 面试过程的记录

16.3 详细的复盘

16.4 制订个人学习计划

16.5 应对反馈

16.6 制订行动计划

16.7 保持积极和持久的态度

16.1　了解复盘和反思的重要性

复盘和反思是面试过程中最为关键的部分。每次面试，无论其结果如何，都提供了一个宝贵的学习机会。面试不仅是一个求职的过程，更是一个自我发现和成长的旅程。通过对每一次面试进行深入的复盘和反思，我们能够洞察自己的表现，识别那些做得好的地方和需要改进的领域。这个过程涉及求职者在面试中的沟通方式、非语言行为，甚至是对面试官反应的细致观察。这些反思和总结不仅能帮助我们在未来的面试中表现得更加出色，也是个人职业技能提升的重要途径。

"复盘"这个概念，其实最早起源于棋类游戏，特别是围棋和象棋。在古时候，棋手们会在对局结束后重新走过每一步棋，这个过程就是复盘。他们这么做的目的是理解每一步棋的策略，分析胜负的关键点，以及从中学习和提升自己的棋艺。

而现在，"复盘"这个词已经不仅仅局限于棋盘上了。在各种领域，尤其是在商业和职场环境中，复盘成了一种常用的策略工具。无论是项目管理、团队合作，还是个人的职业发展，复盘都被用来回顾和分析过去的行动和决策，目的是从中吸取教训，找到改进的空间。

当我们把复盘应用到面试的背景中，它就变成了一种反思和学习的手段。面试结束后，我们要通过复盘去回顾整个面试过程：从自我介绍到回答问题的方式，从面试官的提问到我们的反应，乃至我们的身体语言和面试官的反馈。通过这样详细的回顾，我们能够深入了解自己在面试中的表现，识别出那些做得好的地方和需要改进的方面。简而言之，面试复盘就像是给自己的表现打分，然后找出提高分数的方法。在这个过程中，我们不仅能够提升面试技巧，更能深入理解自己的职业优势和劣势，为未来的职业发展打下坚实的基础。

面试结束后的复盘和反思，可不仅仅是个形式，而是你在职业道路上的一个重要转折点。想想看，每一次面试都像是一次小冒险，你走进一个陌生的环境，与不熟悉的人交流，展示自己最好的一面。面试结束后，你可能会有种松一口气的感觉，但其实，真正的工作才刚刚开始。

为什么呢？因为复盘和反思就像在挖掘这场冒险中的宝藏。这个过程帮你挖掘出那些在紧张和忙碌中可能没有注意到的珍贵经验。这就好比你在一场戏剧演出后回顾自己的表演，思考哪里做得好，哪里可以做得更好。

在复盘时，你可能会想："我回答那个问题时是不是太紧张了？我的例子是否足够具体？我是否有效地展示了我的技能和经验？"这样的思考过程，不仅让你对自己有了更深的认识，还能帮助你在下一次面试中避免同样的错误，表现得更加出色。

在反思过程中，你会学会如何更好地解读面试官的反应和提问。有时候，一个小小的暗示或反应，就能让你了解到雇主真正关心的是什么。这些信息在未来的职业生涯中非常宝贵，可以帮助你更好地准备面试，甚至应对工作中的各种挑战。

最重要的是，这个过程能够增强你的自我意识。面试不仅仅是一场为了工作的竞争，更是一次自我展示和自我了解的机会。通过复盘和反思，你不仅能提升面试技巧，更能清晰地认识到自己的职业目标、职业价值观和职业发展方向。

想象一下，如果你能从每次面试中都学到一点东西，无论是关于自己、关于自己所在行业，还是面试技巧，那么随着时间的积累，你将变得越来越强大。每次复盘和反思都像是在你的职业武器库中添加了新的武器。这样一来，面对职场上的挑战，你将更加从容不迫，信心满满。

复盘的具体内容如下。

1. 提升应对能力

复盘能帮助你分析在面试中的具体表现，比如回答问题的方式、沟通技巧和应对压力的能力。通过这样的分析，你可以在未来的面试中更加从容应对各种情况。

2. 判定改进领域

通过对每个细节的反思，你能够明确识别出你在哪些方面做得好，在哪些方面还有提升的空间。这种自我认识对于你的职业成长至关重要。

3. 增强自信心

成功的面试不能仅仅依赖于专业技能，还需要足够的自信。通过复盘和反思，你可以建立对自己能力的信心，这对于面对面试官时保持自信和专业度至关重要。

4. 理解面试官的需求

在面试过程中，理解面试官的真正需求非常重要。通过对问题的具体反思，你可以更好地理解面试官的意图，从而在未来的面试中更加有针对性地准备和回答。

5. 情绪和压力管理

面试过程中，压力管理是一个关键因素。通过复盘，你可以学会如何在压力下保持冷静，如何有效地管理自己的情绪。

6. 建立长期职业规划

复盘和反思不仅仅关注单次面试的表现，还能帮助你在长远的职业规划中找到方向。你可以从中学到如何将自己的经历和技能更好地与职业目标和市场需求对接。

7. 培养终身学习的态度

面试复盘和反思也是一种学习过程。它鼓励你保持好奇心和开放态度，不断学习和适应，这对于职业生涯中的持续成长至关重要。

本节，我们深入了解了面试后进行复盘和反思的巨大价值。通过具体的复盘，我们不仅能提升面试技巧，还能深入理解自己的职业优势和改进领域。这个过程能帮助我们在面对挑战时保持冷静，提高应对能力，同时也加强了我们对职业发展方向的认识。总的来说，复盘和反思是我们成长为更加自信和有能力的专业人士的重要步骤，使我们能够从每次面试中得到学习和进步。

16.2 面试过程的记录

想象一下，你刚刚完成了一次面试，脑海中充满了回应问题的细节、面试官的反应，甚至是那种紧张的氛围。这些都是宝贵的信息，可以帮助你在未来的面试中做得更好。但是，随着面试后的情绪调整和时间的推移，这些细节往往会变得模糊起来。因此，有效地记录面试过程就显得尤为重要。

在面试结束后，记录的过程几乎就像是在绘制自己经历的地图，每个转弯、每段直行都需要记下。记录的方式有很多，下面是几种推荐的记录方式，它们各有特色，你可以根据自己的情况选择最适合的方法。

1. 面试结束后立即手写笔记

一出面试室，找个安静的角落，迅速将记忆中的关键点记录下来。这包括面试官的问题、你的回答、你观察到的面试官的反应，甚至是你自己当时的感受。手写的过程也是一个再次思考和整理的过程，有助于深化记忆。

2. 使用录音工具

如果面试官同意，你可以使用手机或录音笔记录面试过程。面试结束后，你可以回听录音，分析自己的回答和面试官的提问方式。这样可以帮你捕捉到在紧张中可能遗漏的细节。

3. 创建心理地图

用心理地图的方式来记录面试的流程和关键点。这种方法可以帮助你以更直观的方式理解整个面试的流程，看到各个部分之间的联系。这种方法比较适合记忆力好的同学。

4. 电子笔记应用

利用 Evernote、OneNote、印象笔记等电子笔记应用来记录。你可以创建一个专门的"面试复盘"笔记本，将每次面试的记录都整理在一起。电子笔记的好处是可以随时编辑和补充，甚至可以加入链接和参考资料。

5. 视频或音频日志

如果你更喜欢说话而不是写字,那么可以尝试录制视频或音频日志。讲述你的面试经历,就像是对一个朋友讲述你的故事。这种方式更自然、更有情感,有助于你更深入地理解自己的表现。

每种方法都有其独特之处,关键是要在面试后尽快进行记录,以便捕捉到最真实、最直接的体验和感受。这些记录将成为你面试复盘和反思的珍贵资料,帮助你在下一次面试时更加从容、更加准备充分。

接下来,我们来看看面试后我们应该记录哪些内容。

在面试后进行记录时,重点不仅仅是记住面试官问了哪些问题,更重要的是捕捉那些能够帮助你在未来做得更好的关键信息。这就好比你在一场精彩比赛后回顾自己的表现,只为找到可以进步的地方。下面是一些你应该重点记录的内容。

(1)技术问题的应答。回顾那些你觉得回答得不够好的技术问题。什么问题让你觉得棘手?是因为准备不足,还是因为紧张忘记了?这些都是你未来需要重点准备的地方。

(2)行为面试问题。记录那些关于你过往经历和行为的问题,以及你的回答。思考一下:是否有更好的例子可以展示你的能力和经验?

(3)非语言表达。尝试回忆你的肢体语言、眼神交流和声音的使用。你是否显得自信?你的非语言行为是否支持了你的口头表达?

(4)面试官的反馈和暗示。回想面试官的反应和评论。他们是否在某些问题上停留得比较久?他们的反应是否暗示了对你某个回答特别感兴趣或产生疑虑?

(5)自己的情绪和心态。记录你在面试中的感受。有哪些时刻让你特别紧张?是什么导致了这种情绪出现?

（6）可能的改进之处。思考一下，如果再有一次面试机会，你会怎样做得更好：是更深入的准备，还是调整面试策略？

（7）你没能回答的问题。对于那些你没能回答或回答不好的问题，请先记下来，然后回去查找相关资料，以便下次能更好地应对。

通过记录这些细节，你不仅能为下一次面试做更好的准备，还能在个人职业发展方面获得宝贵的洞察。这个过程就像在慢慢打磨一件艺术品，每一次复盘和反思都会让你离完美更近一步。

本节中，我们了解到记录面试细节的重要性。这个过程就像是用一台高清摄像机记录你的表演，捕捉每一个微小的表情、每一句话的语调，以及那些可能错过的细微暗示。通过记录技术问题的应答、行为面试问题、非语言表达、面试官的反馈和自己的情绪，我们可以为更深入的复盘和反思打下坚实基础。这些记录不仅有助于我们更好地理解自己的表现，还能指引我们在未来的面试中做得更好。

16.3 详细的复盘

面试就像是一场精心编排的戏剧，每个对话、每个动作都承载着特定的意义。在简单记录之后，详细的复盘就像是对剧本的深度解析，帮助我们更好地理解每个场景背后的含义，从而更精确地提升自己的表演。

详细的复盘意味着不能仅仅停留在表面的回顾，而是应深入每个问题的本质、每个回答的效果，甚至是自己的心理状态和面试官的微妙反应。这个过程就像是在进行一次自我探索的旅程，你不仅会发现自己在面试中的优点和不足，

第16章 面试复盘与反思

还能深入分析如何在未来的面试中更好地展现自己。

在这一节中,我们将讨论如何从宏观和微观的角度进行复盘,如何利用之前记录的信息深入分析自己的表现,以及如何将这些反思转化为具体的改进计划。我们将探讨一系列的策略和技巧,比如如何评估自己的应答技巧、如何分析非语言沟通的效果,以及如何从心理角度理解面试过程。通过这一节的学习,你能够将复盘提升到一个新的水平,使每次面试都成为一次宝贵的学习和成长经历。

1. 宏观角度的复盘

复盘就像是从山顶俯瞰整个森林,而不仅仅是聚焦于单个树木。在这个过程中,我们不仅要关注面试的具体细节,还要理解整个面试过程在我们的职业旅程中的位置和意义。

(1)职业目标与面试契合度。从宏观角度出发,首先要思考的是这次面试机会与你的长期职业目标之间的关系。这个职位是否真正符合你的职业规划?面试过程中的交流是否让你更加确信这是你想要走的路?

(2)公司文化与价值观匹配。反思这家公司的文化和价值观是否与你相符。在面试过程中,你能感受到与公司的共鸣吗?公司的愿景和使命是否激发了你的热情?

(3)整体面试体验与感受。回顾整个面试体验,感受自己在面试过程中的情绪变化。你是感到兴奋、紧张,还是不安?这些情绪背后的原因是什么?它们是否反映了你对这次面试或这个职位的真实感受?

(4)面试官的反应与互动。思考面试官的整体态度和反应:他们对你的回答有何反应?这些反应是否透露出他们对你的看法或者对这个职位的期望?

（5）自我反省与成长。最后，从宏观的角度审视自己的成长轨迹。每一次面试是否让你更接近你的职业目标？你在这个过程中学到了什么，无论是关于专业技能、沟通技巧，还是关于自己的？

通过这种宏观的复盘，我们不仅能更好地理解每次面试的价值和意义，还能够更清晰地看到自己的职业道路。这不仅是关于获取一份工作的过程，更是一个自我发现和自我实现的旅程。

2. 微观角度的复盘

微观角度的复盘就好比是用放大镜仔细检视每一片叶子，每一根细小的枝干。在这个层面上，我们深入探究面试中的每一个细节，每一个交流的片段，甚至是我们的每一次呼吸和心跳。

（1）具体问题和回答的分析。从微观角度出发，先从每一个面试问题开始。思考：你的回答是否准确，是否充分展示了你的能力和经验？你的回答是否具有说服力，是否反映了你的思考深度和问题解决能力？

（2）非语言沟通的分析。注意你的身体语言、眼神交流和声音的使用。你是否在面试中保持良好的眼神接触？你的肢体语言是否展示了自信和专业性？你的声音是否平稳、清晰？

（3）情绪和反应的自我观察。回顾面试中的每一个时刻，注意你的情绪变化。在回答某个特定问题时，你是否感到紧张或不安？这些情绪是如何影响你的表现的？你对面试官的提问和反应是如何即时调整的？

（4）面试官的具体反馈。仔细思考面试官的任何直接或间接反馈。他们对某个回答表示赞赏还是疑问？他们的问题是否暗示了对你某方面能力的兴趣或担忧？

（5）时间管理和流程控制。分析你在面试中的时间管理。你是否有效地分配了时间来回答每个问题？面试的整体流程是否顺畅？

通过微观的复盘，我们可以把自己的面试表现拆解到最基本的元素，然后逐个审视、改进。这个过程有点像精心雕刻一件艺术品，每一个小小的调整都可能带来整体美感的提升。通过对这些细节的深入分析和理解，我们可以在未来的面试中更加精准地掌握节奏，更有效地展现自己的能力，甚至更好地控制整个面试的氛围。

本节中，我们深入了解了从宏观和微观两个层面进行面试复盘的重要性。宏观层面的复盘让我们从整体上理解面试在我们职业生涯中的位置和意义；而微观层面的复盘则让我们深入每一个细节，从具体问题的回答到非语言沟通的分析，再到情绪和时间管理的自我观察。通过这种双重视角的复盘，我们不仅能更全面地理解自己在面试中的表现，还能找到具体的改进点和成长的机会。

16.4　制订个人学习计划

每一次面试都像一次自我探索的旅程，结束后，我们需要静心总结，就像园艺师细致审视自己的花园一样，寻找需要修剪和培育的地方。在忙碌的日常生活中，找到高效的查漏补缺方法显得尤为重要。这不仅涉及时间管理，更关乎如何精准地识别自己的弱点，并制定具体的改进策略。我们将在这一节中探讨如何在紧张的日程中找到宝贵的时刻进行深入的自我反思，如何将这些反思转化为自我提升的具体行动，从而在每次面试之后都能变得更加强大，有竞争力。

我们先来认知一个问题。如果面试表现不佳，我们可能会面临一个选择：

是不是应该暂停一下，花几天时间专门去补自己的不足？我的观点是：不建议这样做。面试本身是一个连续的过程，如果中断，可能会打乱你的节奏和准备状态。这就像运动员在赛季中必须保持训练一样，持续地参与和实践对于保持面试技巧的熟练度非常重要。

如果一遇到不顺利的面试就选择休息，可能会逐渐形成一种逃避的心态。面对挑战迎难而上而不是逃避它们，这是职业成长的关键。每次面试，无论结果如何，都是一个学习和成长的机会。通过连续的实践，你可以更快地适应面试的节奏，更有效地总结经验，更快地提升自己。

当然，休息和放松也是必要的。我建议你可以利用周末或者空闲时间进行适当的休息和放松，这样既可以给自己充电，又不会完全中断面试的准备和实践。在休息的同时，你也可以以更轻松的心态进行反思和总结，从而以饱满的精神状态和清晰的头脑投入下一轮面试的准备中。简而言之，平衡好实践和休息的关系，是面对面试挑战和提升自己的有效策略。

面试失败，可能会让人暂时失落，但重要的是不要因此失去信心。事实上，面试失败是宝贵的学习机会，它能够帮助你更清楚地看到自己的不足，从而有针对性地加以改进。记住一点：在职业发展的道路上，没有人是完美无缺的，只要不放弃，每个人都可以不断学习和成长。

面试失败后，首先需要做的是正确地看待这种经历。它不是对你的能力的否定，而是指向你可以进步的地方。它就像一面镜子，反映出你需要进一步提升的领域。

如何利用碎片时间查漏补缺？在每天的面试时间之外找到合适的时间点进行查漏补缺，是提高面试准备效率的关键。合理安排时间，可以帮助我们更加高效地利用每一刻进行自我提升。表16-1是一些推荐的时间点和对应的活动，可帮助你高效地查漏补缺。

第 16 章 面试复盘与反思

表 16-1 不同时间点对应的活动

时 间 点	对应的活动
早晨	早晨是一天中头脑最清醒的时候。利用起床后的半小时到一小时时间，可以进行一些深度学习或练习，比如复习专业知识、准备面试中可能会问到的技术问题
上班路上	如果你习惯通勤，可以将路上的时间用于听相关的播客或音频教程。这不仅能有效利用这段时间，还能在大脑尚未投入日常工作之前进行一些轻松的学习
午休	午休时段也是一个不错的选择。你可以利用这个时间进行一些轻松的练习，比如浏览行业新闻、看一些关于面试技巧的文章，或者简单回顾一下你的面试笔记
下班后	如果你是一个正在"骑驴找驴"的上班族，下班后的时间绝对是黄金时间，不要怕累，毕竟我们想得到更多，下班后的一两个小时是查漏补缺的黄金时段。这时你可以进行一些更深入的练习，如模拟面试、练习回答面试问题，或者有针对性地强化你的弱点
睡前	睡前的半小时可以用来进行一些轻松的反思和准备工作，比如回顾当天的面试经历，思考明天的面试策略

如果我们每天有两场面试，分别是上午和下午，那么我们如何安排呢？表 16-2 是一个针对每天有两场面试（上午和下午）的人员制订的学习计划表，可有效地查漏补缺并提升面试效率。

表 16-2 两场面试的查漏补缺安排

时 间	活 动	查漏补缺的重点
7:00—7:30	早晨面试准备	专业知识强化
8:00—8:30	播客/音频教程（面试路上）	今天所有面试公司的趋势了解
8:30至上午面试时间	上午面试准备（路上）	复习必考面试问题
12:00—13:00	午休/简单记录面试流程与问题	记录与休息
13:00至下午面试时间	下午面试准备（面试路上）	强化面试技巧
19:00—20:00	深入练习/模拟面试	复盘及弱点针对性练习
20:00—22:00	反思/准备明天的面试	整体反思与规划

制订这个计划旨在帮助应试者充分利用每一天的时间，包括面试准备和个人发展。通过精心地安排早晨、通勤、午休和晚上的时间，可以确保求职者既有针对性地查漏补缺，又能保持身心的平衡，但具体计划还是因人而异。

休息时间还包括周末，通常情况下，周末我们很少安排面试，那么我们如何安排周末呢？合理安排周末时间，不仅能帮助你放松和充电，还能为接下来的面试做更好的准备。下面是一个周末休息和学习的建议安排，以及这样安排的原因。

（1）周六上午（9:00—12:00）。深度学习和复习。上午通常是一天中精神最为集中的时段。利用这个时段进行深度学习和复习，可以帮助你有针对性地强化那些在平日面试中发现的弱点。而且刚完成一周的面试，周六上午也是记忆力最好的时段。

（2）周六下午（14:00—17:00）。模拟面试和实践。下午可以用来进行模拟面试或有针对性的实践练习。这个时间段距离早上的学习有一段休息时间，有助于以更轻松的心态进行练习。

（3）周六晚上（自由时间）。晚上的时间建议保持轻松，进行一些放松活动，比如看电影、阅读或与家人朋友相聚，这有助于缓解压力，保持良好的心态。

（4）周日上午（自由时间）。给自己更多的自由时间，无须严格安排学习或复习计划。这个时段可以用来充分休息，让大脑和身体都得到恢复。

（5）周日下午（15:00—19:00）。复习和计划下周内容。下午时段用来轻松复习以及为下周的面试制订计划。这时你可以总结上周的经验教训，为下一周的面试制定策略。

（6）周日晚上（休息并准备下周的面试）。周日晚上应该早点休息，为下一周的面试挑战做好准备。

在讨论了周末的时间安排之后，我们可以总结出：平衡学习、实践和休息是保持高效面试准备的关键。周末的时间安排既考虑了深度学习和复习的需要，又保证了足够的休息和放松，帮助我们在面临连续的面试挑战时保持最佳状态。通过这样的安排，我们可以在保持精神和身体健康的同时，确保自己能够针对性地提升面试技巧和专业知识。

16.5 应对反馈

面试过程中，面试官的反馈不仅是对我们能力的评价，更是一种宝贵的学习资源。它为我们提供了从外部视角观察自己的机会，指出了我们可能忽视的弱点和发展空间。

面对面试官提出的难题或批评性反馈时，我们的态度和反应至关重要。这不仅展示了我们的职业素养和接受批评的能力，也是我们学习和成长的关键时刻。有效的应对策略包括保持开放和谦逊的态度，认真聆听和理解面试官的观点，以及在必要时寻求更多的解释或澄清机会。这一节将详细探讨如何从反馈中提取价值，包括正面的和负面的。我们将学习如何将这些反馈转化为改进自己的具体行动，如何在未来的面试或职业生涯中避免相同的错误。通过学习应对反馈的艺术，我们不仅能更好地准备面试，还能在职业道路上更加稳健地前行。

1. 比较直接正面的反馈

（1）赞赏你的专业知识或技能。

寓意：面试官认为你在某个特定领域有较强的能力。

应答：感谢面试官的赞赏，并简要提及你是如何发展这些技能的，或者这些技能是如何与职位相关的。

（2）对你的经验印象深刻。

寓意：你的过往经历符合职位的需求，或者你展现出了值得称赞的职业成就。

应答：对面试官的认可表示感谢，同时可以分享一些额外的细节或成就背后的故事，以增强面试官对你的印象。

（3）表扬你的面试表现。

寓意：你在面试过程中展现了良好的沟通技巧和自信。

应答：感谢面试官的反馈，并简短地表达你对这次面试机会的重视以及对工作的热情。

（4）赞赏你的问题解决能力。

寓意：你展现出了解决复杂问题的能力，这在许多工作中是非常重要的。

应答：感谢并强调你对挑战的态度和解决问题的方法，还可以提及你希望如何将这些能力应用到新的工作中。

在回应正面反馈时，保持谦逊和真诚至关重要。同时，这也是一个展示你对职位和公司兴趣的好机会。通过恰当地回应正面反馈，你可以进一步加强面试官对你的正面印象，并展示出你的职业素养和沟通能力。

2. 比较直接负面的反馈

（1）关于技术能力或知识的负面反馈。

寓意：面试官可能觉得你在某个技术领域的知识或技能不足。

应答：首先感谢面试官的反馈，然后可以表达你对不断学习和提升自己技能的承诺。如果适当，也可以举例说明你如何在过去的工作或学习中快速补充自己的知识空白。

（2）关于过往经验的负面评价。

寓意：面试官可能认为你的经验不完全符合职位要求。

应答：感谢面试官的反馈，并试图阐明你的经验如何与职位相关，或者你如何能够迅速适应新的职责。

（3）关于沟通技巧的反馈。

寓意：可能你在表达自己的想法时不够清晰或者不够有说服力。

应答：认可反馈的重要性，并表明你愿意在这方面进行改进。如果可能，应提供一个更清晰的解释或重新表达你的观点。

（4）关于面试表现的评价。

寓意：面试官可能觉得你在面试中显得紧张或不自信。

应答：承认你在面试中可能紧张，并表达你在真实工作环境中是如何有效地处理压力和挑战的。

在回应负面反馈时，关键在于展现出你的适应性和学习意愿。通过积极的态度和对改进的承诺，你可以将负面反馈转化为展示自己成长潜力的机会。同时，这也是展示你面对挑战时的成熟态度和专业素养的好时机。

在面试中，除了明确的正面或负面反馈，还经常存在一些暗示性的反馈。这些反馈可能不直接表明面试官的意图，但只要通过仔细分析，你就可以从中读出更深层的含义。下面是一些暗示性反馈示例及其可能的含义，以及如何巧妙地应对这些反馈。

（1）"你似乎对这个领域很有热情。"

可能的含义：面试官在试图了解你的兴趣是否真正与职位相关。

应答：在回应时，除了确认你的热情，还应该强调你的兴趣是如何与这个职位和公司的目标相符合的。

(2)"这个角色需要快速适应变化。"

可能的含义：面试官可能在暗示这个工作环境变化迅速，考察你是否能适应。

应答：强调你的适应性和灵活性，可以举例说明你过去是如何成功适应变化的。

(3)"我们这里的工作节奏非常快。"

可能的含义：面试官可能在评估你是否能够处理高压的工作环境。

应答：表示你理解并能够应对快节奏的工作环境，并举例说明你以前是如何在类似环境中有效工作的。

(4)"我们团队非常注重合作。"

可能的含义：面试官在探索你的团队合作能力。

应答：强调你的团队精神和协作经验，提供具体的例子来说明你在团队中的贡献。

(5)"这个职位需要应对很多不确定性。"

可能的含义：面试官可能在评估你面对不确定和复杂情况时的应对能力。

应答：强调你的适应性和解决复杂问题的能力，举例说明你过去是如何成功适应不确定环境并取得成果的。

(6)"我们这里做事风格比较自由。"

可能的含义：面试官在暗示工作环境相对宽松，希望了解你是否能在较少的监督下进行自我管理。

应答：讨论你的自我管理能力和自律性，以及你是如何在缺乏微观管理的情况下成功完成任务的。

(7)"我们的客户通常很具挑战性。"

可能的含义：面试官可能在探索你应对难以合作的客户或适应高压工作场景的能力。

应答：展示你的人际沟通技巧和解决冲突的能力，提供具体例子展示你如何有效地应付难以合作的客户。

（8）"这个角色需要经常与其他部门协作。"

可能的含义：面试官在考察你的跨部门协作和沟通能力。

应答：强调你的团队合作能力，特别是在跨功能团队中的工作经验，以及你如何有效沟通和协调以达成共同目标。

对于这些暗示性反馈，关键在于识别面试官的潜在关注点，并以此为基础来展示你的相关经验和能力。你的回答应该既直接又具有洞察力，以显示你不仅理解职位的需求，还能够适应并在这样的工作环境中表现出色。通过精准的回应，你可以有效地展示自己作为理想候选人的各方面优势。

本节中，我们讨论了如何理解和应答面试中的正面、负面以及暗示性反馈。关键在于从反馈中提取有价值的信息，并用它们来增强自己的面试表现。无论是积极的赞赏还是建设性的批评，或是那些含蓄的暗示，每一种反馈都为我们提供了改进的机会。通过对这些反馈的深思熟虑和合理回应，我们可以更好地了解自己在面试官眼中的形象，同时识别出需要加强的领域。

16.6 制订行动计划

本节将聚焦面试后最关键的一环：如何从复盘和反馈中提炼出具体的行动步骤。面试结束后，我们往往会带着一系列的反馈和洞察离开，但其实真正的挑战在于如何将这些宝贵的信息转化为实际的改进和行动。这一节将指导求职者如何根据面试中的经历和面试官的反馈，制订有效的行动计划，从而有针对性地提升自己。

制订行动计划不仅是对过去面试的回顾，更是为未来机会做准备。这个过程包括识别自己的强项和弱点、设置具体的学习目标、计划实际的练习活动，以及持续跟踪进步。通过这样的计划，我们可以保证每一次面试后都有明确的成长路径，无论面试结果如何。

在这一节中，我们将用两个具体的案例来展示制订行动计划的重要性和效果。这些例子将揭示如何从面试失败中提炼教训，如何根据面试官的建议来调整自己的策略，以及如何通过有目的的实践不断提升自己。最终，你将认识到，每一次的面试都是一次成长的机会，而制订行动计划则是将这些机会转化为实际成果的关键步骤。

案例一：刚毕业的学生小李如何在面试中逆袭

小李刚从大学毕业，充满期待地投身到了职场的大海中。在参加了几轮面试后，他开始收到一些具体的反馈。在技术方面，一些面试官指出他在某些编程语言的应用方面不够熟练；在行为方面，一些面试官则提到他在回答问题时显得有些紧张，缺乏自信。

小李决定将这些反馈转化为行动计划。他的时间有限，白天需要打工维持生活，晚上才有时间学习。他开始制订详细的计划：每天晚上花两个小时专注于技术学习，特别是那些他不太熟悉的编程语言。他通过在线课程、编程挑战和项目实践来提升自己的技能。此外，他还加入了一个公开演讲俱乐部，每周练习一次，以提高自信心和口头表达能力。具体详细计划如下：

1. 技术学习计划

（1）目标设定。小李首先明确了他的主要目标是提升对 Java 和 Python 两种编程语言的熟练度。

（2）资源整合。他筛选了一些在线课程，特别是那些提供实战项目的课程，以便在实际编程中加深理解。

（3）时间规划。每天晚上 7 点到 9 点，小李花两个小时专门用于技术学习。这段时间中，他首先会完成课程的视频学习，然后是至少一个小时的编程练习。

2. 沟通技巧提升计划

（1）加入俱乐部。小李加入了当地的 Toastmasters 演讲俱乐部，每周三晚上参加会议，练习公开演讲和即兴回答问题。

（2）日常练习。每天早上，小李利用通勤时间练习自我介绍和回答常见的面试问题。

（3）反馈与调整。每次俱乐部会议后，小李都会记下反馈，并在下一次演讲时尝试改进。

3. 面对失败的态度调整

（1）日记记录。每晚睡前，小李会花十分钟写日记，反思当天的学习和进步，同时调整自己面对失败的心态。

（2）接受挑战。面对难题，小李学会了先深呼吸，然后积极思考，视其为一个学习和成长的机会。

几周过去了，小李的努力开始显现成效。他的编程能力有了明显提升，甚至在一个线上编程挑战中得了奖。在演讲俱乐部的练习也让他能更加自信地表达自己的想法。

然而，在接下来的一次重要面试中，小李遇到了挫折。面试官提出了一个他完全没准备的复杂技术型问题。小李尝试着回答，但最终没能给出满意的答案。面试结束后，小李感到沮丧，甚至开始怀疑自己是否真的适合这条职业道路。

但在深思熟虑后，小李意识到这正是他成长的机会。他开始针对面试中的那个问题进行深入研究与剖析，针对这个比较成熟的项目技术问题，他制订了以下详细的学习计划和方法。

4. 二次学习计划和方法

（1）问题分析。首先，小李回顾了面试中的具体问题，确保完全理解问题的核心。他写下问题，并分析为何该问题对他来说是个挑战。

（2）资料收集。他开始在线上搜集资料，包括相关的博客文章、教程视频和论坛讨论。小李特别看重一些高级教程，他认为这些能帮助他深入理解问题的各个方面。

（3）项目实践。为了更好地理解问题，小李决定通过一个小项目来实际应用相关知识。他设计了一个与面试问题相关的编程任务，并着手解决它。

（4）专家咨询。小李联系了在大学任职的一位教授，并向一些在线社区的资深成员寻求帮助。他们提供的见解能帮助他从不同角度理解问题。

（5）知识整合与反思。在收集信息和实践后，小李花时间整合他学到的新知识，并反思如何将这些新知识应用到实际的工作中。

（6）分享与讨论。小李开始在他的博客上写文章，分享他对这个问题的理解和解决方案。通过和读者的互动，他进一步深化了自己的理解。

最后，他不仅仅解决了问题本身，还学习了一系列相关的概念和技术。他开始在博客上写文章，分享自己的学习过程和解题思路，并且把它变成了自己的技术，应用到未来的面试中。十几天后，小李再次遇到了类似的问题。这一次，他不仅轻松地回答了问题，还展示了自己的最新学习成果。面试官对他的进步印象深刻，最终给了他工作机会。

小李的故事告诉我们，面对挑战和失败，最重要的是如何从中学习和成长。通过制订具体的行动计划并坚持不懈地努力，我们可以将每一次的挑战转化为自我提升的机会。

案例二：上班族小张的面试历程

小张已经在一家科技公司工作了三年，但由于经济形势的变化，他所在的公司开始裁员。在这种局势下，小张被迫开始寻找新的工作机会。他的面试经历既充满挑战，也有成长。

在参加了几轮面试后，小张收到了一些反馈。技术方面，面试官指出他在数据分析和机器学习方面的知识有所欠缺；在行为方面，面试官的反馈显示他在面对压力问题时显得有些犹豫和不自信。

虽然公司开始裁员，但是裁员的大火还没烧到小张身上，所以小张白天需要全职工作，他只能在晚上和周末抽出时间来制订和执行自己的行动计划。他的计划如下。

1. 技术学习计划

（1）目标设定。小张明确了他需要加强的技术领域：数据分析和机器学习。

（2）资源整合。他利用网络资源，订阅了一些专业的在线课程，并在晚上的空闲时间进行学习。

（3）时间规划。每个工作日晚上至少花一小时进行技术学习，周末则安排三到四个小时进行深入研究和项目实践。

2. 行为技巧提升计划

（1）自我分析。小张认真反思了自己为何在压力下会显得犹豫，他开始记录自己在工作中遇到压力情况的反应，并分析其原因。

（2）模拟练习。他邀请了一些信任的同事和朋友，在周末进行模拟面试，特别针对行为问题进行回答。

3. 心态调整

（1）心理准备。小张在每天早上开始进行短暂的冥想，以帮助自己放松心情，减轻面试压力。

（2）积极思考。他还制作了一张"成功墙"。他在墙上贴满了自己在以往工作中的成功案例和获得的赞扬，以增强自信。

不久，小张看上了一家非常不错的公司，然而，在接下来的一次重要面试中，小张再次感受到了挫败。面试本来一直很完美，但是最后面试官问了一个他没有准备的非常难的技术性问题，他有些不知所措。面试结束后，小张感到沮丧，甚至对未来的面试也失去信心。在与家人、朋友的周末聚会中，小张分享了自己的面试经历。小张意识到，每次失败都是对自己能力的检验，而且目前已经没有退路，所以他决定不放弃。在家人与朋友们的鼓励下，他决定继续深化自己的技术学习，并通过网络论坛和社区寻找解答，主动向领域专家求助。因此，他制订了以下详细的学习计划和方法。

4. 二次学习计划和方法

（1）深度分析问题。小张首先深入分析了面试中的问题，确保他完全理解了问题的核心和复杂性。他在晚上花时间详细记录问题，并尝试根据自己的理解进行初步解答。

（2）利用专业网络资源。作为一名有经验的专业人士，小张利用了他在工作中建立的网络。他联系了在该技术领域工作的同事和行业内的朋友，询问他们对这个问题的看法和建议。

（3）开展有针对性的在线学习。他利用业余时间，特别是周末，选取了关于这个技术问题的高级在线课程进行学习。通过观看教程视频和完成相关的练习，小张不断提升自己的理解和应用能力。

（4）结合工作实践。小张尝试将新学的知识应用到日常工作中，这不仅帮助他实践理论知识，还提升了他的工作效率。通过这种方式，他更快地掌握了新知识。

（5）主动寻求反馈和帮助。在一次部门会议中，小张向同事们介绍了他对这个问题的理解，并希望得到他们的反馈。他还加入了一些相关的在线论坛和社区，主动提问并分享了他的学习过程。

（6）持续自我评估和进行调整。每天，小张都会花时间回顾自己的学习进度和理解深度，并根据需要进行调整，以确保自己的学习计划既高效又实用。

几周后，小张在该公司的另一场面试中遇到了类似的问题。这次，他不仅自信地回答了问题，还展示了自己最近的研究成果。面试官对他的进步印象深刻，最终提供了一份工作邀请。

小张的故事说明，即使在全职工作的情况下，通过有目的的计划和坚持不懈的努力，也能在面试中取得显著的提升。他的经历突显了持续学习的重要性，以及面对挑战时保持积极和坚韧的心态，当然，更重要的是培养信心和推动计划。

无论是刚刚步入职场的新人还是经验丰富的职场人，只要通过有针对性的学习和实践，都能够对面试中发现的问题进行有效改进。本节中的案例说明了制订明确、实际且可执行的行动计划的重要性，以及在面临挑战时保持学习和进步的必要性。

16.7　保持积极和持久的态度

面试，尤其是在竞争激烈的职场环境中，常常是一个充满挑战的过程。它不仅考验着我们的技能和知识，更是对心态和耐性的考验。在这一节中，我们将探讨在面临连续的面试、不断的挑战甚至是失望的时刻，如何保持一种积极和乐观的态度。积极的心态不仅能帮助我们更好地应对面试中的压力，还能使我们在回答问题时显得更自信和从容。此外，一个持久的积极态度有助于我们在求职过程中保持动力，即使在遭遇挫折时也不轻易放弃。

面试的关键还是要看一个人的态度，即要积极，下面我以两个案例来说明一下。

案例一：只要我面试失败，我就要去放松

小红，是一个长相不错而且学习也不错的女生。毕业后，她满怀希望开始了她的求职旅程，但很快就遇到了她人生中的第一个职场挑战：面试失败。

第一次的面试失败对小红打击很大，面试官看完了她的简历并一再追问时，她没法回答问题，甚至想找个地洞躲进去。第二天，她感到情绪低落，很明显，面试对她的打击很大。她取消了所有的面试计划，作为她的老师，我也是事后才知道的。她选择去动物园放松一下，希望能够从动物们身上找到些许安慰。那一天，她在动物园里漫无目的地走着，观察着各种动物，暂时忘记了求职的压力。

然而，这次"逃避"似乎开启了一个模式。每当小红面试遇挫，她就会选择第二天去某个地方放松。起初，这种逃避似乎对她有所帮助，但很快她发现

自己每当面临失败都会更加容易选择逃避。而且，逃避时间逐渐在变长：从一开始的半天，到后来的整天，甚至是连续几天。

这种逃避行为逐渐成了一种习惯。只要面试感觉不理想，小红第二天就会推掉所有面试，改变计划去玩。她去过公园、电影院，甚至周边的小镇。这种行为让她错过了不少面试机会，同时也使她在对面试的态度上变得消极。当她适应这种模式之后，即使我一再劝导都无济于事。她直接告诉我，就是无法面试，如果不消除目前的痛苦，接下来的第二次面试肯定百分之百发挥不好，这个模式在她的心里已经定型了。

随着时间的流逝，小红看到身边的朋友们一个个找到了工作，而她自己却仍在求职的路上徘徊。好在最终，经过漫长的时间，小红也找到了一份工作，但是她后来知道，如果不是因为她的逃避和消极态度，她本可以更早地实现目标。

案例二：我面试纯粹为了应付

小李，是一个在IT行业工作了两年就失业的年轻人。他也是我的一个学生。由于父母的压力，小李不得不开始寻找新的工作机会。然而，他的内心并不是真正渴望找到一份工作，而是希望暂时逃避父母的催促和期望。这个现象也是当代年轻失业者的真实写照。

为了躲避父母每天的催促，小李每天都会离开家，并且告诉父母他去面试了。但实际上，他经常只是在城市里闲逛，寻找一些休闲的地方来放松。他去过咖啡馆、图书馆，甚至电影院，就是为了躲避父母对他的絮叨。他也去面试，但是机会不多，而且面试时心不在焉，回答问题时漫不经心，对面试的情况和进展他也并不关心，只是为了去面试，然后拍照留个面试证据，让父母放心。

小李的面试态度完全是应付父母，他对面试的准备和参与都缺乏积极性。他根本不准备面试，我教他的那些技巧，他完全不使用。这种态度导致他连续几个月都没有面试成功，而且浪费了大量的时间和金钱。

晚上回到家后，小李会向父母描述他的"面试经历"，但这些都只是表面现象，掩盖了他一天的大部分时间在消极中度过。这种行为逐渐成了他的习惯，甚至开始影响他的自我认知和职业发展。

后来，小李告诉我，在一位亲戚的帮助下，他找到了一份临时的工作。虽然解决了短期的经济问题，但小李深知，如果他能够利用这些时间去学习，弥补自己技能方面的缺陷，或许他已经找到了一份更适合自己的、更有发展潜力的工作。

小李后来痛定思痛，又回到了一线工作岗位，开始奋发图强。他回想起当时的叛逆和消极态度，曾跟我说："老师，您有机会一定要跟学生说——千万不要消极，消极真的是浪费自己的生命和其他人的期盼。"

本节，我们深入探讨了面试过程中的各个关键环节，包括如何理解和应对面试反馈、如何制订有效的行动计划，以及如何在面对挑战时保持积极和持久的态度。通过实际的故事和例子，我们看到了不同人在面对面试挑战时的不同反应，以及这些反应对他们职业道路的长远影响。

回顾一下本章，其核心在于，无论面试结果如何，面试者都有机会从中得到学习和成长。面试不仅是评估技能和经验的关口，更是个人成长和自我提升的重要机会。通过反思和复盘，我们可以提高自己的面试技巧，更好地为未来做准备。我希望每一位求职者都能通过本章深入地理解"面试复盘与反思"的重要性，学会从每次的面试中吸取经验教训，无论成功还是失败。保持一种积极的心态，将每次面试都视为一次学习的机会，这对于个人的职业发展至关重要。

第 17 章

面试话术与谈判技巧

本章概述

17.1 了解面试话术的重要性

17.2 面试常见问题的回答技巧

17.3 面试谈判技巧

17.4 语言与肢体语言的重要性

17.5 面试案例分析与实践

17.6 话术和谈判的实践与反馈

17.1　了解面试话术的重要性

面试不仅是一个评估技能和经验的过程，也是一门沟通的艺术。有效的面试话术能够帮助求职者更好地表达自己，清晰地传达自己的优势和价值，同时帮助面试者建立与面试官的良好互动。在这一节中，我们将深入了解为什么面试话术对于成功面试至关重要，以及它如何影响面试官对候选人的整体印象。

一个经过精心准备的回答不仅能够展示求职者的专业知识，还能够展示他的思考过程、解决问题的能力以及与工作相关的重要技能。此外，有效的话术还包括适时地提出问题，展现出对职位和公司的深入了解以及真正的兴趣。

通过本节的学习，我希望读者认识到，掌握有效的面试话术不仅能够提高面试成功率，还能够帮助他们在职业生涯中更好地展示自己，实现职业发展的目标。

面试话术的重要性体现在多个方面，它不仅能影响面试的结果，还在很大程度上决定了求职者在面试官心中的形象。表 17-1 所示就是面试话术重要性的几个关键点。

表 17-1　面试话术重要性的几个关键点

关 键 点	关键点的描述
建立第一印象	在面试中，你的话术是建立第一印象的关键。有效的沟通能让面试官快速了解你的专业能力、工作态度和人格特质。良好的第一印象可以为整个面试过程打下一个积极的基础

续表

关　键　点	关键点的描述
展示职业技能	通过恰当的话术，你可以清晰地展示你的专业技能和工作经验。这不仅包括你的技术能力，还包括你的逻辑思维能力、解决问题的能力和创新能力
沟通能力的体现	良好的沟通技巧本身就是许多职位所要求的关键技能之一。从你的话术中，面试官可以评估你的表达能力、倾听能力以及如何在团队中有效沟通
展现对公司文化的适应性	通过对话术的运用，你可以展现出对公司文化和价值观的理解和适应性。这包括你的职业态度、团队协作精神以及对公司使命的认同
表达对职位的兴趣和热情	有效的面试话术可以帮助你表达出对职位的真正兴趣和热情。这不仅能提升面试官对你的评价，还能展示出你的积极性和动力
处理棘手问题的能力	面试中经常会遇到难以回答的问题。优秀的话术不仅可以帮助你巧妙地应对这些问题，还可以展现你在压力下保持冷静和专业的能力
展示情商和适应能力	良好的话术能体现一个人的情商，即情绪智力。包括在谈论过去的经历时展现出的成熟处理方式、对复杂情境的理解，以及适应不同对话风格的能力
提升自信心	自信的话术能够提升求职者的自信心。当你能够流畅、清晰地表达自己的想法时，这不仅能给面试官留下好印象，也能加强你的信心
凸显独特性	在面试中，你可能和众多具有相似背景的候选人竞争。通过独特和有说服力的话术，你可以突出自己的独特之处，让面试官记住你
应对意外情况	在面试中，经常会出现一些不可预料的情况，例如，意外的问题或场景。良好的话术可以帮助你灵活应对这些情况，保持沉着冷静
建立人际关系	面试不仅是一个评估过程，也是一个建立人际关系的机会。通过有效的话术，你可以与面试官建立良好的关系，这有助于在职场上建立长远的人脉网络
展现职业发展和学习能力	通过讲述你的职业旅程，你可以展现自己的职业发展轨迹和持续学习的能力。这表明你有能力适应新的挑战和环境

在本节中，我们简单地探讨了为什么有效的面试沟通对于求职者来说至关

重要。从建立第一印象、展示专业技能到处理棘手问题的能力,良好的话术能全面展示求职者的职业素养和个人魅力。它不仅关乎如何回答问题,更关乎如何以积极、自信且专业的方式进行沟通。有效的话术能帮助求职者在竞争激烈的面试中脱颖而出,展现他们独特的个人价值和适合职位的潜力。

接下来我们将在此基础上进一步深入,帮助读者掌握如何针对面试中常见的各种问题提供精准、有深度的回答。我们将讨论如何理解和准备面试中的标准问题,如何巧妙地展示自己的经验和成就,以及如何以故事化的方式吸引面试官的兴趣。通过这一节的学习,读者将能够更好地准备面试,用更加有效的方式展示自己的能力和潜质,从而提高面试的成功率。

17.2 面试常见问题的回答技巧

本节将针对面试中常见的一些问题,为大家提供回答技巧。面对这些问题,有策略的回答不仅能展示你的专业能力和个人品质,还能帮助你在众多求职者中脱颖而出。在这一节中,我们将深入探讨如何为这些常见问题做好准备,包括如何理解问题背后的真正意图,如何根据自己的经历和能力构筑有说服力的回答,以及如何将回答结构化以便清晰、有逻辑地表达自己的观点。

我们先来了解一下一般情况下都有什么类型的面试题。面试中常见的问题类型多种多样,它们各有不同的目的和重点。了解这些问题的类型有助于求职者更好地准备和回答。表 17-2 所示是一些主要的面试问题类型。

表 17-2 主要面试问题类型

面试问题	问题描述
技术型问题	这类问题旨在评估求职者的专业知识和技术能力。例如,对于IT职位,面试官可能会问到关于编程语言、软件开发流程或技术故障排查的问题

第 17 章 面试话术与谈判技巧

续表

面 试 问 题	问 题 描 述
经历型问题	这些问题通常围绕求职者的工作经历和过往成就。面试官会询问关于以往工作中的具体项目、解决难题的经历，或者领导团队的经验
行为型问题	这类问题旨在了解求职者在特定情境下的行为和反应。通过询问过去的具体经历，面试官试图预测求职者未来的行为。例如，"描述一次你如何解决冲突的情况。"
情景型问题	这些问题通常是假设性的，要求求职者描述在特定情境下他们将如何行动。例如，"如果你遇到一个无法按时完成的项目，你会怎么做？"
动机型问题	这类问题用来探索求职者的职业动机和对职位的兴趣。例如，"你为什么想要这份工作？"或"我们公司最吸引你的是什么？"
个人特质和价值观问题	这些问题旨在了解求职者的个人品质、价值观和工作态度。例如，"你如何描述自己的工作风格？"或"你认为团队中最重要的价值是什么？"
压力测试问题	这类问题设计得较为具有挑战性，目的在于观察求职者在压力下的表现。例如，"你如何处理多项任务同时进行的情况？"或"描述一下你工作中最紧张的一次经历。"

通过了解这些不同类型的问题，求职者可以更有针对性地准备面试，确保在面对各种问题时都能够给出深思熟虑和有效的回答。

接下来，我们来看一下真实的面试问题，并且仔细分析问题。

经典问题 1：你为什么从上一家公司离职？

这个问题是对经历型问题和动机型问题的结合。它旨在了解你的职业动机、对工作的态度以及你是否能够适应新环境。在回答这个问题时，重点是要正面、专业，同时确保你的回答能够反映出你对自己职业发展的积极态度。

对此类问题该如何回答呢？下面所列是一些方法，仅供参考。

（1）保持正面态度。避免负面地评价前雇主或同事。即使你离职的原因是对他们不满意或有冲突，也应该用正面的方式表达出来。

（2）专注于职业成长。将离职的原因描述为寻求新的挑战或更多的发展机会。这样可以展示你对职业发展的积极态度和愿望。

（3）强调公司的变化。如果离职是因为公司重组、方向改变，或其他公司层面的原因，可以着重说明这些变化如何影响了你的职位或职业路径。

（4）避免个人问题。尽量不要把离职原因归咎于个人问题，如与同事的矛盾等。即使这是部分原因，也应着重描述为寻求更适合的技能和职业目标的机会，或者尽量不提，以免使面试官对你和同事关系的处理方式产生质疑。

（5）避免提及职业规划。很多同学将离职的原因与长期职业规划联系起来。比如，"我正在寻找一个能够更好地利用特定技能或发挥个人兴趣的职位"，这并不是个好的回答，因为面试官可能会反问，"那么你在我们公司会不会也会产生这种心理，未来也会追求你利用特定技能或发挥个人兴趣的职位呢？"这时候就不好回答了。

（6）简洁明了。提供一个简短而具体的理由，避免过多细节或不必要的解释，保持回答的专业性。

注意事项：

（1）不要表现出对前雇主的怨恨或不满。

（2）避免使用模糊、不明确的表达，以免让面试官对你的诚信产生疑问。

（3）确保你的回答与你的职业目标和应聘职位相符。

经典问题2：请你做个自我介绍吧

"请你做个自我介绍。"这是面试中最常见的开场问题，属于个人特质和价值观问题的范畴。这个问题看似简单，实际上是给求职者一个展示自己的最佳机会。面试官能从中了解你的背景、你的职业经历，以及你是否适合这个职位。

对这类问题该如何回答呢？下面所列是一些方法，仅供参考。

（1）开头。简短地介绍你的基本信息，比如你的名字和你最近的职位或者你所学的专业。

（2）职业经历。重点介绍与应聘职位相关的工作经历。突出你在这些职位中取得的成就,特别是那些符合应聘职位工作要求的技能和经验。

（3）技能和专长。提及你的关键技能,特别是那些对于这个职位特别重要的技能。如果你有专长或成就,这是展示它们的好时机。

（4）职业目标。简要说明你的职业目标,以及这个职位如何帮助你实现这些目标。这表明你对这个职位的兴趣不是临时的。

（5）结尾。以一个积极的语调结束你的介绍,可以是对这个职位的期待或者你对团队贡献的一个简短描述。

注意事项：

（1）保持简洁和相关性。避免长篇大论,聚焦于与工作相关的内容。一般来说,2—3分钟的自我介绍就足够了。

（2）避免过多的个人信息。不需要详述你的家庭背景、爱好等个人信息,除非它们与工作直接相关。

（3）准备和练习。提前准备你的自我介绍并进行练习,以确保你在面试中表现得既自信又专业。

（4）表现热情。在介绍中适当展现你对这份工作和行业的热情。

（5）准备回答面试官的提问。面试官一般会从你的个人介绍或者简历中开始提问。

经典问题3：你有什么想问我的吗？

"你有什么想问我的吗？"这个问题是对动机型问题与个人特质和价值观问题的结合。它给求职者提供了一个了解公司、职位和工作环境的机会,同时也是展现自己对职位的兴趣和主动性的时刻。

这类问题如何回答呢？下面所列是一些方法,以供参考。

（1）表达兴趣和准备性。提出的问题应该显示你对这份工作的兴趣和你对职位的了解。例如,询问公司的主要技术堆栈或即将参与的项目,表明你已经在为加入团队做准备。

（2）了解公司文化和工作环境。可以询问有关公司文化、团队结构或日常工作流程的问题。这不仅可以帮助你了解是否适应这个环境，同时也显示你对融入团队很重视。

（3）职业发展和培训机会。提有关职业发展路径、培训机会或继续教育的问题，表明你对个人成长和职业发展有长远的规划。

（4）关于面试后续的问题。询问关于面试后续流程的问题，比如"我何时可以收到面试的反馈？"以显示你对这个机会的重视。

注意事项：

（1）不要问基本信息。不要问那些通过简单网络搜索就能找到答案的问题，这会表现出你没有做足够的准备。

（2）限制问题的数量。虽然提问是好事，但也不要问太多问题，以免显得过于烦琐。一般来说，提出两到三个关键问题就足够了。

（3）避免涉及敏感话题。避免一开始就直接询问薪资、福利等，除非面试官先提出这个话题。

（4）保持专业性和礼貌。提问的方式和内容都应该保持专业性和礼貌，表现你对面试官和公司的尊重。

其他经典问题

我们简单地再看几个经典问题。

问题1：请描述一个你遇到的挑战以及你是如何克服它的。

处理方式：选择一个与工作相关的挑战，强调你解决问题的方法和最终的成果。这个回答应该展示你的分析能力、决策力和适应性。

问题2：你的长期职业目标是什么？

处理方式：提供一个实际且专业的目标，确保它与你应聘的职位相关联。

第 17 章 面试话术与谈判技巧

这个问题的回答可以展示你的职业规划和对工作的承诺。

问题3：你最大的弱点是什么？

处理方式：选择一个真实的弱点，并讲述你正在采取哪些措施来改进。避免选择那些与职位直接相关的核心技能作为弱点。

问题4：你如何处理工作中的冲突？

处理方式：用一个具体的例子来说明你如何有效地解决冲突。这应该体现出你的沟通能力、团队合作精神和解决问题的技巧。

问题5：你为什么对这份工作感兴趣？

处理方式：表现出你对工作内容的热情，以及这个职位如何符合你的职业目标。确保你的回答表现出你对公司的了解和对职位的真实兴趣。

问题6：你如何在压力下工作？

处理方式：提供一个实际的例子，展示你在压力环境下如何保持高效和冷静。强调时间管理、优先级设置和压力下的决策能力。

问题7：你有哪些职业成就最让你自豪？

处理方式：选一个与应聘职位相关的成就，详细描述你在这项成就中所扮演的角色以及对团队或公司的影响。

对每个问题的回答都应当事先做准备并练习，以确保在面试中表现得既自信又专业。这些回答不仅展示了你的能力和经验，还提供了一个展示你个性和职业态度的窗口。

本节我们探讨了如何针对面试中的一系列经典问题做出精准、有策略的回答。理解这些问题的背后意图，并准备好明确、有说服力的回答，对于面试的成功至关重要。我们讨论了如何展示个人经历、职业目标、解决问题的能力，以及如何在面对压力和挑战时保持冷静和专业。这些回答不仅展现了求职者的专业技能和个人品质，也展示了他们对职位的热情和对公司的了解。

接下来，我们将从另一个重要方面深入探讨面试过程——如何在面试中有效地进行谈判。这一节涵盖在面试中成功谈判的策略，包括如何在谈论薪资、职位角色和职业发展机会时保持专业和自信。我们将讨论如何在不牺牲自身利益的同时与雇主达成共识，以及如何在面试中妥善表达自己的期望和需求。通过这一节的学习，求职者在面试结束时可以更好地处理可能出现的谈判环节，从而提高获得理想工作机会的可能性。

17.3　面试谈判技巧

无论是谈薪水、工作职责，还是职业发展的机会，谈判技巧都是求职者必须掌握的重要技能。这一节的目的在于教会求职者如何在面试过程中有效地进行谈判，以确保他们能够在保护自身利益的同时，达成与雇主的双赢。

在这一节中，我们将详细讨论如何准备谈判，包括如何研究行业标准薪资水平、如何评估自身价值，以及如何设定谈判目标。此外，本节还将介绍谈判中的沟通策略，比如如何有效表达你的要求、如何回应雇主的提议，以及在谈判中如何保持灵活和开放的态度。我们还将讨论一些实用的技巧，比如如何处理薪资谈判、福利和其他工作条件的讨论。

以下就是一些比较关键的面试谈判技巧，以及对这些情况的拓展说明。

1. 技术或观点上的分歧

（1）技巧。如果在技术问题上有分歧，可保持尊重和专业的态度，展示你愿意理解和学习的开放心态。提出自己的观点时，确保用事实和经验来支持，

第17章 面试话术与谈判技巧

同时要表示你愿意考虑不同的观点。

（2）拓展。你可以说："我了解您的观点，而在我以往的经验中，我发现……这种方法也非常有效。我很愿意了解更多关于您提到的方法。"

2. 避免冷场

（1）技巧。在面试中保持对话的流畅性。如果遇到沉默的时刻，可以适时提出问题，或者分享与职位相关的个人经验或见解。

（2）拓展。例如，面试官沉默时，你可以说，"关于这个职位，我特别感兴趣的是……"，或者，"我之前有一个类似的项目经验，我觉得对这个角色特别有帮助。"

3. 表达薪资期望

（1）技巧。在谈论薪资时，先做好市场调研，了解相似职位的标准薪资范围。提出自己的薪资期望时，保持灵活性，并准备好解释你的期望。

（2）拓展。可以说，"根据我的研究和以往的经验，我认为对于这个职位，一个合理的薪资范围是……我非常愿意根据具体的工作内容和责任进一步讨论。"

4. 询问工作细节

（1）技巧。在谈判过程中，不仅要关注薪资，还要了解工作的具体内容、晋升机会、培训和发展等方面。

（2）拓展。例如，"我想了解一下，这个职位的日常工作内容是怎样的？"或者，"公司对于职员的职业发展和培训有哪些支持？"

5. 结束谈判的方式

（1）技巧。无论谈判的结果如何，都要礼貌地结束对话，感谢面试官花费时间和提供机会。

（2）拓展。可以说，"非常感谢您今天抽出时间和提供的信息。我对这个职位非常感兴趣，期待您的回复。"

6. 转变面试动态

（1）技巧。适时地提出问题，可以将面试转变为双向对话。这不仅能减轻面试的紧张氛围，还能展示你的主动性和对职位的兴趣。

（2）拓展：例如，在回答完一个问题后，你可以说，"我对公司的……方面很感兴趣，您能分享一些相关的信息吗？"

7. 展示你的研究和准备

（1）技巧。通过提出深思熟虑的问题，展示你对公司和职位的深入研究。这可以帮助你更好地了解公司，同时向面试官展示你的专业性和准备工作。

（2）拓展。比如说，"我在准备面试时阅读了关于贵公司最近的……项目，这个项目的最新进展是什么？"

8. 获取更多职位信息

（1）技巧。利用反问来获取更多关于职位的信息，如工作的具体内容、团队结构或公司文化。

（2）拓展。例如，"您如何描述这个职位在团队中的作用？"或"在这个角色中成功的关键因素是什么？"

9. 建立联系和互动

（1）技巧。通过提问表现你对面试官的兴趣，建立更加个人化的联系。

第 17 章 面试话术与谈判技巧

这有助于建立互动，使面试过程更加自然，如果有机会可以留联系方式，比如加微信，那么你的成功率就会非常高。

（2）拓展。如"您在公司的经历对我来说非常有意义，您能分享一下您的职业旅程吗？"

10. 结束面试时的提问

（1）技巧。面试结束时提出问题，可以给整个面试过程留下积极的印象。

（2）拓展：比如，"您对理想候选人有什么期望？"或"对于即将加入的新员工，公司有什么样的支持和培训计划？"

11. 模糊回答

（1）技巧。如果被面试官问到不会的技术时，可以使用模糊回答，不直接说"不会"。

（2）拓展。比如，"这个技术我之前使用过，但是有一段时间没用了，您给我一些时间，我可以快速熟练地使用它。"

以上都是比较通用的技巧，真正的面试还是要见机行事，看面试官的性格决定当时的情况，不过大都可以用上面的面试技巧应付。

在本节中，我们深入探讨了面试中如何有效地进行谈判，无论是处理技术上的分歧、回答棘手的问题，还是谈论薪酬和职位条件，关键在于展现专业性、诚实、适应性和学习意愿。通过恰当的反问和积极的参与，可以将面试变成一场双向的对话，从而减轻紧张感，增强面试的互动性。同时，面对回答不上来的问题时，采用诚实回应、相关经验分享、详细信息请求等策略，可以有效地维护自身形象，展现解决问题的能力。

17.4 语言与肢体语言的重要性

本节主要聚焦于面试过程中的非言语沟通，有效的非言语沟通技巧不仅能够增强言语的表达效果，还能帮助建立信任和亲和力，从而对面试结果产生重要影响。语言沟通包括如何选择合适的词汇和语句结构来清晰、准确地传达信息。我们将讨论语调和语速的调整，如何通过这些语言元素来表达自信和热情，同时也保持专业和平易近人。此外，肢体语言——包括面部表情、眼神交流、姿势和手势——在面试中同样起着关键作用。正确的肢体语言可以传达出积极的态度，显示开放性和参与度，有助于建立求职者与面试官之间的良好互动。

1. 语言技巧

下面先来讲一下语言运营，这也是一个关键的技巧，它可以极大地影响你给面试官留下的印象。正确使用语言不仅可以帮助你更好地表达自己，还能促进与面试官之间的亲近感。以下是一些关于语言技巧的建议及其拓展，大家可以进行参考，并在实战中适当使用。

（1）使用"咱们"而不是"你"或"您"。这种用法可以减少面试中的正式感，营造一种更加友好的合作氛围。它表明你认为面试官和自己处于同一个团队中，这有助于缓解紧张感，增加亲近感。

（2）控制语速，像日常聊天一样自然。说话过快可能会给人一种紧张或不自信的感觉。保持平稳自然的语速可以让对话更流畅，让面试官更容易理解你的观点。同时，这也表明你在面对压力时仍能保持镇定。

（3）面试时长的重要性。保持面试时长合理很重要，既不能过短，也不宜过长。过短可能会给人留下你准备不充分或者内容不够丰富的印象，而过长则可能导致面试官的注意力分散。应合理控制回答的长度，确保每个问题都能得到充分而精准的回答。

（4）详细且有条理地回答。在回答问题时，尽量用具体且相关的例子来支持你的观点。这不仅可以使你的回答更加有说服力，还能帮助面试官更好地记住你。同时，你还要确保你的回答有条理，逻辑清晰。

（5）积极正面的措辞。在回答问题时，尽量使用积极正面的语言。即使是描述一个困难或挑战，你也要强调你从中学到的东西以及你如何克服它。这样的态度可以展示出你的乐观精神和解决问题的能力。

（6）适当的幽默。如果情境允许，适当的幽默可以缓解面试的紧张气氛，使交流更加自然。注意，请确保幽默恰当、不冒犯对方，并且与面试的专业环境相符。

（7）避免行话和缩写。尽量避免使用专业术语或缩写，除非你确定面试官对它们非常熟悉。使用通俗易懂的语言，可以确保你的观点对所有人都是清晰的。

2. 肢体语言技巧

肢体语言在面试中同样扮演着关键的角色。正确的肢体语言不仅能增强你的语言表达能力，还能传达出你的自信和专业态度。以下是一些重要的肢体语言技巧及其拓展。

（1）握手。

① 技巧。在面试开始时和结束时与面试官握手，可以传递出友好和专业的信号。要确保握手坚定但不要太用力，同时保持眼神接触和微笑。

②拓展。握手时的身体姿态也很重要，应保持直立，避免弯腰或显得过于放松。

（2）眼神交流。

①技巧。在交谈过程中保持适度的眼神接触，这表明你的专注和诚信。应避免盯着面试官看，也不要频繁地移开视线，以免显得紧张或不自在。

②拓展。适时地点头，以表示你在倾听和理解对方所说的话。

（3）手势的使用。

①技巧。在谈话时适当使用手势可以增强你的表达力，使你的话语更加生动。例如，当描述一个过程或展示一个想法时，合理的手势可以帮助你阐明观点。

②拓展。确保手势自然，避免过度夸张，以免分散听者的注意力。

（4）保持开放的姿态。

①技巧。避免交叉手臂或腿部，否则可能会给人一种自我封闭或防御的印象。保持开放的姿态，如把手放在桌上或自然地放在腿侧。

②拓展。坐直但不要过于僵硬，这样可以展示你的自信和专业态度。

（5）面部表情。

①技巧。使用积极的面部表情，如微笑，可以营造友好的氛围。在适当的时刻展现积极的反应，如兴趣、惊讶或认同。

②拓展。在回答问题时，表情应与话题相符，表明你对自己所说的话有情感投入。

（6）镇定的体态。

①技巧。面试时你可能会感到紧张，但尽量保持镇定的体态。在面试过程中保持平稳的呼吸并放松肩膀，可以帮助你减轻紧张感。深呼吸是一个很好

的方法，可以在面试前和面试过程中适时使用。

② 拓展。避免过多的自我安抚动作，如摸头发、敲桌子或摇腿，这些动作可能会传达出你的不安和缺乏自信。

（7）适当的接近度。

① 技巧。保持适当的个人空间，避免过于靠近面试官，这可以避免让对方感到不适。同时，也不要离得太远，否则可能会显得你不想参与或感兴趣。

② 拓展。在进入面试室时，要注意面试官的引导，如果他们示意你坐下，那么就坐在指定的位置上。

（8）离开时的姿态。

① 技巧。面试结束时，礼貌地站起并再次与面试官握手，感谢他花费时间和提供机会。保持专业的微笑和积极的态度，即使你觉得面试可能没有那么顺利。

② 拓展。离开时的姿态也很重要，保持自信且专业的姿态，直到你离开面试场地。

通过这些肢体语言技巧，你可以有效地增强你的面试表现，传达出自信、专业和对职位的兴趣。肢体语言是与言语并行的重要沟通工具，正确使用它可以大大提升你在面试中的整体印象。

在本节中，我们探讨了在面试中有效使用语言和肢体语言的技巧。通过合适的语言选择、语调、语速以及肢体动作，求职者能够在面试中更好地表达自己，建立与面试官的良好沟通和理解。正确的肢体语言，如自信的握手、适当的眼神交流、开放的姿态和表情，以及放松但专业的体态，都是传达积极态度和专业形象的重要元素。这些非言语的沟通方式不仅能增强求职者口头表达效果，还能帮助其建立信任和亲和力，使面试过程更加顺畅和有效。

17.5 面试案例分析与实践

本节我们将通过一个具体的面试案例，详细分析如何在真实情境中运用本章讨论的面试技巧和策略。通过分析这个案例，读者不仅能够看到理论在实践中的应用，还能学习如何在类似情景中更有效地使用这些技巧。

案例场景设置：男主角，我们称他为张伟，他是一位经验丰富的软件工程师，正在申请一家知名科技公司的高级开发工程师职位。面试官是该公司的技术部门主管，我们称他为李经理。

案例地点：公司会议室。

案例对话内容：

张伟（敲门进入）："您好，我是张伟，来参加今天的面试。"

李经理："您好，张先生，请坐。让我们直接进入正题吧。请您先简单介绍一下自己。"

张伟："我是一名拥有五年软件开发经验的程序员。在过去的工作中，我主要负责后端开发，使用过 Java 和 Python 等多种编程语言，并参与过多个大型项目的开发。"

李经理："听起来不错。那么在您过去的项目中，最具挑战性的一个项目是什么？您是如何应对这些挑战的？"

张伟："在我的上一份工作中，最具挑战性的项目是开发一个大数据处理平台。在这个项目中，我负责优化数据处理的效率。通过重新设计数据流程和采用更高效的算法，我们成功地将处理时间缩短了 40%。"

李经理:"这的确令人印象深刻。关于技术方面,您如何看待持续学习以及跟上最新技术的重要性?"

张伟:"我认为对于一个程序员来说,持续学习是必不可少的。技术领域不断进步,我们必须跟上步伐。我经常参加在线课程和研讨会,以保持自己的技能与时俱进。"

李经理:"很好。关于团队合作,您能举个例子说明您在团队中如何协作解决问题的吗?"

张伟:"在我的上一份工作中,我们团队曾面临一个关键的性能瓶颈问题。我与团队成员紧密合作,共同分析问题所在。通过集体头脑风暴和代码审查,我们通过定位找到问题源头并成功实施了解决方案。在这个过程中,沟通和合作对于我们迅速解决问题至关重要。"

李经理:"听起来您是一个能够在团队中发挥作用的人。最后一个问题,您怎样看待工作与生活的平衡?"

张伟:"我认为工作和生活的平衡关系非常重要。虽然我对工作充满热情,但我也重视与家人和朋友的时间。为了保持这种平衡,我会努力高效地完成工作任务,并合理规划我的业余时间。"

李经理:"非常感谢您今天的分享,张先生。您的背景和经验比较符合我们的需求。面试就到这里,我们会在一周内通知您面试结果。"

张伟:"谢谢李经理。很高兴能有这次机会和您交流。期待您的好消息。"

(张伟起身,与李经理握手,然后离开会议室)

简单地看,整场面试似乎没什么问题,很和谐,但是我们若深入挖掘,就会发现不足的地方。首先,张伟完全没有使用反问技巧,一直被问,这会造成面试节奏很快。对其他的内容,我们也可以进行拓展,例如:

1. 关于自我介绍的问题

（1）原回答：张伟简单介绍了自己的经验和技能。

（2）拓展策略：张伟可以进一步阐述自己为何对这个岗位感兴趣，以及他如何将自己的技能和经验与该职位的要求相匹配。例如，他可以说："在我的前一份工作中，我专注于后端开发，这与贵公司这个职位的要求非常吻合。我对在贵公司工作感到兴奋，因为我相信我的技能可以为贵公司的项目带来价值。"

2. 关于项目挑战的问题

（1）原回答：描述了一个具体的项目经历和解决方案。

（2）拓展策略：张伟可以更深入地探讨这个挑战是如何推动他的职业成长的，比如说："这个挑战不仅测试了我的技术能力，还让我学会了在压力下保持冷静和有效沟通。我想知道贵公司是否也有类似的复杂项目，我很期待能在这样的环境中工作。"

3. 关于持续学习的问题

（1）原回答：强调了持续学习的重要性。

（2）拓展策略：张伟可以询问公司是否有支持员工继续教育和职业发展的计划或资源。例如："我非常重视持续学习。请问贵公司是否有专业发展的机会或资源来帮助员工保持技术领先？"

4. 关于团队合作的问题

（1）原回答：提供了一个团队合作的例子。

（2）拓展策略：张伟可以询问关于公司团队结构和合作文化的问题。例如："我很好奇贵公司的团队是如何组织的，以及您如何看待团队内部的合作和沟通？"

5. 关于工作与生活平衡的问题

（1）原回答：强调了平衡的重要性。

（2）拓展策略：张伟可以询问公司如何支持员工实现这种平衡。例如："我认为工作与生活的平衡至关重要。请问贵公司是如何帮助员工实现这种平衡的？"

其实我们也可以从上述案例中看到一个启示，看似顺顺利利的面试实际上可以拓展的方面非常多，我们之前学习的所有技巧都可以放进去，不要应付面试，不然面试给你的反馈也会是应付你。

将这些经验教训应用到下一节中，我们将专注于如何有效地谈工资和福利待遇。这要求我们不仅要了解自己的市场价值，而且还要清楚地了解自己的职业目标和期望。良好的谈判技巧源于对自身价值的准确评估和对市场行情的深入理解，同时也需要在面对可能的拒绝时保持积极和灵活的态度。通过之前章节中学到的经验教训，我们可以更加自信地进入谈判阶段，不仅明确自己的期望，还能展示出开放和适应性强，从而达成双方都满意的结果。

17.6　话术和谈判的实践与反馈

本节我们将专注于面对招聘时如何有效地讨论和谈工资及福利。这个环节是求职过程中至关重要的一部分，它不仅涉及你的财务福利，也是你展示自我价值和职业期望的机会。良好的谈判技巧和策略可以帮助你在与招聘者的交流中达成双赢的结果，同时确保你的职业目标和个人需求得到满足。

先来了解一下我们可以谈的内容都有什么，表17-3所列就是我们和招聘者要谈的工资与福利待遇。

表17-3 工资及福利待遇谈判内容

谈判项目	介绍	一般期望值范围
工资	基本工资或薪水水平	根据行业标准和地区差异而不同
带薪培训	公司支付的专业技能培训费用	可能提供基础培训到高级专业培训
年假	每年的带薪休假天数	通常5—15天，取决于公司政策
话费补贴	每月通讯费用的补贴	50—200元/月
健康保险	公司提供的健康保险计划	不同公司提供的计划各有差异
股票期权	作为薪酬一部分的公司股票或期权	取决于公司规模和股票市场表现
远程工作选项	是否有在家工作的选项	视公司政策而定，可能完全远程或采用混合模式
绩效奖金	基于工作表现的额外奖金	根据个人和团队表现而定
职位晋升机会	公司内部职位的晋升机会	根据公司发展和个人表现而定
签字费	作为接受工作提供的一次性奖励	一般为几千到几万元不等
住房补贴	公司提供的住房或住房费用补贴	取决于公司政策和所在地区
交通补贴	上下班交通费用补贴	一般为固定金额或实际费用报销
加班补贴	抛开正常工作时间的补贴	一般为2—3倍的正常工资
餐补	每天吃饭的补贴	一般为一顿饭补贴，10—30元不等
每月固定额度或实际消费报销	通常情况下为出外勤或者出差员工的补贴	根据外勤天数或者出差实际地的消费水平进行补贴

当然，在与招聘者进行工资谈判的过程中，掌握一些关键技巧至关重要，尤其是当你提出的工资水平谈不下来时，转而使用其他补贴进行谈判尤为有效。

以下是一些实用的工资谈判技巧。

（1）事先做好准备。在谈判之前，了解行业标准、职位的平均薪酬水平以及自身的市场价值。可准备具体的例子和成就来证明你的价值。

（2）明确自己的需求和底线。在谈判前确定你的薪资期望和最低接受标准。这样在谈判过程中你的目标可以更加坚定和清晰。

（3）强调你的价值。在谈判中，突出你对公司可能带来的价值和贡献。用你的经验、技能和以往的成就来支撑你的薪资要求。

（4）保持开放和灵活的态度。如果公司无法满足你的薪资要求，可以探讨其他补偿方式。例如，如果基本工资谈不下来，你可以谈论签字费、绩效奖金、股票期权、加班补贴、教育补贴、健身补贴或其他福利。

（5）利用其他补贴作为筹码。在薪资不足以满足你的期望时，你可以考虑谈论更灵活的工作时间、远程工作的机会、更多的带薪休假日、职业发展机会等。这些非货币性补贴有时对个人来说价值巨大。

（6）良好的沟通技巧。在谈判中应保持积极和专业的态度。即使表达不满或拒绝，也要确保语气友好、委婉。

（7）准备好应对反馈。招聘者可能会提供反馈或提出反对意见。对此，你要有准备，并用事先准备的数据或例子来回应。可展示你对于这个职位的热情，并解释为什么你认为提出的薪资或补贴是合理的。

（8）了解谈判空间。有时招聘者的初次报价并不是最终报价。你最好了解公司可能有多大的谈判空间并据此进行谈判。如果初次报价已经接近市场水平，谈判空间可能较小。

（9）不要急于接受初步报价。如果初步报价未达到你的期望，你可以委婉地表示需要时间考虑，或询问是否有进一步谈判的余地。

（10）提出创造性的解决方案。如果谈增加薪资有困难，可以探讨薪资复审的可能性，比如六个月或一年后的绩效评估和相应的薪资调整。

（11）保持职业道德和诚信。在谈判中保持诚实和透明。过高的要求或不切实际的期望可能会损害你在雇主眼中的形象。

（12）准备退出策略。如果谈判最终未能达到你的最低标准，要准备好优雅地退出，比如可以先接受，未来与其他公司进行对比后再与该招聘者沟通是否入职，而不是直接拒绝。这不仅保护了你的职业声誉，还为未来可能的机会留下了可能性。

有效的工资谈判需要良好的准备、明确的策略和灵活的态度。通过合理利用各种薪资和补贴选项，即使在基本工资谈判中遇到难题，你仍有可能通过其他途径获得满意的总体薪酬包裹。

在本节中，我们深入探讨了与招聘者进行薪酬谈判的关键技巧和策略。有效的谈判不仅要求清楚地了解个人价值和市场标准，还需要具备良好的沟通技巧和灵活的策略运用。我们学习了如何在工资谈判中保持坚定，同时也了解了当面对挑战时，如何利用其他补贴项目来达成满意的薪酬包裹。这一节的内容为职场新人提供了一套实用的工具和思路，帮助他们在求职过程中更有效地谈判和提升自身价值。

接下来，我们将在新的章节中转换焦点，从薪酬谈判的具体技巧转向面试的准备和表现。这一章将涵盖在不同类型的面试中以最佳状态呈现自己，包括着装选择、面试礼仪，以及应对不同面试的策略。我们将探讨面试中的非语言沟通，比如身体语言和服装选择，以及这些因素如何影响面试官的第一印象和整体评价。此外，我们还会介绍几种常见的面试类型，如电话面试、视频面试和面对面面试，以及每种类型中成功的关键要素。通过这些知识，求职者将能够更好地准备面试，展现出自己最佳的一面。

第 18 章

面试礼仪着装与常见面试类型

本章概述

18.1 基本面试着装建议

18.2 面试礼仪

18.3 常见面试分类

18.4 压力面试与行为面试

18.1 基本面试着装建议

着装在面试过程中的重要性不容忽视。面试着装是求职者给面试官的第一印象，它不仅反映了一个人的专业性和对职位的认真态度，也是个人品位和判断力的体现。适当的着装可以增强面试官对你的正面印象，显示你对职位和公司文化的适应度，甚至在某种程度上影响面试的结果。

在本节中，我们将深入探讨如何根据不同的公司文化和面试类型选择合适的着装。无论是传统的企业还是更为休闲的创新型公司，了解和适应公司的着装规范都是成功面试的关键因素之一。我们将讨论各种类型的职业装，包括正式的商务着装和更为休闲的商务休闲装，以及它们在不同行业和公司中的应用。此外，我们还会提供实用的建议，以帮助求职者在面试中展现出最佳的职业形象，从而在激烈的求职竞争中脱颖而出。而且面试着装的选择不仅反映了你对面试的重视程度，还能传达出你对自己以及潜在雇主的尊重。通过这一节的学习，读者将能够更加自信地为不同类型的面试准备着装，使自己在面试中更加自信、专业，从而为成功迈出关键的一步。

在选择面试着装时，考虑职位级别和公司文化至关重要。不同的职位和工作环境需要不同的着装风格，这在很大程度上影响着面试官对候选人的第一印象和对候选人职业适应性的评估。下面分别以最基础和稍微进阶的两种类型人员来说明。

1. 初级IT人员

对于初级IT职位，如软件开发者或技术支持人员，通常推荐的是商务休闲装或休闲运动装。例如，男性可以选择穿着整洁的牛仔裤配带领衬衫，而女性则可以选择简洁的连衣裙或裤装搭配衬衫。这种装扮既体现了专业性，又不会过于正式，适合大多数技术公司和创新型企业的文化。穿商务休闲装可以展示出候选人的专业态度，同时又能适应IT行业通常较为轻松的工作环境。

2. 高级管理人员

对于高级管理职位，如项目经理或部门负责人，推荐更正式的商务着装。男性可以选择深色西服配白色或淡色衬衫，搭配领带；女性则可以选择正式的套装或商务风格的连衣裙。这种着装不仅展示了对职位的尊重，也体现了候选人具备在高级别职位上必要的专业度和权威感。在高层管理职位的面试中，正式的着装可以增加候选人的信誉度，展示他们准备好担负更多责任的决心和能力。

面试中的着装类型大致可以分为以下几种，如表18-1所示。每种风格适用于不同的行业和公司文化，大家可以在面试前根据不同公司的类型选择，只要不穿奇装异服，通常不会有问题。

表18-1 面试中的着装类型

着装类型	适用行业及适用公司文化
正式商务装	这是最传统和最正式的着装类型，通常适用于金融、法律、高级管理等领域的面试。对于男性，建议穿深色西装、白色或浅色衬衫，打领带，以及穿正式的皮鞋；对于女性，则是穿正式的套装或商务风格的连衣裙，搭配保守的鞋子
商务休闲装	这种着装风格比正式商务装更为休闲，但仍显示出专业和整洁。男性可以选择无领带的衬衫搭配深色休闲裤，女性则可以选择简洁的裙装或裤装搭配合适的上衣。这种类型的着装适用于大多数现代办公环境，特别是在科技、教育和非正式商业环境中

续表

着 装 类 型	适用行业及适用公司文化
休闲运动装	这种着装风格比商务休闲装更休闲，通常初级人员更倾向于选择该风格，运动装更显得有活力，但要注意的是一定要着穿得体、干净，不要搭配不当
创意行业着装	在广告、设计或媒体等创意行业的面试中，着装可以更具个性和创意。这可能包括时髦的图案衬衫、个性的裤装或裙装，以及更有风格的饰品。重要的是要在展示个性的同时保持专业和整洁
技术或创新型公司着装	在许多科技或创新型公司，着装要求通常更为休闲。这可能意味着穿整洁的T恤、牛仔裤和休闲鞋。然而，即使在这种环境下，面试时仍推荐穿着稍微正式一些的服装，以展现对面试的重视

选择合适的面试着装时，最重要的是考虑公司的文化和你申请的职位。事先做一些关于公司的研究，尽可能地了解其着装文化，然后选择既展现你个人风格又适应公司环境的服装。记住，无论哪种类型的着装，整洁、合身和适当都是关键。

当然，在面试中，某些着装风格被普遍认为是不恰当的，可能会让面试官对你的第一印象不佳。了解并避免这些着装禁忌对于确保面试成功至关重要，表 18-2 为不恰当的着装类型。

表 18-2 不恰当的着装类型

着 装 类 型	说 明
过于休闲的装束	即使在较为休闲的工作环境中，面试时穿得过于休闲（如穿短裤、拖鞋、T恤或运动装）通常也是不恰当的。这种着装可能会给人一种不专业或对面试不重视的印象
过于时尚或个性化的装扮	虽然借装扮展现个性很重要，但在正式的面试场合，过分时尚或个性化的装扮（如过度鲜艳的颜色、大胆的图案、非传统的衣物剪裁）可能会分散面试官的注意力，或给人不专业的印象
不符合场合的着装	穿着不符合面试正式要求的衣物，如在一个要求正式商务装的面试中穿着学生风格或过于休闲的服装，可能会显得不尊重或缺乏职业意识

续表

着装类型	说　明
不整洁或不合身的服装	无论是什么风格，衣服如果皱巴巴的、有污渍、磨损或者大小不合身，都会给人留下不专业和粗心的印象
过于浮夸的装饰	佩戴过多的珠宝、化浓妆或香水味浓等也是面试中的常见禁忌。过度的修饰可能会让人觉得你对自己的外表过于关注，从而忽略了面试的本质

总之，面试时的着装应以专业、整洁、适合职位和公司文化为原则。避免过于休闲、时尚、不适合场合的着装，确保给面试官留下积极、专业的第一印象。

在本节中，我们详细探讨了面试着装的重要性及其在不同行业和职位中的适用性。通过讨论从正式商务装到商务休闲装，乃至创意行业着装等多种风格，我们强调了根据公司文化和职位需求选择合适着装的重要性。正确的着装不仅能增强面试官对候选人的正面印象，还能展现出求职者的专业性和对职位的尊重。整洁、合适的着装是求职者在面试中成功的关键因素之一。

18.2　面　试　礼　仪

面试礼仪是面试成功的关键，它不仅涉及个人的着装选择，而且关乎求职者在面试过程中展现的行为、态度和沟通方式。适当的面试礼仪能够显著提升求职者的专业形象，帮助求职者建立积极的第一印象，并有效地传达出对职位的热忱和对公司文化的理解。

在这一节中，我们将探讨面试过程中的各种礼仪规范，包括面试前的准备工作、面试中的行为举止以及面试后的跟进。我们将详细讨论如何在面试中正确表现，包括合适的打招呼方式、坐姿、眼神交流和肢体语言，以及有效的沟通技巧。正确的面试礼仪不仅体现在言语上,也体现在非言语的行为上,这些细节往往能够深刻影响面试官对求职者的评价。

在掌握标准的面试礼仪时,每个细节都能传达出你的专业性和对面试的尊重。下面跟大家分享一些关键的面试礼仪及其背后的原因,如表18-3所示。

表18-3 关键的面试礼仪及其背后的原因

关键的面试礼仪	背后原因分析
不要迟到	准时到达或提前到达面试地点是非常重要的。迟到不仅给面试官留下不专业的印象,还可能暗示你对时间管理的能力不强。提前到达可以让你有时间平静下来,调整心态,做好面试准备
见到面试官要站起来	当面试官进入房间或当你被引见给面试官时,站起来是表示尊重和礼貌的重要行为。这表现出你对面试的认真态度和对面试官的尊敬
恰当地握手	与面试官握手应该坚定而自信。过于软弱或过于有力的握手都可能传达出错误的信息。一个友好的握手能够传递出你的自信和正面的职业态度
保持眼神交流	在回答问题时与面试官保持适度的眼神交流能表现出你的自信和诚实。避免眼神交流可能会让人觉得你不自信或不真诚
适当的坐姿	在面试过程中保持良好的坐姿,避免过度放松或显得紧张。良好的坐姿可展现出你的专业性和对面试的重视
倾听并礼貌地回答问题	在面试官提问时,认真倾听并礼貌地回答问题。打断面试官说话可能会给对方留下不礼貌或急切的印象
避免使用口头禅	过多地使用"呃""嗯"等口头禅可能会让你显得不自信或未准备充分。练习清晰、流畅的回答可以帮助你在面试中表现得更加专业
避免一直盯着面试官	建议在面试中保持适当的眼神交流,但是一直盯着面试官可能会让对方感到不舒服或压力过大。适度地转移视线,尤其在思考问题时,可以使交流更自然
避免消极或负面的言论	在回答问题时避免对前任雇主、同事或工作环境进行负面评价。否则,可能会让面试官怀疑你的职业态度和团队合作能力
适当的着装	根据公司文化和面试的性质选择合适的着装。不恰当的着装可能会影响你在面试官心目中的专业形象
关闭手机或使手机静音	面试期间关闭手机或将手机调成静音模式。手机铃声或振动可能会打断面试过程,给人留下缺乏专注和准备不足的印象

续表

关键的面试礼仪	背后原因分析
准备好提问	面试的最后,求职者通常会有机会向面试官提问。提前准备一些有洞察力和相关的问题,可以展示出你对职位和公司的兴趣
避免过度的手势	在回答问题时,过度的手势可能会分散面试官的注意力。使用适当的手势可以增强你的语言表达能力,但应保持适度
避免打断面试官讲话	在面试官讲话时应避免打断他们。耐心地听完问题或说明再作答,可表现出你的尊重和良好的聆听技巧
控制语速和音量	说话时要注意控制语速和音量。过快或过慢的语速可能影响清晰度,而过大或过小的音量可能会给面试官留下不良印象
正面回答困难问题	面对困难或棘手的问题时,要尽量保持积极和正面的回答方式。即使经历了挑战或困难,也要着重强调从中学到的经验和如何克服困难
避免过于紧张或过分自信	保持自信很重要,但过分自信可能会被视为傲慢。同样,过度紧张也可能影响你的表现。在面试前做好准备,通过练习深呼吸和放松技巧,可以帮助你控制紧张情绪
尊重所有的工作人员	从进入公司大楼开始,对所有遇到的人都要保持友好和尊重的态度。要知道,不仅仅是面试官,其他员工的观察和反馈也可能影响最终的招聘结果
遵守面试地点的规则	如果面试地点有特定的安全或访客规则,如登记、佩戴访客牌等,要严格遵守
结束时的礼貌告别	面试结束时,要用礼貌的方式告别,重申对职位的兴趣,并感谢面试官花费时间和提供机会

总之,别与面试官较劲,要尊重面试官。下面,我给大家讲个小故事。

李明是一位颇有实力的程序员。他申请了一家知名科技公司的高级开发职位。李明的技术背景非常扎实,项目经验丰富,简历令人印象深刻。在面试当天,一切似乎都进展顺利,直到面试官提出了一个具有争议的技术问题。

面试官的观点与李明的经验有所不同。李明坚信自己的答案是正确的,因此他始终坚决地反驳面试官的观点。虽然李明在技术上是正确的,但他的态度变得越来越具有防御性和挑衅意味。他不断地否定面试官的观点,甚至有些不尊重。随着讨论的进行,气氛变得紧张,最终导致了面试失败。

尽管李明在技术方面占据优势，但他在面试中的不当行为表现出缺乏团队合作精神和适应性。他没有意识到面试不仅是评估技术能力，更是评估候选人与团队合作和解决冲突能力的重要时刻。他的过激反应和缺乏灵活性让面试官怀疑他也许不能适应公司文化和团队环境。

这个案例的教训是，技术能力虽然重要，但良好的沟通技巧和团队合作能力同样关键。在面试中，保持开放和尊重的态度，即使在出现分歧和争论时也是如此。展现出你可以理性地讨论问题，并愿意考虑不同的观点，可以最后保留你的观点，但是在级别不对等的情况下，不用让对方一定认同你的观点，这些都是潜在雇主所看重的重要职业素养。因此，面试中的成功不仅取决于你对问题的正确回答，更在于你如何以合作和尊重的方式表达你的观点。

在本节中，我们深入探讨了面试中应遵循的多种礼仪规则，强调了礼貌、专业态度和适当行为在面试成功中的重要性。从准时到达、适当着装、保持适度的眼神交流，到恰当的握手、注意语速和音量以及正确回答问题，这些细节都在影响面试官对候选人的评价。我们还讨论了如何在面试中妥善表达自己的观点，尊重面试官，以及如何在不同意见中保持专业和礼貌的姿态。这些面试礼仪不仅能够帮助求职者在技术和经验之外展现出个人素质，还能够在竞争激烈的职场中为他们增添亮点。良好的面试礼仪不仅是对面试官和潜在雇主的尊重，更是求职者个人品牌和职业形象的重要体现。

18.3　常见面试分类

在求职过程中，面试可以采取多种形式，每种类型都有其独特的特点和要求。从电话面试、视频面试到面对面的传统面试,甚至包括群体面试、行为面试等,不同的面试类型需要求职者采取不同的准备策略和技巧。理解这些不同面试类型的核心要素对于求职者来说至关重要,因为这将直接影响他们的面试表现和最终的面试结果。

在本节中,我们将探讨各种常见的面试类型,包括它们的结构、目的和求职者应该如何有效地应对。例如,电话面试通常是进行初步筛选,重点在于评估求职者的基本资格和沟通技巧;而面对面的面试则更深入,不仅评估专业技能,还包括个人特质和团队适应性。通过了解不同类型的面试,求职者可以更好地准备,提高应对各种面试情境的能力。这一节的目的是帮助求职者深入了解不同面试的形式和特点,从而在面试中展现出自己的最佳状态,无论面对哪种类型的面试。正确的理解和准备可以大大提高求职者在面试中的表现,从而增加获得理想职位的机会。

1. 电话面试

(1)特点。电话面试通常用于初步筛选候选人,重点在于评估求职者的基本资格、沟通技巧和对职位的兴趣。这种面试的优势在于灵活性和方便性,但缺点是无法通过面部表情和肢体语言进行交流。

(2)准备策略。电话面试前,准备好简洁明了的回答,预先练习常见的面试问题。确保选择一个安静、无干扰的环境进行通话。使用清晰的语音和适当的语速,保持积极和专业的语气。准备好简历和职位描述的副本,以及任何你计划提出的问题。

2. 视频面试

(1)特点。视频面试结合了电话面试和当面面试的特点。通过视频面试,面试官不仅能评估求职者的沟通能力,还可以观察其非语言沟通的元素。视频面试通常在中期筛选阶段使用。

（2）准备策略。确保技术设备（如摄像头、麦克风和网络连接）正常工作。选择一个明亮、整洁的背景，并确保穿着得体。在视频面试中，保持良好的眼神交流和适当的身体语言同样重要。熟悉使用视频通话软件的基本功能，如静音和打开／关闭摄像头。

3. 当面面试

（1）特点。当面面试是最传统的面试形式，允许面试官和求职者进行深入的交流。它涉及全面的沟通，包括对语言、非语言和个人气质的评估。

（2）准备策略。对公司进行充分的研究，了解其文化和价值观。准备好有针对性的问题和详细的回答。注意着装，确保符合公司的文化和面试的性质。确保提前到达面试地点，保持礼貌和专业的态度。在面试中，注意你的肢体语言，保持积极的姿态和适当的眼神交流。

4. 小组面试

（1）特点。小组面试通常涉及多个面试官，他们可能来自不同的部门或层级。这种面试类型使求职者有机会接触更广泛的团队成员，但同时也增加了面试的复杂性。

（2）为了在小组面试中脱颖而出，要重点展示你的团队合作能力和多方面的沟通技巧。研究每位面试官的背景和角色，准备好针对不同面试官的问题和回答。在回答问题时，确保与每位面试官都有眼神交流，表现出平等的尊重和关注。

5. 群体面试

（1）特点。群体面试中，多个求职者同时参与面试。这种形式旨在评估求职者之间的互动、团队合作能力和领导潜质。

（2）准备策略。在群体面试中，重要的是平衡个人表现和团队参与。展示你的团队精神，同时确保个人声音被听到。注意倾听他人的观点，并在适当的时机提出自己的见解。保持友好和专业的态度，即使在竞争激烈的环境中也不失礼貌。

6. 行为面试

（1）特点。行为面试基于这样的理念：过去的行为是未来行为的最佳预测指标。面试官通过询问特定的过去经历来评估求职者的技能和性格特质。

（2）准备策略。准备行为面试时，回顾你的工作经历，寻找可以展示关键技能和成就的具体例子。练习使用STAR（情境、任务、行动、结果）技巧来结构化你的回答。明确阐述每个例子中的情境、你的任务、你采取的行动以及最终结果。

7. 技能/技术面试

（1）特点。技能/技术面试专注于评估求职者的专业技能和技术能力。这种类型的面试常见于工程、IT、科学和其他技术领域，面试官会提出具体的技术问题或挑战。

（2）准备策略。为技能/技术面试做准备时，重点是对你简历上提到的技能有深入的了解。准备好解释和展示你如何在过去的工作或项目中应用这些技能。对于可能出现的技术问题，提前进行练习和复习。

8. 案例面试

（1）特点：案例面试常用于咨询、管理和金融服务行业。在这种面试中，面试官会提出一个商业问题或情境，要求求职者现场解决。

（2）准备策略：准备案例面试需要对相关行业有深入的理解和良好的问题解决能力。练习分析复杂情境，提出创新且实用的解决方案。学习如何快速思考并清晰地表达你的思路。重要的是要展现出你的逻辑思维和分析能力。

9. 压力面试

（1）特点：压力面试是一种故意创建挑战性环境的面试方式，用以评估求职者在压力下的表现。这可能包括提出非常难的问题、模拟冲突情境或以挑衅的方式提问。

（2）准备策略：面对压力面试，关键是保持冷静和专业。深呼吸，不要被对方的态度或问题所困扰。保持自信，清晰地表达你的观点。展现出你可以在压力环境中保持冷静和逻辑思维能力。

10. 笔试面试

（1）特点：笔试面试通常用于评估求职者的理论知识、专业技能或逻辑思维能力。这类面试可能包括填空题、选择题或解答题，涉及专业知识或情境分析。

（2）准备策略：准备笔试面试时，重点是复习相关的专业知识和理论。熟悉行业术语和概念，练习解决相关的实际问题。时间管理在笔试中也非常重要，因此练习在限定时间内完成题目是必要的。

11. 上机实操面试

（1）特点：上机实操面试主要用于评估求职者的实际操作能力和技术实践水平。这类面试常见于编程、编辑、设计等岗位，要求求职者在计算机上完成特定的任务或项目。

（2）准备策略：为了准备上机实操面试，应该提前练习使用相关软件或编程语言。熟悉实际工作环境中可能遇到的任务和挑战，以提高解决问题的效率和质量。

12. 远程实操面试

（1）特点：远程实操面试与上机实操面试类似，但完全在远程进行。这种面试方式随着当前远程工作日益兴起而变得越来越普遍，特别适用于那些远程工作的岗位。

（2）准备策略：远程实操面试要求求职者在家中或在任何远程地点完成任务。应确保你的技术设备可靠，网络连接稳定。要提前测试所有必要的软件和工具，确保你熟悉远程通信和文件共享平台。最好准备一个安静且专业的工作环境，以减少干扰。

上述面试类型基本涵盖了各类面试。通过深入理解这些不同类型的面试及其准备策略，求职者能够更全面地准备面试，应对各种不同的面试情境。本节详细探讨了多种面试类型，包括电话面试、视频面试、当面面试、小组面试、群体面试、行为面试、技能/技术面试、案例面试、压力面试、笔试面试、上机实操面试和远程实操面试。每种面试类型都有其独特的特点和准备要求，理解这些差异对于求职者而言极为重要。我们讨论了各种面试的结构和目的，以及求职者如何针对每种类型进行有效的准备和应对。这一节的目的是帮助求职者全面了解不同的面试形式，使他们能够在各种面试情境中展现出最佳的职业形象，从而提高获得心仪职位的机会。

接下来，我们将进入压力面试与行为面试内容，深入探讨如何在这些特定的面试环境中保持冷静、展示自己的实力，并有效地表现自己的能力和经验。通过对这两种面试类型的深入了解，求职者能够更好地准备面对高压和行为导向的面试，进一步提升自己在求职过程中的竞争力。

18.4 压力面试与行为面试

压力面试和行为面试都是雇主用来评估候选人在特定情境下的反应和行为模式的关键工具。这些面试类型不仅能考查求职者的技术能力和专业知识，更重要的是能评估求职者的心理素质、决策能力、压力管理和团队合作等核心软技能。

1. 压力面试

压力面试是一种特殊的面试方式，旨在评估候选人在高压下或某种挑战情境下的表现。这种面试通常被设计成具有一定难度，以观察求职者如何应对压力、不确定性和困难的问题。企业通过压力面试主要想获得以下信息。

（1）应对压力的能力。企业想了解候选人在面对压力和困难时的反应方式，包括他们管理压力的策略和保持冷静的能力。

（2）适应能力。在不断变化的工作环境中，适应能力非常重要。企业通过压力面试评估候选人适应新情况、快速思考和灵活应变的能力。

（3）决策和问题解决能力。在高压环境下做出理智和有效的决策是关键。企业通过这种面试了解候选人的判断力和解决复杂问题的能力。

（4）沟通和人际交往能力。即使在压力环境下，良好的沟通和维持积极的人际关系也十分关键。企业会观察求职者在压力下是否能够有效沟通和保持专业态度。

经典的压力面试问题可能包括以下一些问题。

（1）"描述一次你在工作中遇到巨大压力的情况，你是如何应对的？"

（2）"如果你在短时间内无法完成所有分配的任务，你会怎么做？"

（3）"给我举一个你在过去的工作中遇到冲突的例子，你是如何解决这个冲突的？"

（4）"如果你的上级给了你一个明显不合理的截止日期，你将如何应对？"

（5）"在紧急情况下，你如何保持冷静并有效地组织资源来解决问题？"

（6）"描述一个你的观点与团队其他成员或上级不同的情况，你是如何处理这种分歧的？"

在回答这些问题时，求职者应该展示出他的应变能力、解决问题的策略、沟通能力以及在压力下保持冷静和专业的能力。通过这些答案，求职者可以向雇主证明他能够在压力环境中有效工作并做出贡献。

2. 行为面试

行为面试是一种以求职者过去的实际行为和经历为基础的面试方法。这种面试形式基于一个核心原则：过去的行为是预测未来行为的最佳指标。在行为面试中，面试官会提出具体的问题，要求求职者描述他在过去特定情况下的行为和反应。企业通过行为面试主要想获得以下信息。

（1）过去的工作表现。通过了解求职者在以往工作中的具体表现，企业可以评估他的职业能力和经验。

（2）解决问题的能力。询问求职者在面对特定挑战或问题时的具体做法，以评估他的分析问题和找到解决方案的能力。

（3）团队合作和人际交往能力。通过询问求职者在团队环境中的经历和行为，企业可以了解他的团队合作精神和人际沟通能力。

（4）适应性和灵活性。了解求职者在面对变化和不确定性时的行为，帮助企业评估他的适应性和灵活性。

（5）领导能力和决策能力。对于申请管理或领导岗位的求职者，企业会特别关注他在以往职位上展现的领导和决策能力。

经典的行为面试问题可能包括以下一些问题。

（1）"描述一个你成功领导团队完成项目的情况。你是如何激励团队的？"

（2）"举一个你解决复杂问题的例子。你是如何分析和解决这个问题的？"

（3）"告诉我一个你如何处理与同事的冲突的事例。你们是如何达成共识的？"

（4）"描述一次你不得不在紧迫的截止日期下工作的经历。你是如何管理时间和资源的？"

（5）"给我一个例子，说明你在工作中适应重大变化的能力。"

（6）"举一个你如何在压力下保持冷静并有效地工作的例子。"

在回答这些问题时，求职者应该使用具体的例子来展示他的行为和处理方式。这些回答将帮助雇主了解求职者在实际工作情境中的表现，从而更准确地预测他在未来类似情况下的行为。

在本节中，我们深入探索了上述两种独特的面试类型及其重要性。压力面试旨在评估求职者在高压环境下的表现和适应能力，而行为面试则侧重于通过探讨求职者过去的经历和行为来预测他们的未来表现。我们讨论了企业通过这些面试想要获得的信息，包括求职者的问题解决能力、团队合作精神、领导能力和决策过程。同时，我们也提供了针对这些面试类型的准备策略和应对方法，

第18章 面试礼仪着装与常见面试类型

帮助求职者更好地准备和应对这些挑战。

回顾一下本章，我们全面讲解了各种面试类型和面试过程中应遵循的礼仪规范。从基本的着装建议到各种类型面试的详细解析，本章为求职者提供了全方位的准备指导，旨在帮助求职者在面试中展现最佳状态。

接下来，我们将进入最后一个章节，即成功拿下录取通知。在这一章中，我们将探讨成功通过面试后的下一步行动，包括如何庆祝自己的成就以及设定未来的职业目标和发展方向。这些内容将帮助求职者在成功获得职位后，有效地规划自己的职业生涯，确保自己能够在新环境中快速适应并持续发展。

第 19 章

成功拿下录取通知

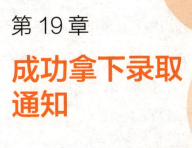

本章概述

19.1 拿下录取通知的准备工作

19.2 入职后的目标与方向

19.1 拿下录取通知的准备工作

进入"拿下录取通知"的环节，我们不妨先庆祝这次小成功，聚焦那一刻，一个期待已久的好消息——你被录取了。这一刻不仅标志着你长期努力的成果，也是你职业生涯中的一个重要转折点。在这一节中，我们将探讨如何适当地庆祝这一成就，并准备迎接即将到来的新挑战和机遇。

庆祝小成功是一个重要的步骤，它不仅是对自己努力的肯定，也是为新工作阶段注入积极能量的方式。同时，我们也会讨论在接受录取通知后需要做的准备工作，包括了解新工作环境、设定职业目标以及心理准备，以确保你能够顺利地过渡到新的工作岗位。通过这一节的指导，你将能够更好地理解并接受录取通知后的重要步骤，以及如何为自己的新职业生涯做好准备，以确保在新环境中获得成功和成长。

在入职前，为了确保顺利过渡到新工作，有几项关键的准备工作需要提前进行。

（1）了解公司文化和价值观。研究新公司的文化、价值观、历史和组织结构，以便更快融入新环境。了解公司的使命和目标，以及它们如何影响日常工作。

（2）明确职位要求和期望。清楚了解你的新职位职责、工作目标和预期成果。如果可能，与未来的上司或团队成员进行交流，以便对工作内容有更深入的理解。

（3）制订入职计划。为前几周的工作制订一个计划，包括你希望了解的关键信息、需要会见的人以及你打算如何开始你的项目或工作。

（4）准备适应新环境。在心理上准备适应新工作和新团队的挑战。保持开放和灵活的态度，准备好接受新的学习和成长机会。

（5）建立人际网络。计划如何建立与新同事的关系；考虑参加团队建设活动和社交场合，以帮助你更好地了解同事和公司的工作方式。

在入职初期，你可能会面临以下挑战。

（1）适应期的压力。新工作的开始通常伴随着适应期的压力，需要一些时间来适应新环境，了解新同事和新的工作方式。

（2）学习新技能和流程。根据新职位的要求，你可能需要学习新的技能或适应新的工作流程。

（3）建立信任和可靠性。作为新员工，与同事和领导建立信任关系是至关重要的。这可能需要一定时间和持续的努力。

（4）适应文化和环境。每个组织都有其独特的文化和工作环境。了解并适应这些特点可能需要一段时间。

当然，如果你是一名即将入职的新人，调整心态对于顺利过渡到新工作环境至关重要。以下是一些帮助你从新人视角调整心态的建议。

（1）保持学习态度。作为新人，接受自己刚开始不知道一切是正常的。保持好奇心和学习的愿望，积极寻求知识和技能的提升。

（2）设定实际的期望。不要期望自己一开始就做得完美。给自己一些时间去学习、适应并逐步提高。认识到成长和进步需要时间。

（3）开放和适应变化。作为新员工，你可能会面临许多未知和变化。保持开放的心态，对新的工作方法和不同的观点持接受态度。

（4）积极沟通。不要害怕提问或分享你的想法。与同事和上司的有效沟通可以帮助你更快地融入团队和理解你的角色。

（5）认识到适应需要时间。适应新环境和新角色需要时间。不要因为刚开始的挑战而感到沮丧或怀疑自己。

（6）自我照顾。新工作带来的变化可能会有压力，因此确保自己的身心健康很重要。确保有足够的休息时间，保持健康的生活方式。

（7）积极的心态。用积极的心态面对新工作的挑战和机遇。即使遇到困难，也要记住这是成长和学习的机会。

但是我还是要恭喜你成功拿下录取通知！这一刻不仅代表了你过去努力的成果，更是你职业生涯中的一个新起点，你拿下录取通知就足以证明你确实很优秀。你即将步入新的工作环境，这是一个激动人心的旅程的开始，充满了无限的可能性和机遇。记住，虽然你已经实现了一个重要的职业目标，但这只是一个开始。

你的职业道路上，将会有更多的学习、成长和挑战。每一步都是一个新的机会，用来发展你的技能、扩展你的视野并塑造你的职业身份。不要忘记，每一次经历，无论是成功还是失败，都是你职业成长的重要部分。保持学习和适应的心态，对待每一次工作和项目都如同迎接新的挑战。

在本节中，我们深入探讨了如何在成功获得工作机会后，迈出积极向前的步伐。从适当地庆祝这一重要成就，到为即将开始的新角色做准备，我们详细讨论了入职前的关键准备工作，包括了解新工作环境、建立职业目标以及心理上的调整。此外，我们还探讨了新工作中可能面临的挑战，以及如何有效地应对这些挑战。这一节的目的是为读者提供一个全面的视角，以确保他们在新工作中的顺利过渡，并为未来的职业发展奠定坚实的基础。

接下来，我们将进入本书的最后一个小节：我们将重点关注在成功入职后，如何继续发展和提升自己的职业生涯。我们将讨论如何设定有效的职业发展目标，包括短期和长期目标的规划，以及如何实现这些目标。此外，我们还将探讨如何在新工作中识别和抓住机遇，持续地学习和成长，以及如何评估和调整自己的职业方向，以适应不断变化的工作环境和个人职业愿望。通过"入职后的目标与方向"的学习，入职者将能够为自己的职业发展制定清晰的蓝图，并采取实际行动来实现这些目标。这不仅是对前面章节内容的延伸和深化，也标志着入职者在职业发展道路上的一个新的开始。

19.2　入职后的目标与方向

获得新工作只是职业旅程的开始，明确你的职业发展目标和方向对于长期的成功和满足至关重要。本节将重点探讨如何在新工作环境中设定和实现你的职业目标，无论是职位晋升、薪酬增长，还是技能提升和个人成就感的实现。

本节我们将讨论如何制定切实可行的职业目标，以及如何根据你的个人价值观、职业兴趣和长期职业规划来选择这些目标。无论你的焦点是职位晋升、薪资提高还是专业技能的发展，重要的是制订一个明确、量化的计划，并采取切实的行动来实现这些目标。

入职之后，制订长远的职业规划和发展方针是推动个人成长和职业成功的关键。以下是一些重要的长远规划和方针，可以帮助你在新工作中实现职业目标。

（1）职位晋升目标。明确你在公司中的职业晋升路径。了解晋升所需的关键技能、经验和成就。设定实现这些晋升目标的具体步骤和时间线。

（2）薪酬增长目标。制定一个薪酬目标，包括期望达到的薪资水平以及实现这一目标的时间框架。研究行业标准，确保你的目标能实现且有竞争力。

（3）技能发展规划。识别在当前职位和未来职业发展中所需的关键技能。制订一个学习和发展计划，包括参加培训、研讨会或获取相关证书。

（4）个人品牌建设。在新工作中建立和维护一个强有力的个人品牌。通过高质量的工作表现、专业知识分享和积极的工作态度，树立你的专业形象。

（5）职业生涯的灵活性。保持对新机遇的开放态度，包括换岗、新项目或不同领域的工作机会。灵活适应变化有助于你的职业成长。

（6）工作与生活的平衡。确保追求职业目标的同时，保持工作与生活的平衡。健康的生活方式和足够的休息时间对于持续的职业成功至关重要。

除了上述内容，人际关系（人脉）的把握也比较重要。在职业发展中，人际关系的重要性不容忽视，尤其在中国这个重视关系网络的国家，建立和维护良好的人际关系，对于职业成功有着显著的影响。

1. 人际关系的重要性

（1）资源和信息共享。良好的人际关系网络可以为你提供重要的行业信息、职业机会和有价值的资源。

（2）职业支持和指导。通过人脉，你可以获得职业建议、指导，甚至是潜在的推荐，这些都是职业发展的重要助力。

（3）建立信任和认可。在职业环境中，信任和认可是建立合作和获取支持的基础，而这些通常源自于日常的人际互动和关系维护。

2. 应对应酬的策略

（1）了解文化背景。了解职场文化中有关应酬的一般习俗和规矩，例如，餐桌礼仪、敬酒文化等。

（2）平衡职业与私生活的关系。在参与应酬时，要找到工作和私生活之间的平衡点，确保不会影响到工作表现和个人健康。

（3）保持专业和礼貌。在应酬场合中保持专业和礼貌的态度，即使在非正式的场合，也要表现出职业素养。

（4）建立真诚的关系。应酬是职场文化的一部分，但更重要的是建立真诚和长期的职业关系，而不仅仅是表面的交往。

一定要注意，在职业环境中有效地管理人际关系和适应应酬文化，不仅可以帮助你在当前职位上取得成功，还能为你的长期职业发展打下良好的基础。通过积极主动地建立人脉，你可以在职业道路上获得更多的支持和机会。下面，让我们通过一个故事来揭示人脉在职业发展中的重要性，特别是在解决问题和加速职业晋升方面。

张涛，是一名在大型跨国公司工作的年轻市场经理。张涛的技术能力和工作表现都非常出色，但他在公司的职位晋升方面似乎总是比同事慢一步。他开始意识到，除了硬技能，人脉和关系网络在职场中同样至关重要。

有一次，张涛负责一个重要的市场推广项目，由于供应链出现问题，项目面临严重延误的风险。这时，张涛想到了他在大学时期的一个好友李明，李明现在在一家供应链管理公司工作，对这个行业非常了解。张涛决定联系李明寻求帮助。李明不仅迅速回应了张涛的请求，还提供了一些关键的行业见解和解决方案，帮助张涛顺利解决了供应链的问题。这次成功的危机处理，极大地提升了张涛在公司中的声誉，也让他意识到了人脉的重要性。

随后，张涛开始积极地参加各种行业活动和公司内部聚会，通过这些社交场合拓展他的人际网络。他不仅结识了来自不同部门和领域的同事，还与行业内的其他专业人士建立了联系。这些人脉为张涛提供了丰富的资源和信息，使他能够更全面地理解市场趋势和公司策略。

有了这些人脉资源的支持,张涛在后续的项目中表现出色,多次成功地带领团队完成了艰难任务。他的领导能力和解决问题的能力得到了上级的认可,不久后,他就被升为部门的高级经理。

我们可以看到,人脉不仅能在危机时刻提供帮助和支持,还能在日常工作中提供宝贵的信息和资源。通过有效地利用和维护这些人际关系,张涛不仅解决了工作中的难题,还加速了他的职业晋升。这个故事强调了在职业发展中建立和维护人脉的重要性,以及这些关系如何成为职场成功的关键因素。

在本小节中,我们深入探讨了如何在成功入职后设定和实现职业目标,以及如何规划自己的职业发展方向。我们强调了设定具体实际的职位晋升目标、薪酬增长目标和技能发展规划的重要性,并提供了实现这些目标的策略和建议。此外,我们还探讨了在新工作环境中建立人际关系和个人品牌的重要性,以及如何在职业生涯中持续学习和成长。

正如先哲孔子所说:"三人行,必有我师焉。"这句话提醒我们,无论在职业生涯的哪个阶段,总有值得学习的人和事。入职只是你职业生涯的开始,每一天都是一个新的学习机会,每一个挑战都是成长的机遇。